数字营销用户运营

主　编　王晓明　王　蕾
副主编　许晓芹　葛佳佳　徐睿涵
参　编　章靖毓　朱晓荣　单勤琴

北京理工大学出版社
BEIJING INSTITUTE OF TECHNOLOGY PRESS

内容简介

《数字营销用户运营》是一本专为高职高专学生编写的创新教材,旨在培养学生在数字经济时代下,掌握数字营销用户运营的核心技能。本教材紧密对接一线实践,系统介绍了数字营销用户运营的全过程,内容涵盖用户特征分析、行为洞察、心理研究及运营策略与技术等多个维度。

本教材通过"模块—项目—任务"的编排体例,将理论知识与实战技能有机结合,注重案例引导、习题演练与虚拟仿真实验,极大地提升了学习的互动性和实践性。特别引入了前沿的大数据、用户画像、文本挖掘等新技术,帮助学生掌握用户数据收集、分析与应用的能力,从而精准把握用户需求,优化用户体验。

本教材强调职业道德教育,注重培养学生的匠人精神和创新能力,使学生在学习专业技能的同时,也能成为具备高度社会责任感和职业素养的数字营销人才。本教材不仅适用于市场营销、电子商务、工商管理等专业的学生,还可作为数字营销领域从业人员的参考书,具有较高的应用价值。

版权专有　侵权必究

图书在版编目(CIP)数据

数字营销用户运营 / 王晓明,王蕾主编. — 北京:
北京理工大学出版社,2025.1.
ISBN 978-7-5763-4808-8

Ⅰ.F713.365.2

中国国家版本馆 CIP 数据核字第 2025GG3565 号

责任编辑:徐艳君	文案编辑:徐艳君
责任校对:周瑞红	责任印制:施胜娟

出版发行 / 北京理工大学出版社有限责任公司
社　　址 / 北京市丰台区四合庄路 6 号
邮　　编 / 100070
电　　话 / (010) 68914026(教材售后服务热线)
　　　　　(010) 63726648(课件资源服务热线)
网　　址 / http://www.bitpress.com.cn

版 印 次 / 2025 年 1 月第 1 版第 1 次印刷
印　　刷 / 三河市天利华印刷装订有限公司
开　　本 / 787 mm×1092 mm　1/16
印　　张 / 13
字　　数 / 290 千字
定　　价 / 78.00 元

图书出现印装质量问题,请拨打售后服务热线,负责调换

前　言

在数字经济浪潮席卷全球的今天，营销领域正经历着前所未有的变革。数字营销以其精准、高效、互动性强等特点，逐步取代了传统营销模式，成为企业获取竞争优势的关键手段。作为这一变革的核心驱动力之一，用户运营日益凸显其重要性。如何在浩瀚的数字世界中精准识别用户需求、深度洞察用户行为、有效引导用户决策，已成为数字营销领域的核心议题。在此背景下，编者编写了这本《数字营销用户运营》教材，本教材贯彻落实《习近平新时代中国特色社会主义思想进课程教材指南》文件要求和党的二十大精神，旨在为高职高专职业教育中的市场营销、电子商务、工商管理等专业学生，以及数字营销领域的从业者提供一本兼具理论深度与实践指导价值的参考书。

一、教材编写的背景与意义

随着大数据技术的发展，用户行为数据的收集与分析成为可能，为精准营销提供了坚实的基础。然而，如何有效利用这些数据，实现用户运营的精细化与智能化，成为亟待解决的问题。《数字营销用户运营》正是在这一背景下编写而成，它不仅是对当前数字营销理论与实践的总结与提炼，更是对未来数字营销发展趋势的前瞻性探索。

本教材旨在通过系统化的知识体系和实战化的技能训练，帮助学生掌握数字营销用户运营的核心理论与技术，提升其在数字经济时代的竞争力。同时，本教材也可为企业培养具有创新思维和实践能力的高素质数字营销人才，推动数字营销行业的健康发展贡献力量。

二、教材内容的创新与特色

1. 理论与实践相结合

本教材采用"模块—项目—任务"的编排体例，将数字营销用户运营的理论知识与实践技能紧密结合。每个项目围绕一个核心议题展开，通过具体任务引导学生深入理解并掌握相关知识点。同时，教材中穿插大量案例分析与子任务环节习题演练，使学生在理论学习的基础上，能够迅速巩固所学知识，深化解决实际问题的能力。

2. 前沿技术融合

在数字经济时代，大数据、人工智能等前沿技术正深刻改变着数字营销的面貌。本教材紧跟时代步伐，将大数据分析、用户画像构建、文本挖掘等先进技术融入教学内容之中。通过详细介绍这些技术的原理、应用场景及操作方法，帮助学生掌握数字营销领域的最新动态与核心技术。不仅如此,教材对标用户运营真实工作内容和用户数据处理程序,将"商业场景"搬进课堂,将用户运营基本知识、方法技能有机地融合在虚拟仿真实验步骤之中,"变虚为实、虚实互补",把平面、抽象的理论叙述变成立体、互动的图形景观。

3. 注重课程思政与职业道德教育

在传授专业知识的同时,本教材还高度重视职业素养教育。通过融入社会主义核心价值观、法治知识、工匠精神等元素,引导学生树立正确的世界观、人生观和价值观。同时,强调在数字营销用户运营过程中应遵守法律法规、尊重用户隐私、维护市场秩序等职业道德规范,培养具有高度社会责任感与职业素养的数字营销人才。

三、教材编写成员

为了提升知识内容的前瞻性、实用性和适应性,本教材组织了跨学校、跨专业教师团队参与。感谢来自义乌工商职业技术学院和浙江商业职业技术学院老师们的尽心付出。本书分为两大模块、七个项目。王晓明、王蕾负责教材整体设计、编写方向、任务分配与定稿工作;王蕾负责全书逻辑框架、统稿、修稿和编写计划推进;章靖毓、朱晓荣、单勤琴负责校对与编写计划推进;徐睿涵编写项目一和项目二,许晓芹编写项目三和项目六,王蕾编写项目四和项目五,葛佳佳编写项目七。作为校企合作教材,本书的编写得到以下企业的支持:浙江一鸣食品股份有限公司、杭州肯德基有限公司、浙江帝宏家纺有限公司。教材中"技能训练"模块如涉及虚拟仿真实验的,请与教材主编联系。

四、教材的应用前景与展望

随着数字经济的不断发展,数字营销用户运营的重要性将日益凸显。本教材不仅适用于高职高专职业教育中的相关专业学生,还可作为数字营销领域从业人员的培训教材和参考书籍。展望未来,我们将继续关注数字营销领域的最新动态与发展趋势,不断更新和完善教材内容。在未来的教学实践中,我们也将根据行业变化与技术发展,不断更新教材内容,确保教材的先进性与实用性。

鉴于编写经验的局限,书中可能存在未尽之处或细微差错。恳请各界同行在使用本教材的过程中不吝赐教,提出宝贵的意见与建议。让我们携手并进,共同促进教材质量的持续提升。

编 者

目　录

模块一　透视数字营销新用户的奥秘

项目一　数字时代用户特征解析 …………………………………………………… 3
　　任务一　数字用户的人口统计学特征 …………………………………………… 5
　　任务二　数字用户的行为"密码"破译 ………………………………………… 11
　　任务三　数字用户的心理"迷宫"探索 ………………………………………… 19

项目二　数字营销新用户行为洞察与优化 …………………………………………… 28
　　任务一　分析数字营销环境下的用户互动行为 ………………………………… 30
　　任务二　探究数字营销对用户购买决策的影响 ………………………………… 38
　　任务三　实践基于用户旅程模型的用户行为轨迹 ……………………………… 47

项目三　数字营销新用户心理洞察与优化 …………………………………………… 57
　　任务一　解读新用户心理需求变化 ……………………………………………… 60
　　任务二　解构新用户的产品与服务需求 ………………………………………… 66
　　任务三　实践运用心理学原理提升用户体验策略 ……………………………… 71

模块二　掌握数字营销用户运营新技术

项目四　用户大数据的认知与应用 …………………………………………………… 82
　　任务一　理解大数据的概念与构成 ……………………………………………… 84
　　任务二　掌握大数据平台与工具 ………………………………………………… 88
　　任务三　实践大数据技术与可视化 ……………………………………………… 96

项目五　数字营销视角下用户画像构建与应用……107

任务一　用户画像初探：揭秘数字世界的"你"……109
任务二　用户画像构建：从零到一的科学构造……117
任务三　用户画像应用：两大主流齐上场……127

项目六　文本挖掘与用户分析……136

任务一　文本数据中的用户需求模式……139
任务二　通过文本挖掘揭示用户行为特征……147
任务三　基于文本挖掘的各领域应用案例……157

项目七　社群运营与用户互动管理……169

任务一　社群运营的核心价值与策略……172
任务二　社群运营用户互动的方法与技巧……178
任务三　实践社群运营中的用户裂变策略……191

参考文献……202

模块一

透视数字营销新用户的奥秘

项目一

数字时代用户特征解析

动画视频

项目介绍

本项目将介绍数字用户的构成和数字营销成功的关键因素。

学习目标

【知识目标】了解数字用户的概念；理解在数字时代，大数据对掌握用户需求和偏好的重要性；了解现代营销策略中，利用大数据分析用户行为模式实现精准营销的意义。

【能力目标】能够区别传统用户和数字用户的管理服务内容，能够识别和描述不同类型的数字用户，能够分析不同数字用户的消费心理。

【素质目标】培养对数字时代用户特征敏感性的思维，强化运用大数据分析来洞察用户的需求与偏好，进而实现数字营销的实践意识。

项目导图

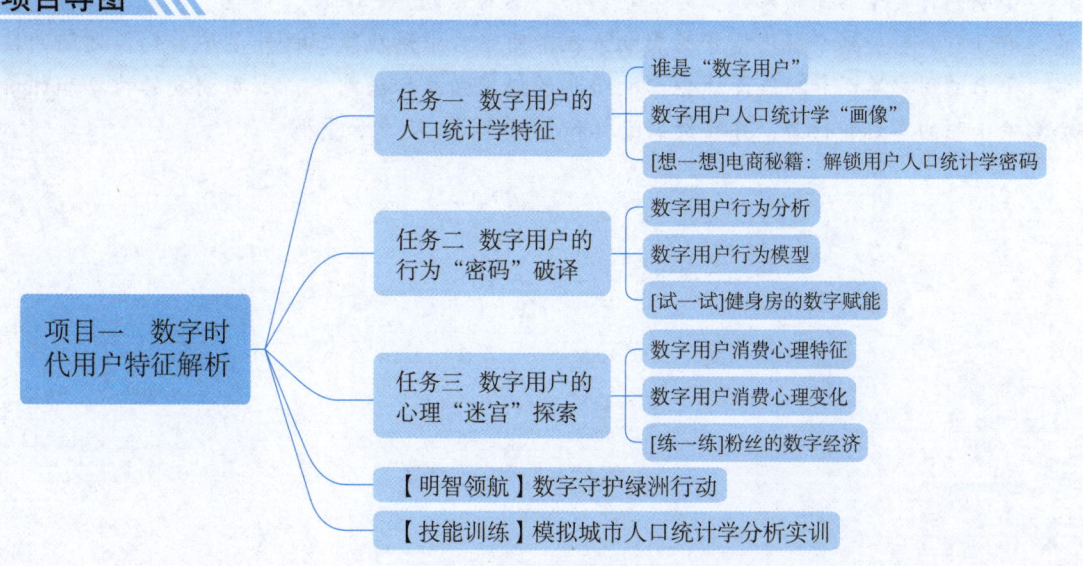

项目一 数字时代用户特征解析
- 任务一 数字用户的人口统计学特征
  - 谁是"数字用户"
  - 数字用户人口统计学"画像"
  - [想一想]电商秘籍：解锁用户人口统计学密码
- 任务二 数字用户的行为"密码"破译
  - 数字用户行为分析
  - 数字用户行为模型
  - [试一试]健身房的数字赋能
- 任务三 数字用户的心理"迷宫"探索
  - 数字用户消费心理特征
  - 数字用户消费心理变化
  - [练一练]粉丝的数字经济
- 【明智领航】数字守护绿洲行动
- 【技能训练】模拟城市人口统计学分析实训

案例导入

小明数字生活的一天

在一个名叫"智汇城"的虚拟城市中，每个人都有一个独特的数字身份，他们通过这个数字身份在城市中进行各种活动，如购物、社交、学习和生活。一天早晨，小明打开他的智能手机，开始一天的数字生活。他先是通过一个购物 App 购买了早餐，然后登录社交媒体与朋友们聊天，接着使用在线学习平台完成了当天课程。下午，他通过软件完成了课余兼职工作，晚上则在一个视频平台上观看了电影。

分析1：小明的数字角色任务

在这个过程中，小明的每一个操作都会产生数据，这些数据被记录、分析，并反馈给他，以提供更个性化的服务。在案例中，小明通过智能手机进行购物、社交、学习和工作，通过各种设备（如智能手机、电脑）访问、互动并产生数据。

分析2：小明的数据生活融入

小明在使用各类数字服务时会收到个性化推荐和服务，比如小明在购物 App 上收到的个性化推荐。小明在不同设备和平台间无缝切换，比如他在手机上进行购物，在电脑上完成工作。小明的行为和浏览偏好会被记录并用于改进服务，他的每一个操作都会产生数据，帮助平台优化服务。

分析3：小明的数字角色意义

小明作为一名数字用户，通过在线购物和支付，推动了电子商务的发展，为经济带来了新的驱动力；他通过社交媒体平台建立和维系人际关系，形成了新的社交模式；他通过分享和传播信息，促进了信息的快速传播和知识的共享；他利用在线教育平台获取知识和技能，推动了教育的数字化和普及化；他通过远程工作平台实现了远程办公，改变了传统的工作方式。这些行为不仅提升了个人效率和便利性，也在多个领域推动了社会、经济和文化的变革。

分析4：小明的行为模式产生的影响

小明的日常生活高频在线，经常在线进行各种活动，如社交、购物、学习和工作。他的喜好和行为会受到个性化推荐的影响。在不同平台中切换能够提升多平台切换之间的技术。平台的用户界面和功能设计会影响小明的使用频率和满意度，小明朋友的推荐和评价会影响小明的喜好和行为，并且数据隐私和安全将被小明更加重视。

任务一　数字用户的人口统计学特征

【任务描述】区别数字用户和传统用户，了解数字用户的人口统计学特征，分析这些特征在不同消费场景中的影响。

【任务分析】通过理解数字用户在人口统计学特征上的多样性及其对消费行为的影响，掌握如何通过分析这些特征来划分目标市场，识别潜在用户，更好地预测用户的购买行为和偏好，为数字营销决策提供依据。

相关知识

一、谁是数字用户

（一）数字用户的定义

数字用户是指那些通过数字化手段获取产品或服务的个人。他们使用各种数字设备（如智能手机、电脑）和平台（如社交媒体、电子商务网站、在线学习平台等）进行互动和操作，使用和消耗数字化的产品或服务以满足个人生活需求。数字消费是互联网消费的升级，数字用户不仅消费和创造数字内容，还通过网络连接与他人交流，参与在线活动。数字用户的行为和偏好对数字产品和服务的发展具有重要影响。

本节通过数字用户活动场景来理解数字用户的五大特点。

课堂案例

数字用户是围绕智能终端与互联网络生存的用户，基于移动网络完成了对于娱乐、服务、消费的数字化的互动。由 Datareportal、Meltwater 和 We Are Social 联合制作的《数字 2023 全球概况报告》指出，到 2023 年年初，全球有 54.4 亿人使用手机，占全球总人口的 68%，数字用户在全球范围内的渗透率非常高。中国互联网络信息中心（CNNIC）第 53 次《中国互联网络发展状况统计报告》显示，截至 2023 年 12 月，我国网民规模达 10.92 亿人。

企业在不同数字领域中，为大量的数字用户做精细化运营管理，推动着各个领域的创新和进步。以网络购物、直播带货、数字文化、在线教育、在线医疗等为代表的数字消费新业态、新模式迅猛发展，与数智技术加速融合，深刻改变着人们的消费习惯。无论是商业、医疗、教育还是娱乐，数字化服务正为每一个用户带来前所未有的体验和便利。

在教育领域中，信息化手段的应用改变了传统的教学模式。通过课程学情记录等相关数据分析，了解学生的学习习惯和进度，进而个性化提供量身定制的教学资源。这种方法不仅提高了学生的学习效率，还能帮助教师优化教学策略。例如，在线学习平台可以根据学生的学习数据推荐适合的学习资源，并通过模拟课堂环境，帮助教师提高教学技能，提升教学质量。

数字营销用户运营

　　商业领域中，企业通过分析数字用户数据来预测市场趋势和消费者行为。例如，零售企业可以利用数据分析了解某款新产品在不同地区的潜在市场需求，从而优化库存管理，减少不必要的库存积压。这种数据驱动的决策不仅提升了运营效率，还改善了消费者的购物体验。此外，企业还可以通过个性化推荐和精准营销，提高用户的满意度和忠诚度。

　　在医疗领域，数字技术的应用同样带来了巨大的变革。通过大量数字用户的病历和行为数据，医疗机构能够开展更加精准的医学研究，预测疾病的发展趋势，为患者制定个性化的治疗方案。例如，通过大数据分析，医疗研究人员可以识别出某些药物在特定患者群体中的疗效，从而加速新药的研发过程，降低临床试验的风险和成本。这不仅提高了治疗的准确性，还减少了不必要的医疗资源浪费。

　　娱乐领域中也在利用数字用户数据提升用户体验。游戏公司通过数据分析了解玩家的偏好和行为，进而优化游戏设计。例如，分析玩家在游戏中的行为数据可以帮助开发者发现游戏中的问题，进行及时修复，提升游戏体验。此外，基于用户数据分析，游戏公司还可以创建更符合玩家期待的角色和故事情节，提供更加沉浸式的娱乐体验。

　　政府和非营利性组织也在利用数字用户数据优化公共政策和社会服务。例如，通过分析数字用户的出行数据，交通管理部门可以优化交通流量管理，减少拥堵，提高公共交通系统的运营效率。同样，社会服务机构可以利用数据分析识别社区的需求，制定更有效的服务方案，提升社会福利。

案例要点

　　数字消费始终围绕数字用户发展，当前的数字化现状是：多项技术迅猛发展，数字技术应用于智慧城市、金融科技、医疗健康、自动驾驶和电子商务等领域，极大地提升了效率和服务质量。未来，随着AI（人工智能）的民主化、5G的普及、量子计算的发展和可持续技术的应用，数字化将继续深刻影响各个行业和社会生活，推动技术与经济的进一步融合。

数字用户包括五大特征：

（1）使用电子设备：数字用户通常使用多种设备来访问互联网和数字服务。
（2）在线互动频繁：数字用户频繁使用社交媒体、即时通信工具等进行交流和互动。
（3）内容消费与创造：数字用户会消费大量的数字内容，还积极参与内容创作，如发布文章、视频、评论等。
（4）个性化需求：数字用户在不同的内容上进行互动，获得个性化的服务和内容推荐。
（5）数据意识：越来越多的数字用户关注自己的数据隐私和保护安全问题。

（二）数字用户和传统用户的区别

　　本节将通过一个银行用户管理案例来分析数字用户和传统用户的区别。

课堂案例

一家银行希望为其用户提供更好的账户管理服务，包括新用户开户、用户查询余额、转账、贷款申请等功能。目前该银行的用户分为两类：传统用户和数字用户。

银行的传统用户是指那些主要通过物理渠道（如银行分行、ATM 和电话）与银行互动的用户。传统用户将前往银行，在银行营业时间内接受与银行职员面对面的直接服务，银行职员会帮助用户完成开设账户、咨询理财产品、办理贷款等业务。

在办理银行业务时，传统用户会收到纸质账单和记录单作为交易记录凭证，较少依赖电子邮件或短信通知。若新用户需要开户，他们需携带证件，填写纸质表格，由银行职员处理开户流程。查询余额时，传统用户需要通过 ATM 或亲自到银行柜台查询账户余额。传统的转账方式则是用户到银行填写转账单或通过 ATM 转账。

银行的数字用户是指那些主要通过互联网和移动设备与银行互动的用户，他们使用银行的 App 或网站来完成大部分银行业务。数字用户通常具备较高的科技互动能力，使用智能手机或电脑等设备，通过银行的 App 或网站进行操作；他们可以在全天候的服务中，通过自助服务随时随地进行交易和查询；他们具有较高的数字安全意识，使用双因素认证、面部识别等技术来保护账户。

数字用户可以通过银行的在线开户服务完成开户流程。用户只需通过银行的 App 扫描身份证件，进行人脸识别，填写基本信息，即可完成开户。余额查询功能在银行的 App 和网站上都很便捷，用户登录银行 App 后，在首页即可看到账户余额和近期交易记录。线上转账也很方便，用户只需在 App 中输入收款人信息和转账金额，经过验证后即可即时完成转账。

此外，银行还通过网站或 App 等渠道为数字用户提供个性化服务和推荐。在数字用户管理账户时，银行通过在线客服和聊天机器人提供反馈和解决问题的服务，并根据用户的消费习惯推荐理财产品，帮助用户进行财务管理。通过这些数字化能力，银行不仅提高了用户体验，还增强了用户黏性，实现了更高效的用户运营。如何基于数字化能力做好全渠道的用户经营，是银行面临的一项重点且持续的工作。

通过这个案例，我们可以清晰地看到数字用户和传统用户在银行服务使用上的显著差异。这些差异不仅影响银行的服务设计和运营模式，也反映了不同用户群体的需求和习惯。为提升用户的便捷性，提升用户的服务体验，更好地保障用户的账户安全，银行正在全面开展数字化服务。

1. 用户数字化转变的原因

企业对数字用户的理解不断迭代和演进。起初，许多企业尝试从传统模式转向 DTC（Direct-to-Consumer）模式，通过自建 App、小程序、官网和自营门店等渠道直接与用户建立联系，获取用户数据并基于这些数据进行价值创造和挖掘。这种方法成为许多企业打造数字用户体系的核心。

在此基础上，一些领先企业开始升级和优化 DTC 模式，将第三方电商、传统线下渠道和媒体平台等渠道纳入用户运营范畴，并将数字用户场景从"交易"向前后延伸，覆盖"交互、交易、交付、交心"端到端的用户旅程，实现全渠道用户运营。具有前瞻性和系统性思维的领先企业进一步拓宽了"数字用户"的定义，将企业内部员工及与用户互动的人员（如导购、客服、售后人员等）纳入"数字用户"范畴，通过数字化和平台化的方式搭建内部用户数字工作台，洞察用户需求，提升服务质量。

2. 数字用户和传统用户的区别

随着数字技术的快速发展，数字用户和传统用户在交易方式、信息获取、商品感知和广告互动上展现出了明显的差异。数字用户的体验更加便捷、多样化和个性化，而传统用户则更加依赖于物理接触和品牌信任。这些差异反映了不同消费群体在技术应用上的显著变化，以及市场营销策略的不断演变。

（1）交易环境。

传统用户：主要在实体店铺或面对面的环境中进行交易，依赖于物理空间的直接互动。这种方式让用户能够在购买之前与商品进行实际接触和检查，从而获得更直观的购物体验。然而，这也意味着交易时间和地点受到限制，用户必须亲自前往店铺，且购物时间受限于店铺的营业时间。

数字用户：通过互联网终端（如手机、电脑）进行在线交易，不受物理空间的限制，可以随时随地完成购买。这种方式极大地提高了便利性，使用户能够在不受时间和地域约束的情况下购物。此外，在线交易还提供了便捷的支付方式和配送服务，使整个购物过程更加高效和便捷。

（2）信息环境。

传统用户：获取商品信息的方式较为单一，主要依赖于卖家提供的有限信息，比如商品展示和销售人员的介绍。用户的比较条件有限，通常只能在同一家店或附近的店铺之间进行比较，商品的可选范围也相对较窄。这种信息不对称使传统用户在做出购买决策时更依赖于品牌信任和销售人员的建议。

数字用户：能够访问丰富的商品信息，包括详细的产品描述、质量评价、尺码信息、用户评论和评分等。用户可以在多个在线平台之间进行价格和性能比较，选择范围更加广泛。这种信息的丰富性和透明度使数字用户能够更有依据地做出购买决策，并且不受时间和地域的限制，信息获取更加便捷。

（3）商品感知。

传统用户：通过直接接触商品，可以利用视觉、听觉等多种感官来全面了解商品的特性。这种多感官的体验能够增强用户对商品的信任感，减少购买的不确定性，特别是在食品、服装、家居用品等类别中，这种体验尤为重要。

数字用户：主要通过屏幕感知商品，依赖于视觉和文字描述。由于缺乏实际接触，用户可能会遇到色差、材质不清晰等问题，导致商品感知的失真。这种局限性可能影响用户的购买决策，尤其是在无法真实感知商品质感和细节的情况下。

（4）广告载体。

传统用户：接触的广告形式通常为较为传统的载体，如墙体广告、广播喇叭等。这些广告形式多为被动接收，且覆盖范围有限，主要依赖于物理场景的曝光。

数字用户：接触的广告形式更加多样化和互动化，包括传统媒体广告（如报纸、杂志、电视）、互联网广告、新媒体软文广告、社区广告、社群广告等。数字广告不仅可以通过多种渠道进行精准推送，还能够通过数据分析实现个性化推荐，更加贴近用户的兴趣和需求。

（5）广告效应。

传统用户：广告推送方式较为广泛但精准度低，通常采用大范围的覆盖策略，广告效果较为随机，转化路径较长，往往难以直接衡量广告效果。

数字用户：广告推送更加精准，能够基于用户的浏览历史、搜索记录、消费习惯和兴趣偏好等数据进行个性化推荐。这种基于数据的广告策略提高了广告的触达效率和转化率，使广告效果更加显著和可测量。

二、数字用户人口统计学"画像"

（一）人口统计学概述

人口统计是指搜集、整理、分析有关人口现象数量，反映人口自然属性和社会属性状况及其变化的全过程。人口的自然属性包括出生、成长、衰老和死亡等生命过程；而社会属性则体现在人口作为社会生活主体所具有的特征上，如生产关系、政治关系、文化关系、民族关系、家庭关系等。

人口统计数据是反映一国国情、国力的重要指标。它为国家在生产、消费、文化教育、医疗卫生、公共福利、社会保险以及劳动力就业和失业等重大问题上进行决策和制定计划提供了必要依据。同时，人口统计数据在人口学、社会学、经济学、地理学等学术研究中也是不可或缺的，它为未来人口、家庭数量预测、编制生命表等工作提供了重要依据。

人口统计学是指根据用户群体的不同人口统计学特征对他们进行分类和分析，以更深入地了解他们的需求、偏好和行为，不同行业和市场都可以利用这些信息来优化其营销策略。传统市场调查先将受众按照人口统计学的分类划分成若干群体，如不同的年龄、性别、地理位置、家庭状况、教育水平和职业等；之后，调查人员往往会在不同的受众群体中抽取个别样本，通过问卷、访谈等形式，探测不同受众群体在选择和偏好上的差异性，并给出相应的因果阐释，从而掌握某个受众群体所喜好的产品。在这一过程中，上述人口统计学意义的分类指标便构成了受众的基本身份，而受众市场调查的目的则是在受众的身份与其偏好之间搭建联系，并以此进行深度的营销与推广。

（二）数字用户的人口统计学特征

在电子商务和时尚等流行行业，人口统计学细分发挥着关键作用。例如，时尚品牌可以根据年龄和性别设计和推广不同风格的服饰，而电子商务平台则可以根据地理位置推荐当地受欢迎的商品。在数字时代，用户的人口统计学特征变得更加多样化和复杂，理解这些特征是数字营销成功的关键之一。数字用户的人口统计学特征包括年龄、性别、收入水平、教育背景、职业、地理位置等。

1. 年龄

不同年龄段的数字用户在使用平台和消费行为上有显著差异。例如，Z世代更加依赖社交媒体和移动设备进行购物和信息获取，而X世代则可能更偏好通过桌面设备和电子邮件进行沟通和购物。

2. 性别

性别差异在数字营销中也起着重要作用。男性和女性在产品偏好、购物习惯和在线活动方面可能存在差异。例如，女性通常在社交媒体上的互动更多，而男性可能更倾向于使用在线游戏和技术类网站。

3. 收入水平

数字用户的收入水平直接影响其消费能力和消费习惯。高收入用户可能更注重品牌和品质，而低收入用户则可能更注重价格和性价比。了解不同收入群体的需求，可以帮助营销人员制定更有针对性的营销策略。

4. 教育背景

教育背景影响数字用户的知识水平和消费观念。高学历用户可能更注重产品的功能性和创新性，而低学历用户可能更关注产品的实用性和价格。

5. 职业

数字用户的职业背景不仅影响其收入水平，还影响其生活方式和消费需求。例如，白领和专业人士可能更偏好高品质和高科技产品，而蓝领工人可能更注重产品的实用性和耐用性。

6. 地理位置

地理位置包括数字用户所在的国家、城市甚至具体的社区。不同地区的文化、经济水平和市场环境都会影响用户的消费行为。例如，大城市的用户通常更容易接受新技术和新产品，而小城市或农村地区的用户可能更保守和传统。

想一想

电商秘籍：解锁用户人口统计学密码

假设某电商平台计划针对其用户群体进行更精准的营销策略制定。为了实现这一目标，平台决定首先深入分析其用户的人口统计学特征。请选取至少四个不同的人口统计学特征（如年龄、性别、地理位置、教育背景等），为每个特征收集相关数据，并分析这些数据如何影响用户的消费行为。最后，基于你的分析，为电商平台提出至少两条具体的营销策略建议。

具体要求如下：

1. 选取至少四个人口统计学特征进行分析。
2. 为每个特征收集相关数据，并说明数据来源。
3. 分析这些数据如何影响用户的消费行为，提供具体的例子或趋势。
4. 基于分析，提出至少两条具体的营销策略建议，说明这些建议如何帮助电商平台更好地满足用户需求和提高销售。

扫码解锁［想一想］参考答案

任务二　数字用户的行为"密码"破译

【任务描述】观察和分析数字营销环境下的用户互动行为，通过实际案例的分析，学会如何基于用户行为数据分析用户特征，满足用户需求。

【任务分析】解析用户行为的多元化与碎片化现象，理解数字用户行为，以及这些行为对营销策略的影响。

相关知识

一、数字用户行为分析

（一）数字用户行为动机

在数字环境中，数字用户的行为决策深受个人因素的影响。用户的教育水平、个人信仰、目标、需求和欲望等因素共同作用，塑造了他们在选择数字产品和服务时的不同消费行为模式。

（1）教育水平将影响数字用户行为的选择偏好。高教育水平的数字用户更倾向于使用技术更先进、更具创新性的产品，教育水平较低的用户可能更依赖直观易用的数字产品，或者在消费决策上更多依赖外部推荐和广告。

（2）个人信仰将影响数字用户的品牌偏好。具有强烈个人信仰的数字用户可能更倾向于选择与自己价值观相符的品牌和产品，购买环保产品或具有社会责任感的品牌。

（3）数字用户的个人目标影响他们对数字产品和服务的需求。数字用户会选择能够帮助自己实现目标的产品或服务。例如选择在线课程平台时，目标导向型用户可能倾向于选择那些能提供实际职业技能提升的课程，而不单纯追求娱乐性或兴趣类内容。

（4）需求是数字用户行为的根本驱动力。需求促使用户在日常决策中选择最能满足自身需求的产品或服务。追求便利性的用户可能偏向于选择那些简洁高效、节省时间的数字工具，例如一位企业家可能会购买一款高效的团队协作工具来提升工作效率。

（5）欲望代表着数字用户想要做出非理性或冲动的消费决策。当数字用户有强烈的欲望时，他们可能会选择那些超出基本需求的产品或服务。例如选择智能手表时，数字用户会因为满足个人审美和社交需求做出选择，而不是只区分不同品牌的智能手表的基础功能。

（二）数字用户行为的影响因素

数字用户行为的影响因素可以归纳为自身因素、环境因素和市场因素。

1. 自身因素

自身因素是指数字用户内在的影响因素，包括性别、年龄、健康状况、心理因素和行为习惯等，这些因素会直接影响他们的消费决策和行为模式。

以抖音的"八大人群"为例，平台将数字用户按照年龄、性别、城市、职业等维度划分为不同类型，用户在行为偏好和消费习惯上有显著差异。如年龄差异体现在"90后"和"00后"的年轻数字用户上，他们在短视频、直播和互动内容方面的活跃度较高，行为偏好更为多元和即时，更容易受到流行趋势的影响。而"70后"和"80后"的数字用户可能偏向于观看养生类、家庭类的内容。性别差异会影响用户的兴趣偏好，通常情况下，女性数字用户在观看时更偏向于时尚、美妆等领域，而男性数字用户则更多偏向于科技、汽车、游戏等领域。

2. 环境因素

环境因素是指用户外部世界的所有物质和社会要素的总和，包括社会、文化、技术发展等方面的因素。

以社会环境为例，在数字化时代，社会环境让数字用户的社会交往模式发生了变化，促使数字用户更加注重信息的分享和互动，形成了"人人都可以成为信息发布者"的新局面，影响了用户的需求和行为，如对内容更新频率、交互性的要求更高。

以文化环境为例，在全球化背景下，文化环境的差异会让数字平台通过语言、图像和视频内容向全球用户提供服务的内容大相径庭。

以技术发展为例，随着新兴技术的不断进步，在大数据和人工智能的支持下，数字设备渗透到更多的用户。大数据时代数字平台更加了解用户的行为模式，更容易抓取用户的互动行为。

3. 市场因素

市场因素包括企业的营销策略、产品策略、促销策略和价格策略等。在竞争的数字环境中，市场因素对数字用户购买过程的影响至关重要，尤其是冲动消费的主要原因——用户被触达和吸引。4P（产品、价格、推广、渠道）营销理论是最基本的营销框架，在数字化时代，企业能够利用数字技术实施更加精准的营销策略，通过社交媒体、新闻网站、视频平台等渠道，企业可以传递品牌文化与产品信息，影响数字用户的购买决策和行为。

在产品策略方面，数字化技术为产品开发提供了新的可能性，企业关注产品的创新与差异化，满足数字用户不断变化的需求。数字平台也为企业提供了实时反馈的渠道，如通过大数据分析用户的需求和偏好，企业能够精准地推出符合市场需求的创新产品。同时，企业能够根据用户的反馈和市场动态，灵活调整产品设计和功能，提升用户体验并增强产品的市场竞争力。

促销策略和价格策略是影响数字用户购买决策的重要因素。企业可利用大数据分析和先进的数字技术实时监测市场竞争情况，制定动态定价策略，通过促销策略，吸引用户在特定时间段购买。如在"双11"大促中，促销价格会对标同类产品进行制定。

二、数字用户行为模型

课堂案例

小米公司在推出汽车产品后,也在持续升级其手机数码和智能家居等产品线。2024年,小米公司发布了小米 MIX Flip 和随手拍套装(见图1-1)。然而,最热销的产品却是小米口袋照片打印机1S。在推出一周内,这款产品在线上和线下全部售罄。米家口袋照片打印机1S 是小米为 MIX Flip 小折叠推出的随身拍套装的一部分。该套装除了打印机,还包含一个用于连接手机和打印机的皮套。虽然是三件套,照片打印机也支持通过蓝牙连接其他手机设备。

图 1-1 小米 MIX Flip 和随手拍套装

小米口袋照片打印机1S通过运用AR技术,让用户可以通过一张照片查看15秒的视频。用户可以选择上传一段3~15秒的视频,并在手机端中选取其中一帧,或从相册中选择其他照片进行打印。通过手机端的扫一扫功能,扫描这张照片后即可播放相应的视频。一部分数字用户将这款小米口袋照片打印机1S对标拍立得产品线,它们的共同点是都可以帮助用户获得实体照片,但是小米口袋照片打印机1S能够让用户将瞬间用视频和照片一起记录。

小米口袋照片打印机1S正是关注到了拍照产品的创新与差异化,让很多数字用户都想拥有这款产品。

[课堂讨论]
网上有很多不同的意见:有网友认为拍立得成像更好看,并且保存时间非常久;也有网友认为柯达也有高度相似的产品,不一定要选择小米,但有网友说小米产品整体性价比高。你该怎么选择呢?

本节内容将根据数字用户的购买行为路径进行分析,具体介绍 AISAS 消费者行为分析模型、交互主义模型。

(一)AISAS 模型

数字时代,数字用户是数字化的主体。他们不仅可以通过网络主动获取信息,还可以作为信息发布的主体。媒体市场由之前的扁平式发展，逐渐呈现出深度、精准发展的趋势。数字用户从传统的 AIDMA 模式——注意（Attention）、兴趣（Interest）、欲望（Desire）、记忆（Memory）、行动（Action）中经历整个购物过程，这个过程可以被传统营销手段所左右。

针对这种趋势，电商公司在传统 AIDMA 模型的基础上进行了重构，引入了数字用户的两个经典行为模式——搜索与分析，优化为 AISAS 模式——注意（Attention）、兴趣（Interest）、搜索（Search）、行动（Action）、分享（Share）（见图 1-2）。即当广告引起数字用户的注意和兴趣后，数字用户会主动对品牌和商品信息进行搜索，继而产生购买行为，并通过社交媒体分享消费体验。AISAS 模型强调用户的搜索和分享及搜索指标的营销效果评估。

数字用户不仅限于发布个人信息和共享群体信息，还涉及由传统的"B2C"模式——商家向消费者发布信息，转化为"B2C2C"模式——商家向消费者发布信息后，消费者再向其他消费者发布与共享信息。贺岁电影《小猪佩奇过大年》发布的预告片《啥是佩奇》就是一个典型例子。2019 年 1 月 17 日 16 时左右，@电影小猪佩奇过大年发布了一段时长 5 分多钟的宣传短片。到 2019 年 1 月 18 日凌晨，佩奇大电影官方微博的视频链接被分享了 2 万余次。到 1 月 19 日 6 时，该微博的转发次数接近 20 万，互动量高达 38 万。短

图 1-2　AISAS 模型

短三天内，"《啥是佩奇》刷屏"事件的影响力指数达 76，峰值传播速度为每小时 1 261 条，较同类事件平均值高出 20.5%，成为 2019 年年初最火爆的营销事件，并且很快便有商家在闲鱼、淘宝等电商网站中高价销售"电影同款鼓风机佩奇"。这充分显示了分享的力量不容小觑。

（二）交互主义模型

交互主义模型属于微观社会学模型，专注于个体之间的社会互动，认为社会现实是通过人们的日常互动和符号交流建构起来的。在这一模型中，消费行为被视为个体通过互动和符号意义建构自我和社会身份的过程。这种观点揭示了个体在不同社会互动中如何受到外部因素的影响，特别是在数字时代，数字用户在消费行为中的决定往往受到朋友、家庭、同事的意见和建议的影响。

在当今数字化社会中，个体的消费行为不仅仅是单纯的经济活动，更是社会互动和符号意义的体现。数字用户在购买决策过程中，会通过与其他用户的互动获得信息和建议，从而影响自身的选择。例如，一位数字用户在购买智能手机时，可能会参考朋友的推荐、家庭成员的意见以及同事的使用体验。这些互动不仅帮助数字用户获取有关产品的具体信息，还通过互动中的符号交流，帮助他们理解并构建自己的社会身份和自我认同。

小米公司是一个典型的例子，展示了如何通过深度融入科技社区，利用社会互动和符号交流，成功影响数字用户的消费行为。小米专注于科技爱好者、年轻人和追求高性价比的消费者，通过与科技达人和评测机构合作，举办产品发布会和用户体验活动，强化了与科技爱好者的联系。通过积极参与科技社区，小米营造了一种认同感和归属感，使数字用户感到不仅仅是在购买产品，更是加入了一个分享科技体验和创新的群体。这种社会认同

感极大地提升了用户的品牌忠诚度，推动了小米产品的广泛传播和销售。

在数字时代，社交媒体平台的兴起进一步放大了交互主义模型在消费行为中的作用。小米通过社交媒体平台、科技博客和视频评测等渠道推广其产品，吸引了大量对便携、即时打印感兴趣的年轻用户。例如，小米口袋打印机的成功与其在年轻消费者和社交媒体爱好者中的深度融入密切相关。通过展示数字用户使用口袋打印机打印照片和进行数码类产品测评，增强了用户的参与感，并通过用户生成内容（UGC）提升了产品的曝光率和口碑。用户在社交媒体上分享他们的使用体验，不仅增加了产品的曝光度，还通过这种互动方式，帮助其他潜在消费者更好地理解和认同产品的价值。

社会学模型在消费者行为中发挥着关键作用，它强调了个体所属的社会群体对购买决策的影响。个体会受到他们所处社会群体行为的影响，进而决定购买某种产品或服务。例如，在一个以科技为主导的社会群体中，成员之间的互动和交流会对个体的购买决策产生重要影响。当一个数字用户看到他所关注的科技达人或朋友在使用某一品牌的产品，并且对该产品给予高度评价时，这种社会互动会增强他对该品牌的信任感和购买意愿。小米公司正是通过这种策略，成功地将其产品推广到更广泛的数字用户中。

用户生成内容（User-Generated Content，UGC）在现代营销中具有重要地位。通过鼓励数字用户分享他们的使用体验，品牌可以借助用户的声音，进一步强化产品的社会认同感和品牌忠诚度。小米公司在这方面做得尤为出色，他们通过各种社交媒体活动，激励用户分享他们的使用体验和产品测评。这些数字用户生成的内容不仅提供了真实的产品反馈，还通过社交网络的广泛传播，帮助品牌吸引更多潜在用户。用户的分享和互动，形成了一种自发的品牌推广机制，使品牌的影响力不断扩大。

小米的成功不仅仅在于其高性价比的产品，还在于其对消费者个性化需求的深刻理解和回应。通过与用户的持续互动，小米能够及时捕捉用户的需求变化，并迅速调整其产品和服务策略。这种高效的反馈机制，使小米能够在激烈的市场竞争中保持领先地位。此外，小米还注重营造一种强烈的社区感。通过定期举办线下活动和线上互动，小米建立了一个紧密联系的用户社区。在这个社区中，用户不仅是产品的消费者，更是品牌的参与者和推动者。这种社区感极大地增强了用户的品牌归属感和忠诚度。

随着数字技术的不断发展和社会互动方式的不断演变，交互主义模型在消费行为研究中的重要性将进一步凸显。品牌需要不断探索和创新，利用新的技术手段和互动方式，与消费者建立更加紧密和有效的联系。未来，品牌可以通过更个性化的互动方式，更深入地了解用户的需求和偏好。例如，利用大数据和人工智能技术，品牌可以实现对消费者行为的精确分析和预测，从而提供更好的定制化的产品或服务。

课堂案例

办理健身卡

在健身行业，用户办理健身卡的行为可以很好地说明经济学模型和现代消费者行为模型的应用和差异。根据经济学模型，如果一家健身房降低会员卡的价格，理论上可以预期会有更多用户选择办理健身卡,因为成本降低了。然而,实际情况可能并不完全如此。

例如,A健身房推出了打折促销活动,将一年的会员卡价格从5 000元降至3 000元。根据经济学模型,这一价格降低应能吸引更多用户办理会员卡。然而,实际情况可能会受其他因素影响,如健身房的地理位置、设施设备的质量、教练的专业水平和服务态度等。如果用户认为A健身房的设施陈旧、服务质量差,即使价格降低,他们也可能不会选择办理会员卡。

现代消费者行为模型则会考虑更多的因素。例如,用户B可能选择B健身房,即使其会员卡价格较高(每年6 000元),因为B健身房提供了优质的服务、先进的设备以及良好的健身环境。此外,B健身房的品牌形象也更符合用户B的个人价值观和社会地位,使他愿意支付更高的价格。这种决策不仅仅是基于价格和收入的考虑,还涉及用户的情感体验、品牌认同和社会影响等多重因素。

试一试

健身房的数字赋能

全民健身场地设施逐步增多,人民群众通过健身促进健康的热情日益高涨,经常参加体育锻炼人数比例达到37.2%,越来越多的人感受到了运动的必要性,感受到了运动的好处。因此,健身房前几年的经营情况非常喜人。假设小李是健身房的老板,最近3个月他的会员到店次数明显减少,新会员引入的结果也非常不理想。面对这样的困境,小李感到非常焦虑和困惑。他决定深入分析问题的根源并寻找解决方案,以扭转健身房的颓势。

接下来半年时间,小李打算对店铺的设施、价格进行调整,加强对教练的管理和培训,同时对线上平台的宣传投入更多的精力。

为了深入分析会员健身的动力及长期选择健身房的原因,小李打算先向店内会员做一次调研,根据会员的感受与体验更好地提升健身房服务。他通过发放问卷和进行一对一访谈,收集会员们的反馈,分析现有会员到店次数减少的原因。结果显示,会员减少到店的主要原因包括以下几方面:

(1)许多会员表示在时间安排上有冲突。由于工作和家庭等事务的影响,他们很难找到合适的时间来健身房锻炼。

(2)健身房提供的健身服务计划有些单调。有些会员认为当前的健身课程和设备缺乏多样性,导致他们失去了锻炼的兴趣。

(3)一些健身设施比较陈旧。有些辅助设施已经不是时兴的器材,影响了会员的锻炼体验。

(4)部分会员反馈最近健身房的服务质量有所下降。例如,教练的指导不够专业或者服务态度欠佳。

在和现有会员沟通后,小李从店铺管理后台调取了会员到店健身数据,以进一步分析和确认问题所在(见表1-1)。

表 1-1 会员到店健身数据

会员昵称	月到店次数/次	月到店时长/小时	打卡日期
李小龙	5	7	1月3日，1月10日，1月17日，1月24日，1月31日
	4	6	2月5日，2月12日，2月19日，2月26日
	6	8	3月5日，3月7日，3月14日，3月15日，3月19日，3月21日
Alice	6	8	1月4日，1月11日，1月18日，1月25日，1月27日，1月30日
	5	7	2月6日，2月13日，2月20日，2月27日，2月28日
	3	4	3月9日，3月16日，3月23日
张伟	4	6	1月2日，1月9日，1月16日，1月23日
	3	4	2月7日，2月14日，2月21日
	1	2	3月11日
James	8	12	1月5日，1月12日，1月19日，1月26日，1月28日，1月29日，1月30日，1月31日
	7	10	2月8日，2月15日，2月22日，2月23日，2月24日，2月25日，2月26日
	4	6	3月12日，3月19日，3月26日，3月27日
王芳	7	9	1月1日，1月8日，1月15日，1月22日，1月24日，1月27日，1月29日
	6	8	2月4日，2月11日，2月18日，2月25日，2月27日，2月28日
	3	5	3月8日，3月15日，3月22日
Emily	3	5	1月6日，1月13日，1月20日
	2	3	2月9日，2月16日
	2	2	3月19日，3月31日
刘洋	9	14	1月3日，1月6日，1月7日，1月14日，1月18日，1月21日，1月28日，1月30日，1月31日
	8	11	2月2日，2月10日，2月17日，2月24日，2月25日，2月26日，2月27日，2月28日
	5	7	3月13日，3月20日，3月27日，3月28日，3月29日
王强	5	7	1月8日，1月15日，1月22日，1月29日，1月30日
	4	6	2月11日，2月18日，2月25日，2月26日
	6	9	3月1日，3月3日，3月5日，3月6日，3月14日，3月21日

续表

会员昵称	月到店次数/次	月到店时长/小时	打卡日期
Sophie	6	9	1月8日，1月9日，1月16日，1月23日，1月30日，1月31日
	5	7	2月12日，2月19日，2月26日，2月27日，2月28日
	3	4	3月15日，3月22日，3月29日
李丽	4	5	1月10日，1月17日，1月24日，1月31日
	3	4	2月1日，2月8日，2月15日
	3	3	3月1日，3月15日，3月18日
张燕	9	13	1月22日，1月23日，1月24日，1月25日，1月26日，1月27日，1月28日，1月29日，1月30日
	8	11	2月20日，2月21日，2月22日，2月23日，2月24日，2月25日，2月26日，2月27日
	9	13	3月1日，3月3日，3月11日，3月19日，3月22日，3月23日，3月24日，3月25日，3月26日

讨论问题：根据上述案例信息，小李该如何吸引潜在用户办理健身卡？

扫码解锁［试一试］参考答案

任务三　数字用户的心理"迷宫"探索

【任务描述】理解数字用户的消费心理特征，探索他们在使用数字平台时的心理动机和情感反应。

【任务分析】通过分析用户的消费心理特征，可以识别用户在不同情境下的需求和期望，帮助品牌制定有针对性的营销策略，增强品牌在用户心目中的地位和影响力；同时，学会如何建立长期的用户关系，提升用户的满意度和忠诚度，实现品牌的可持续发展。

相关知识

一、数字用户消费心理特征

数字化消费模式推动了消费场景从线下拓展到线上，消费对象从实物拓展到数字产品和内容等领域，更带动了国货"潮品"消费、文娱旅游消费等新消费增长点的加速形成。在数字时代，理解和响应用户的情感体验、认知偏好和购买动机变得至关重要。品牌需要通过精细的数据分析和用户研究，深入洞察用户心理变化，从而优化产品和服务，制定有效的营销策略，满足用户的多样化需求，增强用户的满意度和忠诚度。这不仅有助于品牌在竞争激烈的市场中脱颖而出，还能建立长期的用户关系，实现可持续发展。《互联网助力数字消费发展蓝皮书》显示，我国网络购物用户规模已超过9亿人，"90后""00后"已经成为数字消费主力军。用户群体发生的变化导致企业也不断研究数字用户的消费心理特征。数字用户的心理特征是指他们在使用数字平台时的心理动机和情感反应，用户的"想法、感觉、理由"是他们面对不同商品时进行挑选的心理，这些特征可以通过心理学研究和用户调研进行分析，帮助企业更深入地了解用户的内在需求和行为驱动力。

（一）用户的感知和意识

消费者的感知和意识是数字营销中需要重点考虑的心理因素之一。感知包括消费者对产品或服务的注意力、认知、理解能力及反应速度。在数字营销中，企业需要运用各种数字化手段，增强消费者对产品或服务的感知，从而提升关注度和认知度。

例如，在电子产品行业中，苹果公司通过高质量的视觉广告和互动展示，让消费者对其新款产品产生强烈的感知。而三星则通过线上体验活动和增强现实技术，让消费者更深入地了解其产品的功能和特点。

（二）用户的情感和体验

情感和体验是数字营销中需要考虑的两个重要因素。数字用户的情感指其对产品或服务的情感体验和反应。当其在购买时，通常根据自身的情感体验和反应来判断产品或服务是否符合预期。因此，企业需要通过各种方式引导消费者产生积极的情感体验和反应，从而提高关注度和购买欲望。

例如，在旅游行业中，携程通过个性化推荐和旅客故事分享，引导消费者产生积极的情感体验。而飞猪则通过虚拟旅行体验和用户生成内容，提升消费者的情感连接。

（三）用户的自我价值和认知

数字用户的自我价值认识日渐提高，购买决策的自主性更强。在网络购物时数字用户变得更加有主见，更易怀疑企业。大部分数字用户会更加信任和依赖第三方评价，同时在选择产品的过程中认为自己的需求和感受与他人有很大不同。在选择品牌和产品时，他们更有主见，较少听信品牌商的宣传。

例如，在化妆品行业中，数字用户更倾向于参考小红书上的用户评价而非品牌官网的宣传信息，因此品牌商需要重视用户生成的内容和真实评价。

（四）消费者自我表达欲望更强

数字用户在消费过程中的自我表达欲望更强，注重实时联系与信息分享。越来越多的数字用户生成大量自发、非结构化的评论和信息，通过这种分享行为，数字用户不再是孤立的个体，而是相互联系并拥有群体的力量和权利。

例如，在社交媒体行业中，微博和抖音鼓励用户生成内容，分享他们的真实体验和意见，形成庞大的用户社区。品牌如小米则利用这种趋势，通过与用户的实时互动和信息分享，建立强大的用户群体和品牌忠诚度。

课堂案例

消费者的选择影响社会认同感的功能

尽管对于大多数数字用户而言，消费行为似乎不会直接定义他们的身份，但消费决策却高度与身份相关。这些决策反映了更大的价值观和信仰，成为表达自我的重要方面。例如，素食主义者因为不忍心看到动物被杀害而选择不吃肉；一些人则因为反对使用童工制品而拒绝购买某些服装。环保人士可能会选择购买丰田普瑞斯，而一些人则会抵制日本汽车，以支持本地汽车工业。

很多用户一直无法在盲测中区分可口可乐和百事可乐，在这种情况下，用户该如何选择可口可乐和百事可乐一直是两家企业的竞争点。假设用户更喜欢百事可乐，但有时还是会坚持选择可口可乐作为一种文化标志；并且可口可乐公司任何改变口味配方的尝试都会引发许多用户的强烈反对。这表明，消费品和品牌不仅仅是满足实际需求的工具。

在一个供过于求的世界里，品牌差异化越来越明显，许多数字用户选择品牌是为了表达他们的个性或满足内心的欲望。有些人不仅仅是在使用苹果品牌产品，而是将自己视为苹果品牌的忠实用户，认为更换为其他品牌的产品是一种背叛。从饮料到电脑，品牌已成为一种意识形态。消费者可能会将产品视为自身的延伸，例如，他们可能会像对待宠物一样对待自己的汽车。

二、数字用户消费心理变化

（一）用户心理需求发生变化

必需品是指对人们日常生活和生存至关重要的商品或服务，而消费品则是满足人们非基本需求的商品或服务，这些需求可能涉及舒适、娱乐或奢侈等方面。每个用户根据自身的需求和偏好，对不同商品有不同的定义和需求。在数字时代，由于外部环境的多样化影响，用户的需求变得更加多元和复杂。

在数字时代，用户的社交属性在不断被弱化，点赞、评论的社交行为让更多的用户更加重视深度的情感体验，情感体验在用户行为中起着重要作用。企业致力于为数字用户提供更细致的情感体验，可以帮助品牌优化产品设计和服务流程，从而提高用户的满意度和忠诚度。当用户使用数字产品或服务时，会产生各种情感反应，如喜悦、满足、焦虑和愤怒。如在购物过程中，一个精心设计的用户界面不仅可以提升用户的操作效率，还能通过细节设计让用户感到愉悦和舒适，从而增强品牌的吸引力和用户黏性。

数字用户的认知偏好在数字时代变得更容易被预测。认知偏好指用户在信息处理和决策时的倾向和习惯。例如，有些用户偏好直观和简洁的信息展示，而另一些用户则喜欢详细和全面的内容。通过数据分析和数字用户行为研究，企业可以更精准地了解用户的认知偏好，优化信息传达方式，提高信息的有效性和用户的理解度。

绿色低碳的环保消费理念也在影响更多的数字用户，尤其是"90后""00后"用户对绿色消费的认知较高。在绿色环保的背景下，企业可以通过展示产品的环保特性和可持续发展理念来满足不同用户的认知偏好。例如，对于喜欢简洁信息的用户，可以使用直观的图表和图标展示产品的环保优势，如碳足迹降低、可再生材料使用等。而对于喜欢详细内容的用户，可以提供更深入的环境影响报告和生产过程中的环保措施细节。这样不仅能提升用户体验，还能有效地传递品牌的环保价值和信息，从而建立更强的用户关系。

数字用户的心理变化后，他们的购物需求更容易被刺激，在消费流程中，找到数字用户的购买动机是企业研究的重要方向。一些数字用户购买产品是为了满足基本需求，而另一些用户则可能是为了彰显身份和地位。通过深入了解数字用户的购买动机，企业可以制定更有针对性的营销策略，满足用户的深层次需求。例如，针对追求身份和地位的用户，品牌可以强调产品的高端定位和独特性，通过名人代言和限量版推出等方式吸引这些用户的关注和购买欲望。

[课堂讨论]

随着外部环境的不断变化，用户的心理需求也发生了显著变化。ABC电子有限公司成立于2005年，是一家专注于消费电子产品的创新型制造商，公司总部位于中国深圳。凭借高品质的产品和卓越的用户服务，ABC电子有限公司在国内市场建立了稳固的用户基础。然而，随着技术进步和市场竞争的加剧，用户对于智能家居设备的期待值正在不断提高。

ABC电子有限公司具体分析了国内用户的需求：

国内用户希望通过一体化的解决方案来提升生活质量和效率，他们现在更加关注智能家居设备的便利性和功能集成度，他们希望产品能够简化日常操作，同时具备远程控制、语音助手和家电联动等多项功能。此外，随着消费者的成熟，他们在做出购买决策时更加注重性价比和售后服务，期待享受到便捷的售后支持，包括本地化的用户手册、在线客服以及维修服务。

与此同时，在经济压力下，大部分数字用户渴望购买价值最大化的心理需求正在体现。越来越多的用户对个人安全与隐私保护的需求日益增强，特别是在数据安全和产品安全性方面。越来越多的用户关注智能设备的数据安全问题，以保护个人信息和家庭隐私，避免可能的风险。

此外，用户在智能家居产品的增值服务方面也提出了更高的要求，他们对个性化和便捷性体验的心理追求直接体现在产品上。数字用户希望产品具备简洁直观的操作界面和易于安装的设计，以便能够轻松上手，快速使用产品。同时，个性化互动体验，例如自动调整灯光和温度，也成了用户的期待之一。

面对这些变化，ABC电子有限公司意识到，需要通过战略调整来应对国内外市场的挑战和机遇。公司管理层经过深入分析，决定加速从内贸向外贸的转型，力求在全球市场中取得新的突破，以提升公司的全球品牌影响力。

讨论要点：比较国内外不同用户对产品的期待值，分析外部环境变化下国外消费者对智能家居产品的心理预期及企业应对策略。

讨论参考见表1-2。

表1-2 讨论参考

国际用户需求	
跨文化功能适应	多语言支持
	本地化内容
高质量与创新	技术创新
	高品质
环保与可持续	环保意识
	可持续发展
多元化的用户支持	全球客服网络
	便捷地购买与配送
	严格的数据保护
	透明的隐私政策

（二）用户情感和情绪变化

冲动消费的主要原因是用户被触达和吸引，企业非常重视广告、品牌价值等选择，就是为了维系企业和数字用户的情感，提升数字用户的情绪价值。情感和情绪不仅仅是数字用户在面对产品或服务时的即时反应，更是影响他们长期态度、品牌忠诚度和购买倾向的关键因素，将会驱动数字用户购买的决策过程。

情感是指消费者在特定情境下，基于主观体验所产生的持久性心理状态。情感往往与消费者的价值观、个人经历和生活背景密切相关，形成一种稳定的、深层次的心理特征。

对于大多数企业来说，用户的情感意味着用户对企业的黏性很高，情感影响用户对品牌的长期态度和行为，导致用户不断购买或者推荐给其他用户。许多数字用户对苹果品牌产品有着强烈的情感依赖，这种依赖不仅仅来源于产品本身的质量和设计，还源于苹果品牌所传递的价值观和生活方式。从早期的 iPod 到如今的 iPhone 和 Mac，苹果通过简洁优雅的设计、创新的技术和独特的用户体验，赢得了全球范围内众多消费者的喜爱。

用户对苹果品牌产生深厚的情感联结，甚至愿意为之排队等待新品发布。这种情感依赖使苹果用户在面对竞争对手的产品时，仍然坚定地选择苹果，尽管有时苹果产品价格更高或二者的功能差异并不显著。例如，消费者对某个品牌的情感依恋可能源于童年的积极体验或家庭的传统观念，这种情感一旦形成，便会在未来的购买决策中起到重要作用，甚至超过理性的评估过程。情感使消费者对品牌产生忠诚，从而影响他们的重复购买行为和口碑传播。

情绪是数字用户在特定时刻，由外部刺激引发的短暂心理反应。企业往往要把握住用户瞬时的、易变的情绪，因为企业想要影响数字用户的即时决策和行为。例如，看到心仪已久的商品打折，消费者可能会感到兴奋，这种情绪可能直接促使他们做出购买决策。情绪虽然短暂，但其影响力不容忽视，因为它可以迅速改变消费者的购买意愿。例如，在一次愉快的购物体验中，消费者可能会因为积极的情绪而更倾向于购买更多的商品，或是在愤怒和沮丧的情绪驱动下放弃购物。

数字用户在网上购物时，看到平台出现的限时满减活动时会感到兴奋和紧迫，这种积极的情绪促使他们快速做出购买决定，即便这个产品并非他们原本计划购买的。另一种情形是，当一位数字用户在购物后，遇到快递延误或商品质量问题，可能会感到愤怒，从而在评价中留下负面评论，甚至停止在这个平台上购物，或不再购买该企业的产品。这种情绪驱动的行为不仅影响了当时的购买决策，还可能对平台或者这个企业的形象产生负面影响。

情感和情绪在消费者行为中的作用复杂而多样。情感作为深层次的、持久的心理状态，影响消费者的长期行为和品牌忠诚度，而情绪作为瞬时的、短暂的心理反应，则对即时的购买决策有重要影响。理解并有效利用消费者的情感和情绪，可以帮助企业更好地定位品牌、制定营销策略，从而在竞争激烈的市场中脱颖而出。情感与情绪的结合应用，使市场营销不仅仅是产品和价格的竞争，更是心理和情感的较量。

练一练

粉丝的数字经济

艾莉是一名 25 岁的时尚博主，每天通过小红书与她的粉丝分享穿搭心得和购物体验。她的粉丝主要是"90 后"和"00 后"，这些年轻人对数字消费有着强烈的兴趣和独特的需求。她最近接到一家新兴化妆品品牌的合作邀请，希望她能为其新品做宣传。该企业通过大数据分析发现，目标用户群体和艾莉的小红书粉丝有一定的契合度。

粉丝分布——

总粉丝数：50 万人

"90 后"粉丝：30 万人（60%）

"00后"粉丝：20万人（40%）

目前艾莉的小红书粉丝总数超过50万人，其中90%是"90后"和"00后"。

个性化需求——

"90后"对个性化产品需求：70%

"00后"对个性化产品需求：80%

购买决策影响因素——

查看第三方评价：80%

受朋友和社交媒体影响：65%

根据后台数据推测，80%的艾莉粉丝在购买前会查看她的推荐和第三方评价，65%的粉丝会受到朋友和社交媒体影响。

艾莉推荐产品的销量提升——

过去一年：30%

2023年，艾莉推荐的美妆产品品牌，总销量提升了30%。

讨论问题：

1. 数字用户的消费心理特征是什么？
2. 分析艾莉的粉丝在数字消费中的独特行为模式和偏好。
3. 艾莉如何利用数字平台影响粉丝的购物决策和消费行为？
4. 新兴化妆品企业应如何利用数字营销吸引艾莉的粉丝并提升销售效果？

扫码解锁［练一练］参考答案

明智领航

数字守护绿洲行动

一次偶然的机会，小王了解到城市A周边的一片美丽湿地正面临着被开发为商业用地的威胁。湿地不仅是许多动植物的栖息地，更是城市重要的生态屏障。小王决定利用公司的资源和影响力，发起一场保护湿地的环保运动。他恳请公司支持这项活动，公司召开了全体员工大会，小王向大家介绍湿地的重要性以及面临的威胁。公司员工纷纷表示支持，并提出了许多有创意的想法。经过讨论，大家决定通过数字媒体手段，唤起公众的环保意识，动员更多的人参与到保护湿地的行动中来。

首先，团队为这次环保运动起了一个响亮的名字：守护绿洲行动。他们设计了一系列富有视觉冲击力的宣传海报和短视频，展示湿地的美丽风光和生态价值。通过社交媒体平台，团队迅速传播这些内容，引起了广泛关注。为了进一步提升运动的影响力，团队还设计了一款互动性强的在线小游戏，名为"拯救湿地大作战"。玩家在游戏中需要通过种植树木、清理垃圾、保护动物等行动，拯救受到威胁的湿地。这款游戏不仅趣味十足，还能够潜移默化地向玩家传递环保知识。

团队还与本地的环保组织合作，组织了一系列线下活动，如湿地清理志愿者活动、环保知识讲座、湿地生态徒步等，这些活动不仅增强了公众的环保意识，还为他们提供了亲身参与环保行动的机会。

"守护绿洲行动"很快在全城引起了轰动，越来越多的市民加入保护湿地的行列中来。媒体也纷纷报道这次环保运动，进一步扩大了它的影响力。在公众的强烈呼声下，最终湿地的商业开发计划被取消了。

技能训练

模拟城市人口统计学分析实训

1. 实训目的

分析模拟城市 A 的人口统计学特征并探讨其对电商经济的影响。

2. 实训背景

城市 A 是一个快速发展的中型城市，人口约为 500 万人。该城市具有多样化的经济结构和活跃的电商市场，吸引了大量的年轻人口和技术人才。近年来，城市 A 经历了显著的人口增长和城市化进程。表 1-3～表 1-7 是城市 A 的模拟人口数据，包括年龄、性别、家庭状况、教育水平和职业等信息。数据基于城市 A 的 500 万人口设定。

表 1-3 城市 A 2010—2020 年基本人口数据

年份	总人口/万人	出生率/‰	死亡率/‰	自然增长率/‰	迁移率/‰
2010	400	15	6	9	2
2011	410	14.8	6.1	8.7	2.5
2012	420	14.6	6.2	8.4	3
2013	430	14.5	6.3	8.2	3.2
2014	440	14.3	6.4	7.9	3.5
2015	450	14.1	6.5	7.6	3.8
2016	460	13.9	6.6	7.3	4
2017	470	13.8	6.7	7.1	4.2
2018	480	13.7	6.8	6.9	4.5
2019	490	13.6	6.9	6.7	4.7
2020	500	13.5	7	6.5	5

表 1-4 城市 A 人口的年龄结构和性别比例

年龄段	男性人口/万人	女性人口/万人
0～14 岁	45	42
15～24 岁	40	38
25～34 岁	35	34

续表

年龄段	男性人口/万人	女性人口/万人
35~44 岁	30	31
45~54 岁	25	26
55~64 岁	20	21
65 岁及以上	15	18

表 1-5　城市 A 人口的家庭状况

家庭状况	人口/万人
单身	100
已婚无子	50
已婚有子	250
离异	50
丧偶	50

表 1-6　城市 A 人口的教育分布

教育水平	人口/万人
小学及以下	100
初中	150
高中	100
大专	50
本科	80
研究生及以上	20

表 1-7　城市 A 人口的职业分布

职业	人口/万人
白领	150
蓝领	200
自由职业者	50
服务业	50
农业	30
退休	20

3. 实训问题

（1）根据上述表格提炼城市 A 在人口增长、年龄结构、性别比例、家庭状况等方面的特征。

(2) 如何利用城市 A 的年龄结构数据制定电商市场营销策略？

(3) 城市 A 老年人口的增加对电商市场有何影响？

扫码解锁［技能训练］参考答案

4. 实训评分

实训评分标准见表 1-8。

表 1-8 实训评分标准

评分维度	权重	评分标准
人口特征提炼	30%	准确性（15%）：对城市 A 在人口增长、年龄结构、性别比例、家庭状况等方面的特征进行清晰的描述，能够正确选取并提炼重要特征。 逻辑清晰性（15%）：说明各特征的变化趋势及其潜在影响，逻辑清晰，条理分明
年龄结构数据的营销策略制定	40%	策略数量与创新性（20%）：根据年龄结构数据提出至少两条具体的营销策略，并具有创新性。 策略的针对性与可行性（20%）：策略切合不同年龄群体的消费特征，具体可行，并与城市 A 的年龄结构特征密切相关
老年人口增长的电商影响分析	20%	分析深度（10%）：具体分析老年人口增加对电商市场的潜在影响，结合消费行为变化趋势进行说明。 前瞻性建议（10%）：提出适应老年人市场的营销建议，且具有前瞻性，能够有效应对市场结构的变化
总结与报告呈现	10%	报告结构和逻辑（5%）：报告结构完整，逻辑清晰，涵盖主要内容。 表达与辅助（5%）：语言表达简洁、准确，图表和数据可视化的使用能够清晰展示数据和分析结果

项目二

数字营销新用户行为洞察与优化

动画视频

项目介绍

本任务介绍数字营销对用户行为的影响、用户行为模式和购买决策过程、数字营销对用户旅程中的关键影响点。通过实践探索如何基于用户行为数据优化营销策略，从而提升品牌认知度、吸引新用户并提高用户忠诚度。

学习目标

【知识目标】理解数字营销的基本概念和原理，掌握用户行为分析的基本方法和工具，学习用户购买决策过程及其影响因素，了解数字营销对用户旅程中关键影响点的作用。

【能力目标】能够识别和分析用户行为模式；能够应用数据分析工具进行用户行为洞察；能够设计并优化基于用户行为数据的营销策略；能够绘制和解释用户旅程图，为营销策略提供支持。

【素质目标】提升对数字营销伦理和用户隐私保护的意识；培养创新思维和市场敏锐度；增强团队合作能力和沟通技巧；培养分析问题和解决问题的实战能力。

项目二　数字营销新用户行为洞察与优化

项目导图

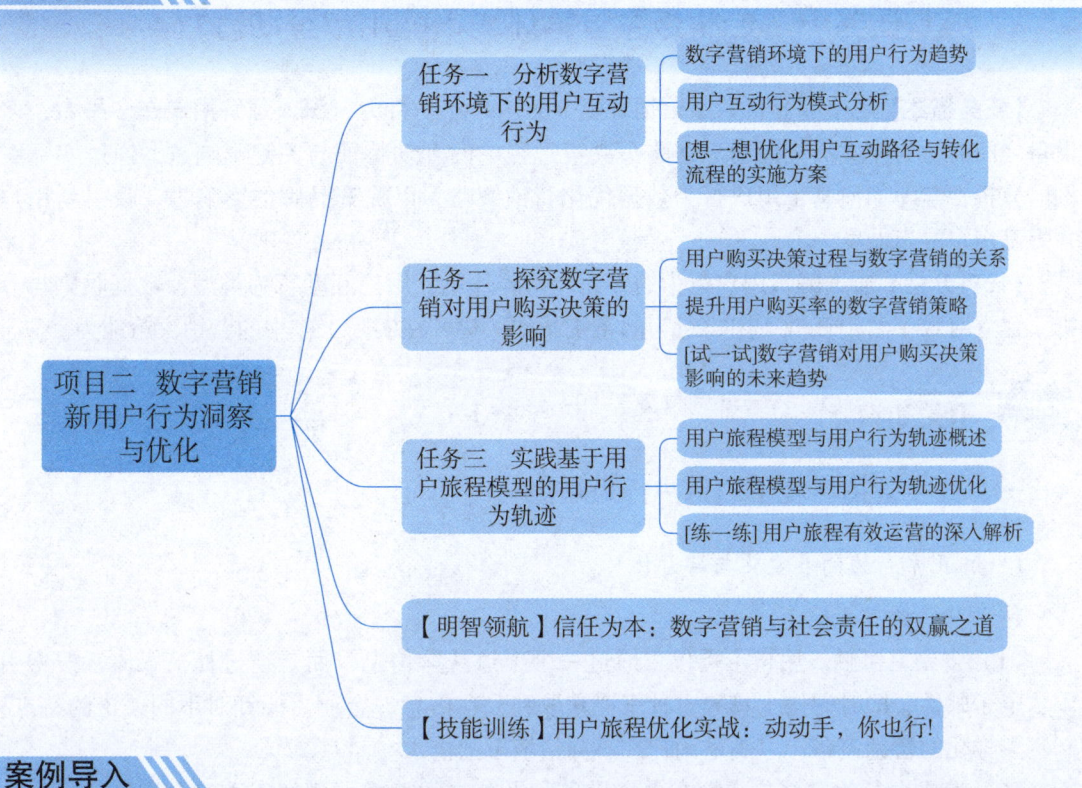

项目二　数字营销新用户行为洞察与优化
- 任务一　分析数字营销环境下的用户互动行为
  - 数字营销环境下的用户行为趋势
  - 用户互动行为模式分析
  - [想一想]优化用户互动路径与转化流程的实施方案
- 任务二　探究数字营销对用户购买决策的影响
  - 用户购买决策过程与数字营销的关系
  - 提升用户购买率的数字营销策略
  - [试一试]数字营销对用户购买决策影响的未来趋势
- 任务三　实践基于用户旅程模型的用户行为轨迹
  - 用户旅程模型与用户行为轨迹概述
  - 用户旅程模型与用户行为轨迹优化
  - [练一练]用户旅程有效运营的深入解析
- 【明智领航】信任为本：数字营销与社会责任的双赢之道
- 【技能训练】用户旅程优化实战：动动手，你也行！

案例导入

小李的购物经历

小李是一位25岁的年轻人，平时非常喜欢运动，尤其是跑步。最近小李打算趁着休息日好好逛逛网上商城，看看有没有适合自己的跑步鞋。他首先打开了手机上的社交媒体应用，刷了几分钟就看到一则关于新款跑步鞋的短视频广告。视频中，运动员穿着这双鞋在城市街道上轻松跑步，画面非常吸引人。小李立刻对这款鞋产生了兴趣。随后，小李单击广告链接，进入了品牌的官方网站。在网站上，他发现不仅可以看到产品的详细介绍，还能通过一个AR功能，使用手机摄像头来"试穿"这双鞋，这让他更直观地感受到了鞋子的外观和穿着效果。

然而，小李并没有立即下单，他想再看看其他人的评价，于是又打开了几个购物网站，查阅了用户的购买评论和评分。看到不少人对这双鞋给予了很高的评价，他的购买欲望又增强了几分。为了确保自己做出了最佳选择，小李还在其他电商平台上搜索了一些相关的跑鞋评测视频。在一个跑步博主的账号里，他看到了这款鞋的详细评测，博主不仅介绍了鞋子的技术特点，还分享了自己穿着后的真实感受，这让小李对产品有了更全面的了解。

最后，在回家的地铁上，小李用手机再次登录了品牌网站，并利用当时看到的限时优惠券，快速完成了购买。

通过小李的这次购物经历，我们可以看到现在的数字用户在购物过程中所具备的多样化需求和选择能力。数字用户和企业的接触点非常多，从社交媒体的初次接触，到通过多种渠道进一步了解产品，再到最终通过移动设备完成购买。在接下来的任务中，我们将深入学习用户行为的相关知识，并通过实践探索其在实际工作中的应用。

任务一　分析数字营销环境下的用户互动行为

【任务描述】 观察和分析数字营销环境下的用户互动行为，深入理解用户在多平台、多设备之间的行为模式，掌握用户在购买决策过程中的互动特征与关键影响点。通过实际案例的分析，学习如何基于用户行为数据优化营销策略，以提升品牌的影响力、吸引新用户并提高用户的忠诚度。

【任务分析】 通过解析用户行为的多元化与碎片化、用户互动行为类型、数据收集与分析，建立对数字营销环境下用户行为的系统认知，提升在实际工作中的营销决策能力。

相关知识

一、数字营销环境下的用户行为趋势

（一）用户行为的多元化与碎片化

1. 用户行为多元化

（1）多渠道接触。用户不再仅仅通过一个渠道获取信息，而是通过社交媒体、搜索引擎、电子邮件、即时通信工具等多种渠道获取和分享信息。企业需要针对不同渠道的特点，制定多样化的营销策略，以满足用户在不同情境下的需求。

（2）跨平台行为。用户常常在多个设备和平台之间切换，例如在手机上浏览商品，在电脑上完成购买，或通过平板设备观看视频。这种跨平台的行为要求企业提供无缝的用户体验，确保用户在不同设备上的互动一致性。

（3）内容消费多样性。用户在数字环境中接触到的内容形式越来越丰富，包括短视频、直播、文章、图片、播客等。企业应根据不同内容形式的特点，制作和分发适合的内容，以提高用户的参与度。

2. 用户行为碎片化

（1）注意力的分散。在信息过载的时代，用户的注意力变得更加短暂且分散，他们往往在多个应用程序之间快速切换。企业需要优化内容的呈现方式，在短时间内抓住用户的注意力，例如使用视觉吸引力强的内容或简洁有力的文案。

（2）互动频率提升。随着社交媒体的普及，用户的互动行为变得更加频繁且短暂，企业需要利用这一特点设计出高频率、低干扰的营销活动，如推送限时优惠、发布互动性强的问答或投票等，以增加用户的参与度。

（3）时间碎片化。用户的在线时间被碎片化为多个短暂的时刻，例如在通勤、等候、休息时进行内容消费。这要求企业设计适合短时间消费的内容，例如微视频、图文并茂的短消息等，以增加用户的接触点。

（4）用户能力提升与高效转化。在碎片化的内容消费中，用户逐渐发展出快速感知和理解产品核心价值的能力。即使只接触到产品的一部分内容，用户也能够迅速判断其是否符合需求，这种能力使企业有机会通过关键点的精准展示来实现更高的转化率。企业应针

对这些碎片化的接触点，精心设计展示内容，使用户的体验价值最大化，促进转化。

（二）个性化需求与定制化服务

1. 个性化需求的提升

（1）数据驱动的个性化。通过对用户行为数据的分析，企业可以了解用户的兴趣偏好、购物习惯和消费模式，从而提供高度个性化的产品推荐或服务建议。例如，基于用户浏览历史的个性化广告推送或基于用户购买历史的个性化产品推荐。

（2）动态的用户画像。用户的需求和偏好是动态变化的，企业需要不断更新和完善用户画像，通过实时数据分析调整营销策略，以保持与用户需求同步。例如，利用机器学习模型预测用户的未来需求，提前推送相关产品或服务。

（3）个性化内容营销。企业可以根据用户的兴趣和需求，定制个性化的内容营销策略，如根据用户的社交媒体行为推送相关的品牌故事或产品使用案例，以增加用户的品牌认同感和忠诚度。

2. 产品定制化

企业可以通过定制化的产品设计，满足用户的个性化需求。例如，用户可以根据个人喜好选择产品的颜色、材质、功能等，享受独特的消费体验。定制化产品不仅提高了用户的满意度，还增强了企业的差异化竞争优势。

（1）服务流程定制化。企业可以根据用户的个体需求调整服务流程，例如提供个性化的客服支持、定制化的配送服务或个性化的售后服务方案。这种定制化的服务不仅能够提升用户的体验，还能提高用户的忠诚度。

（2）定制化营销活动。通过数据分析，企业可以为不同的用户群体设计个性化的营销活动，如为忠实用户提供专属优惠，为新用户提供定制化的欢迎礼品等。这种定制化的营销活动能够有效增强用户的参与感和归属感。

（三）社交化与用户口碑传播

1. 社交媒体的影响力

（1）社交媒体的多样性。用户在社交媒体上的行为涵盖了分享、评论、点赞、转发等多种形式，企业需要在不同的社交平台上制定有针对性的内容策略，使用户的参与度和品牌曝光率最大化。例如，在 Instagram 上强调视觉内容，在 Twitter 上强调即时性互动。

（2）用户生成内容的重要性。用户生成的内容，如产品评价、使用体验分享等，在社交媒体上具有很高的信任度和传播力。企业应积极鼓励用户生成内容，并通过合适的方式展示和推广这些内容，以增强品牌的可信度和用户的购买决策。

（3）社交媒体广告的精准投放。社交媒体平台提供了强大的广告投放工具，企业可以通过精准的用户定位，向特定的用户群体投放定制化的广告，以提高广告的转化率和投资回报率。

2. 用户口碑的传播效应

数字用户的互动不仅促进了用户之间的社交，还为个体间的交流提供了丰富的机会。在数字平台上，用户通过各种互动行为，如点赞、评论、分享等，逐渐建立起人与人之间的联系。这些互动不仅仅是信息的交换，更是社会关系的缔结方式和手段。随着用户行为的多样化，互动的结果也变得更加复杂，既可能带来积极的反馈，如好评和认可，也可能引发负面评价，如差评和不满。

多样化的互动在增强平台活跃度的同时，也为用户间关系的构建和发展奠定了基础，使数字平台成为社会网络的重要组成部分。这些互动结果可以理解为口碑传播，口碑传播的特征是快速性。在数字化环境中，口碑可以通过社交媒体、在线评论平台等渠道迅速传播，正面口碑能够快速提升企业的知名度和美誉度，而负面口碑可能引发企业危机。企业应重视口碑管理，及时回应用户的反馈，积极引导舆论走向。

（1）口碑营销的策略。企业可以通过激励用户分享产品体验、设计病毒式传播的活动或合作意见领袖（KOL）等方式，推动口碑的积极传播。例如，鼓励用户在社交媒体上分享使用心得，通过抽奖或赠品的形式激励分享行为。

（2）危机公关与口碑修复。当企业面临负面口碑时，及时、透明地处理问题是关键。企业应制定应急预案，快速响应用户的质疑或投诉，并采取有效措施修复企业形象，以降低负面口碑对企业的长期影响。

3. 群体化行为与社群影响

（1）社群化消费行为。随着社交网络和在线社区的兴起，用户在数字环境中的行为越来越受到群体和社群的影响。用户不仅在这些社群中寻找信息和支持，还积极参与讨论和分享他们的体验。企业可以通过参与或建立相关社群，获取用户反馈，增强用户的参与感和忠诚度。

（2）社群驱动的决策。用户在社群中的行为往往会受到其他成员的影响，包括购买决策。群体的意见和推荐在用户的购买过程中起着至关重要的作用。企业可以通过激活意见领袖或积极管理社群内容，塑造积极的用户认知，推动产品或服务的传播。

（3）社群中的内容共创。社群不仅是信息传播的场所，还是内容共创的平台。用户在社群中可以共同创造和分享内容，这种行为不仅丰富了企业的内容库，还能提高用户的忠诚度和企业的亲和力。企业可以鼓励用户在社群中分享使用体验、创作相关内容，并通过适当的激励措施促进这种共创行为。

二、用户互动行为模式分析

（一）用户互动行为的定义与类型

1. 用户互动行为的定义

用户互动行为是指用户在与数字产品或服务互动过程中所表现出的各种行为活动。这些行为包括点击、浏览、分享、评论、点赞、收藏等形式，是用户在使用过程中对内容的兴趣、情感反应、信息获取需求及社交需求等多种动机的外在表现。通过对用户互动行为的深入分析，可以揭示用户的动机、需求、偏好以及使用习惯，进而为产品或服务的优化提供数据支撑和指导方向。

用户互动行为的分析不仅限于行为表面的统计和描述，更应关注行为背后的心理动因、社会因素以及环境变量等。理解用户的互动行为是提升用户体验、增强用户黏性和促进用户转化的关键。

2. 用户互动行为的类型

用户互动行为的类型丰富多样，根据其表现形式和用户需求的差异，可以分为以下几类：点击行为、浏览行为和分享行为。

（1）点击行为。点击行为是用户与页面内容之间最直接的互动方式，是用户对特定内容产生兴趣的初步表现，通常是通过点击链接、按钮或其他可交互元素来实现的。点击行为往往是用户与产品进行深层次互动的起点，标志着用户对某一信息或功能的关注。

在点击行为的背后，往往隐藏着用户的明确需求或动机。例如，当用户为了购买一双耐克某型号运动鞋而打开 App 时，其动机和目标非常清晰。这种行为路径通常表现为线性渐进的模式，用户通过点击页面中的链接或按钮，逐步接近最终目标，如购买某商品或完成某项操作。这种行为反映了用户在任务明确时的高效性和决策的确定性。

然而，点击行为不仅仅是简单的操作，它还可以反映出用户的意图、兴趣点和行为倾向。例如，通过分析用户在购买流程中的点击频率、路径偏好和行为顺序，企业可以更好地理解用户的决策过程，并优化产品设计和用户界面。

（2）浏览行为。浏览行为通常指用户在网页或应用中浏览内容的过程，它通过页面停留时间的长短、浏览深度和频次等指标，来反映用户对内容的兴趣程度和参与度。浏览行为的分析可以揭示用户对不同内容的关注度和偏好。例如，当用户处于探索阶段（如浏览不同品牌的运动鞋），其浏览行为表现为反复的探索和筛选过程。此时，用户的动机相对模糊，可能并未明确决策，因此会在多个选项之间来回比较，反复点击不同页面和选项。这种行为体现了用户在面对不确定性时的谨慎性和探索性。

页面停留时间是衡量用户浏览行为的重要指标。较长的页面停留时间通常表示用户对当前内容的高度关注，反之则可能意味着内容不够吸引人或用户迅速找到了需要的信息。在浏览行为的分析中，结合页面停留时间、页面退出率和后续行为，可以更准确地判断用户对内容的接受度和满意度，从而为内容优化提供依据。

（3）分享行为。分享行为是用户在完成某一任务或获取有价值信息后的社交互动表现，这些行为不仅反映了用户对特定内容的认可与喜爱，还展示了用户在其社交网络中的影响力和传播力。

用户的分享行为具有较强的社交属性，它既可以是出于帮助他人的目的，如分享一篇有用的攻略或文章，也可以是展示自我价值观和生活态度的一种方式，如分享个人购买的产品或体验。通过分析分享行为，可以洞察用户在社交网络中的角色定位、社交需求以及其所处的社交圈层。

此外，分享行为对产品或内容的传播具有重要的推动作用。用户在社交平台上的分享往往能触发二次传播效应，带来新的用户流量和关注度。因此，企业在设计产品和内容时，应充分考虑激发用户的分享意愿，并设计便捷的分享路径和激励机制，以提升用户分享行为的频次和效果。

（二）用户互动行为模式识别

1. 用户互动行为模式的定义

用户互动行为模式是指在特定环境或情境下，用户与数字产品或服务进行互动时所展现出的有规律性、可预测性的行为方式和习惯。这些行为模式不仅仅是用户购买产品的过程，而且是用户在寻求满足某种内在需求或完成特定任务时所表现出的行为集合。这些任务可能是用户清晰明确的目标，也可能是潜意识中的需求，未被直接表达出来。

大部分用户并不是仅仅为了购买产品而进行购买行为，而是希望"雇用"产品去帮助他们完成某种内心的任务。由于这些任务的表达可能模糊不清，企业需要通过分析用户的互动行为来识别这些潜在的需求和动机。通过大数据和行为分析，企业能够发现用户行为背后的一些共同特征，这些特征形成了用户的"行为模式"。这些模式为企业提供了关键的洞察，使其能够更好地理解用户需求，并在产品设计、数字营销、用户体验优化等方面做出更为精准的决策。

2. 模式形成过程

用户互动行为模式的形成过程可以分为以下几个关键阶段，每个阶段代表了用户与产品或服务之间互动关系的深化和复杂化。

（1）初始行为触发。用户的初始行为通常由外部刺激或内部需求所驱动。这些行为的起点往往与用户当前的情境或外部环境变化有关。例如，外部刺激包括广告、促销活动、推荐内容、社交媒体上的流行话题等，这些因素能够吸引用户的注意力，促使其对某个产品或服务产生兴趣，进而发生互动。例如，当用户在社交媒体上看到一个朋友分享的关于新款智能手机的评测视频时，这可能激发其进一步了解该产品的兴趣。内部需求则是用户个人的直接需求驱动，如信息获取、购物欲望、娱乐需求等。例如，当用户感到饥饿时，他可能会主动打开外卖应用搜索附近的美食，或者在感到无聊时打开短视频应用寻求娱乐。这些外部刺激和内部需求共同作用，成为用户与产品或服务互动的起点。

（2）行为反馈与调整。在初次互动后，用户会基于自己的体验对互动行为进行反馈和调整。用户体验的结果直接影响到他们未来的行为模式和选择。如果互动体验能够满足用户的需求或带来积极的感受，用户可能会重复这种行为，并逐步增加其频率。正面体验可能包括顺畅的操作流程、有效的信息获取、愉悦的用户界面、快速的响应时间等，这些因素都会增强用户黏性。例如，用户在第一次使用某个购物平台时，发现页面布局清晰、商品推荐精准，并且享受到了一次快速配送服务，这些正面体验会促使用户再次使用该平台进行购物。相反，如果用户的互动体验不佳，如遇到操作困难、内容不相关或情感需求未被满足，用户可能会中断或改变其行为，甚至转向其他竞争平台。例如，如果用户在某款音乐应用上听歌时频繁遭遇卡顿或广告过多，他们可能会选择使用另一款同类应用。

在此过程中，用户行为会随着他们对产品或服务的逐步了解和体验不断调整，最终形成特定的偏好。例如，如果一个用户在使用某款电商应用时发现其推荐算法总是推荐他们不感兴趣的商品，那么他们可能会尝试其他平台，寻找更符合自己需求的购物体验。行为反馈机制的建立依赖于产品或服务对用户需求的精准把握和及时响应，这对企业来说是一个持续优化的过程。

（3）重复与习惯形成。当用户在多次互动中获得一致且令人满意的体验时，这种行为逐渐从偶然转向习惯。用户的行为习惯可能是基于以下几个因素：便利性（如便捷的操作流程）、熟悉度（如用户对界面的熟悉程度）、满意度（如用户对产品功能的满意度）等。当用户逐渐熟悉并习惯于某种行为方式，这种模式便会固定下来。例如，一个用户在多次使用同一款新闻应用后，发现它不仅能够持续提供感兴趣的新闻内容，还会根据用户的阅读偏好推送合适的文章，这使用户逐渐养成了每天早晨打开该应用阅读新闻的习惯。形成习惯的另一个例子是用户习惯于在某特定电商平台购买日常用品，因为该平台提供了便捷的购物体验、频繁的折扣活动以及优质的用户服务，这些因素使用户对该平台形成了强烈的依赖性。

一旦用户形成了这种行为习惯，他们对特定产品或服务的依赖性会显著增加。这种依赖性为企业提供了一个稳定的用户基础，同时也带来了长期的商业价值。例如，用户可能会习惯性地选择使用某一款打车软件，因为它的叫车速度快、车费透明，并且有良好的口碑，这些正面因素的叠加促成了用户对该平台的长期依赖。

3. 模式识别方法

用户互动行为模式识别的过程通常依赖于数据分析、机器学习和行为科学的结合。以下是一些常见的方法：

（1）数据收集与预处理。用户行为数据的收集是识别行为模式的基础。数据来源可以包括用户点击、浏览历史、购买记录、搜索查询、社交互动等。这些数据通常是非结构化的，需要进行预处理，如数据清洗、格式化、归一化等，确保数据的质量和一致性。预处理后的数据才能用于进一步的分析和建模。

（2）行为特征提取。行为特征是描述用户互动行为的关键变量。例如，用户的会话持续时间、点击率、购买频次、浏览路径等都是常见的行为特征。通过对这些特征的提取，可以将用户的行为模式进行量化，从而便于后续的模式分析与分类。

（3）聚类分析。聚类分析是一种常用的无监督学习方法，可以将具有相似行为特征的用户分为同一类群组。这有助于识别出用户行为的共同模式，如哪些用户更倾向于频繁使用某一功能，或哪些用户更可能成为高价值用户。常见的聚类算法包括K-means、层次聚类和DBSCAN等。

（4）序列模式挖掘。序列模式挖掘是一种识别用户行为顺序的技术，旨在发现用户在特定时间序列中的行为规律。例如，通过分析用户在电商平台上的浏览和购买顺序，可以预测其下一步的行为。这种方法尤其适用于分析用户行为的动态变化和预测用户未来的行动。

（5）关联规则分析。关联规则分析用于发现用户行为特征之间的关系，例如"经常购买A产品的用户往往也会购买B产品"。这种分析能够帮助企业了解产品之间的关联性，从而优化产品推荐策略。

（6）分类与预测。分类方法可以用来预测用户的未来行为。通过训练模型，如决策树、随机森林或支持向量机，可以将用户分为不同的行为类别，如活跃用户、潜在流失用户等。这有助于企业采取有针对性的营销策略，提高用户留存率。

（三）用户互动行为模式优化

在当今竞争激烈的市场环境中，企业与用户之间的情感连接已经成为决定企业成败的关键因素。用户不再仅仅是被动的消费者，他们更是品牌的忠实支持者和潜在的推广者。用户对企业的情感认同和忠诚度直接影响着企业的长期发展与成功。因此，企业必须高度重视用户互动行为的优化，通过精准分析和深度研究用户的互动模式，制定出有效的策略，增强用户体验，提升品牌价值。

1. 提升用户互动体验的策略与方法

用户互动体验可以从用户测试、个性化推荐、用户界面优化和即时反馈机制等四个方面入手。提升用户互动体验能够帮助企业促进用户与品牌之间的紧密连接，最终实现更高的用户满意度和忠诚度。

（1）用户测试。用户测试是了解用户真实使用体验的关键步骤。邀请用户参与产品的实地测试，通过观察他们在实际使用中的操作行为和反馈，企业能够发现并解决用户体验上的问题。例如，在某款手机应用的测试过程中，用户反馈某个功能的操作步骤过于烦琐，开发团队据此简化了操作流程，最终显著提升了用户满意度。

（2）个性化推荐。个性化推荐是提高用户满意度和忠诚度的重要手段。利用大数据和先进的算法技术，分析用户的行为数据和兴趣偏好，为用户提供高度定制化的内容和产品推荐。比如，某电商平台通过分析用户的购买历史和浏览记录，向用户推荐了与其兴趣匹配的产品，结果显示推荐产品的点击率和购买率明显提升。

（3）用户界面优化。用户界面优化是提升用户体验的基础。良好的用户界面设计不仅注重美观，更强调操作的便捷性和功能的实用性。通过持续优化用户界面，简化操作流程，减少用户在使用过程中的困惑和障碍，可以让用户在每一次互动中都感受到流畅与愉悦。例如，一款金融理财应用通过界面优化，使用户在进行复杂操作时能够轻松找到所需功能，显著降低了用户操作的出错率。

（4）即时反馈机制。即时反馈机制是增强用户参与感的重要工具。在用户完成某一互动行为后，立即给予积极的反馈，如奖励积分、优惠券或温馨提示等。某在线学习平台在用户完成每一章节的学习后，立即发放小额奖励积分，这种即时正向激励有效提升了用户的学习频率和积极性，最终形成了用户持续参与的良性循环。

2. 引导用户进行深入互动的技巧与手段

为了有效引导用户进行更深入的互动，可以从奖励机制、社区建设和情感连接三个方面着手，形成一个完整的互动策略。

（1）奖励机制。奖励机制是激励用户互动的直接方式。大部分企业都会构建多样化的奖励体系，如积分、优惠券、成就解锁等，用户在填写问卷、分享内容或进行消费时可获得相应的奖励。这种方式不仅激发了用户的参与热情，还有效增加了互动的频次和深度。

（2）社区建设。社区建设是增强用户黏性的重要手段。企业搭建以用户为中心的社区平台或讨论组，为用户提供交流和互动的空间，有助于建立强大的用户社群。通过鼓励用户之间的交流和协作，用户对品牌的归属感和认同感得以增强，进而提升平台的活跃度。

（3）情感连接。情感连接是建立用户忠诚度的关键。通过设计温馨、愉悦的用户体验，企业可以增强用户黏性。品牌故事和个性化内容是与用户建立情感连接的重要工具，通过分享企业的核心价值观、历史故事或与用户生活相关的内容，企业能够激发用户的情感共鸣，促使他们更深层次地认同品牌，并主动在社交圈中分享品牌信息，从而推动更多的用户互动和品牌传播。

> 想一想

优化用户互动路径与转化流程的实施方案

ABC 公司一直致力于 Lot 家居智能产品。前一段时间他们聘请了一位产品经理,并根据他的建议决定进军音响行业。这位产品经理认为,要想让产品一炮而红,必须从产品的品质和调性入手,必须秒杀市场上所有的竞品。于是,他斥资百万建立了专业的调音室,聘请了北欧的设计师设计产品,甚至连音箱的包装纸都有各种讲究。

产品被研发生产后,公司认为该产品的确解决了一些用户痛点,比如音质、外观、佩戴舒适度等。然而,产品最终推出市场后,却面临了一系列问题,并且市场反馈不佳。

1. 实例辨析:从产品开发到市场推出,ABC 公司在音响产品的研发过程中有哪些关键决策?你认为这些决策是否符合市场需求?请分析这些决策对最终市场反馈的影响,并举例说明类似产品成功或失败的案例。

2. 应用挑战:ABC 公司认为其音响产品解决了用户的痛点,但市场反馈不佳。请思考并描述一个场景,设计一个解决方案,帮助公司更好地识别用户需求并调整产品策略。你会如何进行市场调研和用户反馈收集,来确保未来的产品更符合市场期望?

扫码解锁 [想一想] 参考答案

任务二　探究数字营销对用户购买决策的影响

【任务描述】 理解和分析数字营销如何在用户购买决策的各个阶段发挥作用。

【任务分析】 通过研究用户在认知、兴趣、决策、购买和忠诚等阶段的行为特征，了解数字营销策略如何影响用户的态度和选择；掌握如何利用数字营销工具和策略，增强用户的品牌认知度和忠诚度，从而优化企业的产品和市场策略。

相关知识

一、用户购买决策过程与数字营销的关系

用户购买决策过程与企业的推广策略密切相关。比如，许多游客去厦门旅游时，都会考虑买一点牛轧糖作为伴手礼。用户通常会选择哪个品牌的牛轧糖呢？这时，数字营销的影响力便显得尤为重要。通过线上广告、社交媒体推荐和用户评价，企业能够在认知阶段吸引游客的注意力，进而激发他们的兴趣，影响他们的购买决策。

（一）用户购买决策过程的阶段划分

五阶段模型详细考虑了用户在面对高度参与或全新购买行为时的所有可能因素。企业需要充分了解用户购买决策的全过程，包括用户从认知产品到忠诚于产品的各个阶段。这个过程由五个阶段构成：认知阶段、兴趣阶段、决策阶段、购买阶段和忠诚阶段。

1. 认知阶段

在认知阶段，用户开始感知某个产品或服务的存在，并初步理解它的用途或价值，意识到自己可能有需求。这个需求可能源于内部驱动（如突然意识到需要一款新的产品）或外部驱动（如广告或朋友推荐）。

例如，夏天到了，小陈意识到需要一款防晒霜来保护肌肤，这标志着她进入了认知阶段，即她开始感知到防晒霜的重要性。

2. 兴趣阶段

在认知产品或服务之后，用户开始对其产生兴趣。这个阶段是用户从简单的感知到对产品产生进一步了解的过程，用户会积极搜集更多相关信息，深入理解产品的功能、特点、评价等，以确认是否值得进一步考虑。

例如，小陈上网查找信息，了解防晒霜的成分、功效，并查看用户评价，向朋友咨询经验，这个过程标志着她进入了兴趣阶段。

3. 决策阶段

用户在这个阶段对已获得的信息进行整理、评估和比较。他们会根据个人的需求、预算和偏好，对比不同产品或品牌的优劣，进行思考和权衡，最终形成购买决策。

例如，经过综合考虑防晒指数、成分安全性、价格及口碑后，小陈对几款防晒霜进行比较，最终选择了一款评价良好、成分天然且价格适中的产品，这标志着她进入了决策阶段。

4. 购买阶段

经过充分的评估和比较，用户做出购买决策，并实际付诸行动。这是购买决策的实际执行阶段，用户在这一阶段完成了交易，获得了产品或服务。

例如，小陈在购物网站上下单，并选择了最快的配送方式，这就是购买阶段。

5. 忠诚阶段

用户在购买后根据实际使用体验，评估产品或服务是否符合或超出了预期。如果用户对产品满意，他们可能会产生忠诚度，成为品牌的忠实用户，甚至愿意向他人推荐产品；如果不满意，用户可能会选择其他品牌或服务。

例如，使用后，小陈发现防晒霜效果出色，皮肤没有再被晒伤，她对产品非常满意，并向朋友推荐，这标志着她进入了忠诚阶段。如果这款防晒霜未能达到预期效果，小陈则可能感到失望，并在未来选择其他品牌。

（二）数字营销在用户购买决策中的作用

在数字时代，数字经济以前所未有的速度崛起，不仅重塑了全球经济格局，还深刻地改变了消费者的购买行为和企业的运营模式。随着互联网的普及、移动技术的飞跃以及大数据、人工智能等前沿技术的融合应用，用户的购买渠道变得前所未有的丰富与便捷。

1. 数字营销如何影响用户的认知与兴趣

（1）品牌曝光。通过搜索引擎优化（SEO）、内容营销和社交媒体广告等多种数字化手段，提升品牌的在线可见度，使更多用户了解到品牌的存在。这些数字化广告通过各种媒介传播品牌信息，是数字营销的核心策略之一，能够有效扩展品牌的影响范围并增加曝光率。

（2）内容营销。通过发布有价值的内容，如博客文章、视频和信息图表，吸引用户的注意力，建立品牌的权威形象。在互联网环境下，用户互动数据的分析变得更加便捷，这打破了企业与用户之间的信息壁垒，使内容生产与传播更加互动和多元化。随着社交媒体的兴起，各种主体参与内容生产和传播的可能性增加，能够更好地满足个性化需求。

（3）社交媒体互动。在社交媒体平台上与用户进行互动，可以增加品牌的亲和力，激发用户对品牌的兴趣。越来越多的企业认识到用户参与对营销效果的关键作用，因此鼓励用户积极参与，甚至将用户视为信息生产者。在企业的数字营销过程中，开放互动交流空间，借助用户的创意和分享，扩大品牌的传播效果。

（4）个性化推荐。通过数据分析和人工智能技术，根据用户的浏览和购买历史，提供个性化的内容和产品推荐，吸引用户的注意。与传统的分散和碎片化分析不同，数字营销通过平台化方式实现精准推荐。企业构建营销数据平台体系，包括数据管理平台和用户数据平台，以沉淀和分析营销数据，为用户提供定制化的体验。

2. 数字营销在用户决策阶段的作用

数字营销策略对用户在购买时的决策具有显著影响，如社交媒体、内容营销和数字化品牌建设等，让不同的用户了解不同企业的产品和品牌形象，形成更深层次的认知和情感连接，从而更有可能选择购买该企业的产品或服务。

（1）认知阶段。用户在这一阶段开始认识到某个产品或服务的存在，虽然他们可能还没有明确的购买意图，但能够初步理解该产品或服务的用途和价值。这是因为企业运用了新型数字营销，通过大数据分析和精准定位，能够识别用户的潜在需求，并将相关营销内容推送给可能感兴趣的数字用户。数字营销的作用是可以通过广告、社交媒体推荐、搜索引擎优化等手段，使用户意识到产品的存在，并初步了解其用途或价值。

数字营销的核心特点在于其精准性。通过数据分析，数字营销能够精准定位目标受众，减少无效投放，提高营销活动的效果。与此同时，数字营销还能通过个性化推荐，使用户更容易接触到与其需求相关的产品或服务，从而增强用户的兴趣。企业可以使用精准定位和个性化推荐的数字营销策略帮助用户提高认知。

（2）兴趣阶段。在兴趣阶段，用户已经认识到某个产品或服务的存在，并开始对其产生兴趣。在这个阶段，用户会主动搜集更多信息，以深入了解产品的功能、特点以及用户评价。数字营销可以帮助企业通过内容营销、社交媒体营销和搜索引擎优化，为用户提供丰富的产品信息和使用案例，帮助用户进一步理解产品的价值和用途。

数字营销在兴趣阶段的特点是信息丰富性和传播广度。通过高质量的内容和社交媒体的广泛覆盖，数字营销能够向用户提供详尽的产品介绍和真实的用户体验，进一步激发用户的兴趣。同时，通过精确的内容分发和社交媒体影响力，确保信息能够快速、广泛地传递给潜在用户。企业可以用高质量内容生态、内容分发和社交媒体影响力的数字营销策略来激发用户兴趣。

（3）决策阶段。在决策阶段，用户开始认真考虑是否购买某个产品或服务，他们会整理、评估和比较不同的选项。用户根据自己的需求、预算和偏好，对比各选项的优劣，最终形成购买决策。数字营销的作用是通过用户生成内容、社交媒体评价和专业评论，帮助用户做出更为理性的选择。

数字营销在决策阶段的优势在于其透明性和真实性。通过社交媒体评价、用户生成内容和专业评论，数字营销能够提供多角度的产品评估信息，帮助用户在众多选项中做出更为理性的选择。企业可以使用AR工具、用户评价和评分机制的数字营销策略引导用户做出决策。

（4）购买阶段。经过充分的评估和对比，用户进入购买阶段，做出购买决策并实际付诸行动。此时，数字营销的作用是通过各种促销手段，如个性化优惠、限时促销等，激发用户的购买欲望，并确保购买流程顺畅无阻。

在购买阶段，数字营销的特点在于其个性化和便捷性。通过个性化的优惠和促销信息，数字营销能够激发用户的购买欲望。同时，优化的购买流程和便捷的支付方式，能够大大减少用户的流失率，提升转化率。企业可以通过制定动态定价策略和优化购买体验引导用户下单。

（5）忠诚阶段。在忠诚阶段，用户基于实际使用体验，对产品或服务进行评估。如果满意，他们可能会产生忠诚度，成为品牌的忠实用户。数字营销的作用是通过积极收集用户反馈、提供优质的售后服务和持续的互动，进一步增强用户的满意度和忠诚度，促进口碑传播和再次购买。

数字营销在忠诚阶段的特点是其互动性和持续性。通过实时监测用户反馈和持续互动，数字营销能够维持与用户的联系，并及时回应用户的需求和问题，从而提升用户的满意度和忠诚度。企业可以使用客户关系管理系统、邮件营销和社交媒体互动等多种触达用户的营销方式吸引用户复购。

3. 数字营销如何促进用户的购买行为与忠诚度提升

数字营销是现代商业中不可或缺的一部分，它综合运用各种数字化工具和平台，有效地促进了用户的购买行为和忠诚度提升。用户的忠诚度与企业的盈利能力呈正相关，忠诚的用户愿意为认同的企业或产品支付较高的价格，并能向其他用户推荐企业的产品或服务。因此，企业会积极寻求营销方法，提升用户的购买频次和购买能力，通过精准的目标定位、个性化的内容和互动的用户体验，数字营销在刺激用户购买和巩固用户关系方面发挥了关键作用。用户忠诚度的管理既是存量挖潜的利器，更是新增用户拓展的良好渠道。

数字营销能够通过大数据分析实现精准的目标定位。现代消费者的行为和偏好可以通过各种数字渠道被详细地记录和分析，利用这些数据，企业能够更加准确地识别潜在用户，了解他们的需求和兴趣，从而制定更加有针对性的营销策略。例如，通过分析用户的搜索历史和社交媒体活动，企业可以推送个性化的广告和推荐，从而吸引用户点击和购买。这种精准的目标定位不仅提高了营销的效率，还大大增加了转化率。

互动营销是一种通过设计有趣的互动环节和奖励机制，吸引用户参与并增强用户黏性的营销方式。在数字化时代，用户不仅仅是被动的接受者，他们也希望与企业进行互动和交流。数字营销通过社交媒体、在线客服、直播等互动方式，拉近了企业与用户之间的距离。例如，社交媒体上的企业活动和话题讨论，可以让用户参与进来，发表自己的意见和看法，这种互动不仅增强了用户的参与感，还建立了更紧密的关系，从而提升用户忠诚度。通过互动营销，企业可以与用户建立更紧密的联系，提高用户的参与度。

智能化工具在数字营销中也发挥着重要作用。通过聚合公域分散的流量和用户数据，企业可以极大地降低获客成本。智能化工具能够根据用户的属性、行为、偏好等进行分层运营，精准定向地建立社群，并推送相关的促销资讯，提高用户的关注度，将沉淀的流量转化为品牌粉丝，促进销售转化。

个性化服务是另一个关键因素。个性化的内容是数字营销促进购买行为的另一个重要因素。与传统的"一刀切"式广告不同，数字营销可以根据用户的个人喜好和行为习惯，量身定制内容。社交媒体平台上的广告可以针对不同的用户群体，推送不同的创意和内容。个性化的内容能够更好地引起用户的兴趣和共鸣，从而激发他们的购买欲望。通过内容营销和社群互动，企业能够提供定制化的推荐、VIP专属礼遇，以及基于用户偏好的内容推送，让用户感受到企业的专属关怀，从而增强忠诚度。

建立完善的会员体系和忠诚度计划也是提升用户忠诚度和复购率的重要手段。企业可以为忠实用户提供专属的优惠和福利，如会员折扣、积分兑换和优先购买权等。通过设立不同等级的会员权益和奖励机制，结合大数据分析为会员提供个性化的推荐和服务，不仅可以激励用户更多地购买和互动，还能通过积分系统追踪用户的消费行为，进一步优化营销策略。

二、提升用户购买率的数字营销策略

(一) 基于用户购买决策过程的营销策略设计

1. 影响用户购买决策的关键因素

霍金斯的消费者决策过程模型指出,消费者在内外因素的影响下会形成自我概念(主观因素)和生活方式。这些自我概念和生活方式进一步促使消费者产生一致的需求与欲望,这些需求与欲望通常通过消费行为来满足和体验,并对未来的消费心理与行为产生影响,尤其是在自我概念和生活方式的调节与变化方面。

用户在内外因素的驱动下,首先形成自我概念,即个体对自身所有想法和情感的综合体。随后,这种自我概念通过生活方式表现出来,生活方式反映了个体如何生活,包括他们使用的产品、使用方式以及对这些产品的评价和感受。霍金斯将自我概念(主观因素)分为两大部分:内部因素和外部因素。

对于内部因素驱动型的用户,其消费行为更多是由自我独立决定的,不依赖外界的影响。这类用户注重个人感觉,消费的主要目的是满足自身的生理需求、心理满足和个人成就感等,他们关注的是消费能否带来满意的回报。例如,小李作为一位独立的职场女性,注重自我提升和个人成就,因此她经常购买高质量的奢侈品牌服装和高科技电子产品,以此来满足自己对品质和成就感的追求。

外部因素驱动型的用户,他们的消费行为往往受到他人评价的影响,重视外界对自身形象的看法。这类用户在决策时更倾向于考虑他人的意见,即使内心不愿意,也会顺从外界的期待,以获得他人的认可。例如,小张作为一位年轻的社交达人,喜欢通过社交媒体展示自己的生活,非常注重他人的评价,渴望获得社会的肯定,因此他经常购买时尚潮流商品并在社交媒体上展示,以期获得他人的赞赏和关注。

用户的消费决策和行为反映了他们的自我概念,而这些生活方式由有意识或无意识的决策和选择所决定。企业通过分析不同类型用户的行为模式,可以更好地理解用户的决策过程,并制定更加有效的市场营销策略。在营销过程中,分析用户的购买决策受到个人习惯和过往经验的影响,提升广告、明星代言和购买情境在营销力量方面的影响,注重口碑力量中真实用户的评价对其他用户的影响,对企业发展有着十分重大的意义。

2. 制定五阶段的数字营销策略

(1) 认知阶段。在认知阶段,企业可以通过精准定位和个性化推荐的数字营销策略来帮助用户提高对品牌或产品的认知度。精准定位利用人工智能和机器学习技术,分析用户的浏览历史、搜索关键词以及社交媒体行为等数据。这种技术能够识别用户的潜在需求,并在适当的时间和地点向用户推送最为相关和具有吸引力的广告或信息,从而增加用户对品牌的认知。个性化推荐则通过个性化推荐系统,基于用户的兴趣和行为习惯,为用户推送与其需求高度匹配的产品或服务。这一策略不仅能够有效地引导用户对特定产品或服务产生初步兴趣,还能推动他们进入兴趣阶段。

例如,通过分析用户的浏览历史、搜索记录和社交媒体互动,企业选择的投流用户是近期多次搜索与智能家居相关的内容并关注了几个智能家居品牌的社交媒体页面的用户,企业向这些用户推送智能音箱 A 的广告,这些广告可以突出智能音箱的核心功能,如语音控制、与其他智能设备的无缝连接等，以确保用户在最有可能产生兴趣的时刻接触到这款产品。

（2）兴趣阶段。在兴趣阶段，企业可以利用高质量内容生态、内容分发以及社交媒体影响力的数字营销策略来进一步激发用户兴趣。高质量内容生态是通过构建一个全面的内容生态系统，提供丰富的产品说明、使用指南、用户评价和案例研究等信息，确保这些内容在搜索引擎和社交媒体上的高可见性。通过搜索引擎优化，提升用户在搜索相关产品信息时的发现率，从而吸引他们深入了解产品。内容分发和社交媒体影响力通过使用内容分发网络（CDN）和社交媒体平台，将高质量的内容传播给更广泛的受众。定期发布与产品相关的内容，如博客文章、视频教程、用户反馈等，能够有效增加信息的传播深度，使用户更容易获取所需的产品信息，从而进一步提升他们的兴趣。

例如，企业创建了详细的产品说明、使用视频、用户评价和智能音箱的各种应用场景案例，并通过搜索引擎优化这些内容，确保它们在用户搜索智能家居产品时能够被优先展示。此外，企业还在社交媒体平台上定期发布与智能音箱 A 相关的博客文章和视频教程，例如"如何用智能音箱 A 控制全屋设备"或"智能音箱 A 的最佳使用技巧"，进一步激发用户的兴趣。

（3）决策阶段。在决策阶段，企业可以借助 AR 工具、用户评价和评分机制来引导用户做出购买决策。AR 体验和产品对比工具能够让用户通过虚拟试用产品或查看其使用效果，从而更直观地感受产品的优势。同时，便捷的产品对比工具可以帮助用户在特性和价格上做出明智的比较。用户评价和评分机制则鼓励现有用户分享他们的使用体验。通过展示这些评价和评分，企业能够增加潜在用户的信任感，从而帮助他们在众多选择中做出更好的购买决策。

例如，企业开发了一款 AR 应用，用户可以使用该应用虚拟体验智能音箱 A 在自己家中的样子，甚至可以模拟音箱与其他智能设备的互动效果。这种虚拟试用让用户更直观地感受到产品的实用性。此外，企业网站上展示了众多用户的真实评价和评分，特别是那些与用户使用场景相似的评价，这增加了潜在用户对智能音箱 A 的信任，促使他们下单购买。

（4）购买阶段。在购买阶段，企业可以通过动态定价策略和优化购买体验来促进用户下单。动态定价策略基于用户的购买历史和实时行为进行价格调整，提供个性化的优惠，以吸引用户最终做出购买决策。与此同时，优化购买体验则是通过简化购买流程，如一键购买和快捷支付功能，确保用户能够迅速完成购买，减少由于烦琐流程导致的用户流失。

例如，企业的在线商城根据用户的购买历史和实时行为，为他们提供个性化的优惠价格，比如在用户前几次浏览智能音箱 A 时未购买，系统会在下次用户访问时，提供一个限时折扣。这种动态定价策略有效激发了用户的购买意愿。同时，商城简化了购买流程，用户可以通过一键购买功能迅速完成下单，并使用快捷支付方式支付，整个过程顺畅高效，减少了因复杂流程带来的用户流失。

（5）忠诚阶段。在忠诚阶段，企业可以利用客户关系管理系统、邮件营销和社交媒体互动等策略来维系用户，吸引他们再次购买。客户关系管理系统能够帮助企业及时跟进用户的反馈和需求，提供个性化的售后服务，从而提升用户的满意度。邮件营销和社交媒体互动可以通过多种渠道与用户保持持续互动,向忠实用户提供专属优惠和定制服务,增强他们对品牌的忠诚度。这不仅有助于促进口碑传播,还能进一步推动用户的复购行为。

例如,企业会定期通过客户关系管理系统跟进用户对智能音箱 A 的使用体验,并提供个性化的售后支持,比如帮助用户解决技术问题或提供新的功能使用建议。此外,企业还通过邮件向用户发送定期维护提示、新功能介绍以及专属优惠码,增强用户对品牌的忠诚度。通过在社交媒体上与用户互动,企业还会为忠实用户提供定制化服务,如根据他们的反馈开发新的音箱功能,进一步促进他们的复购和口碑传播。

通过以上这些数字营销策略,企业能够在用户的整个购买决策过程中,逐步提升他们对智能音箱 A 的认知、兴趣,直到最终做出购买决策,并保持长期的品牌忠诚度。

(二)针对不同用户群体的定制化营销策略

1. 用户群体细分

在当今竞争激烈的市场环境中,用户群体的细分是制定精准营销策略的基石。通过细分用户群体,企业可以更深入地了解用户的需求、兴趣、行为模式以及人口统计特征,如年龄、收入水平等。这种精细化的用户分析不仅有助于企业识别并锁定目标市场,还能帮助企业更准确地匹配产品或服务,从而最大化地满足用户期望。

通常,用户细分可以从以下三个主要方面进行考虑:

(1)外在属性分类。根据用户的居住地、城市等级、住宅类型等外在特征进行分类。这种方法简单直观,且数据易于获取。然而由于这些数据的不准确性,可能无法深入反映用户的真实需求和偏好。

(2)内在属性分类。基于年龄、性别、职业、教育背景、性格特征、消费态度、收入水平、风险接受度、价值观等内在特性对用户进行分类。这种方法更为细致,能够揭示用户群体的深层次需求和行为模式,有助于企业制定更具针对性的营销策略。

(3)行为分类。依据用户的行为习惯,如消费时间、频率、金额,或行为介质、偏好、频率、周期等进行分类。这种方式能直接反映用户的购买行为和决策过程,从而帮助企业精准预测和响应市场需求。

通过细致的用户细分,企业不仅能够提升市场响应速度,还能提升用户忠诚度,增强用户黏性。深入理解并满足不同群体的需求,有助于企业在竞争激烈的市场中实现差异化,进而提升市场地位和盈利能力。

2. 定制化营销策略

针对不同用户群体,企业需要制定相应的定制化营销策略,以满足多样化的用户需求,提升市场竞争力。定制化营销策略主要包括以下几个方面:

(1)产品定位。针对不同用户群体的需求和偏好,企业应制定相应的产品定位策略。例如,针对追求高品质和卓越服务的用户群体,企业可以推出高端产品和定制化服务;而对于价格敏感型用户群体,则可以推出性价比高且功能实用的产品,以吸引这一群体的关注。

(2)营销策略。企业应根据用户群体的特点制定差异化的营销策略。例如,对于追求时尚和个性化的用户群体,可以通过社交媒体平台开展个性化互动活动、时尚发布会或联名合作,增强品牌的时尚感和年轻活力。而对于价格敏感型用户群体,则可以采取价格促销、折扣活动或优惠券策略，吸引这一群体的注意力，同时提升购买转化率。

（3）用户服务。用户服务是提升用户体验、用户满意度和用户忠诚度的关键环节。企业应根据不同用户群体的需求提供差异化的服务体验。例如，对于高端用户，可以提供 VIP 用户服务或一对一专属服务，以提升用户的归属感和忠诚度；而对于价格敏感型用户，则可以提供高效的售后服务和便捷的退换货政策，以提升用户体验和用户满意度。

（三）跨渠道数字营销协同策略

跨渠道数字营销的协同策略是当今品牌提升竞争力和用户体验的关键。通过整合数据、确保内容一致性、协同渠道策略和应用先进的技术工具，企业能够在多个接触点之间创造无缝且个性化的用户体验。同时，持续的评估与优化使企业能够在快速变化的市场环境中保持竞争优势，并通过高效的用户服务和统一的品牌体验赢得用户的高忠诚度。

1. 跨渠道数字营销协同

（1）数据整合与分析。要实现跨渠道协同，首先需要整合来自不同渠道的数据。通过数据管理平台或用户数据平台，将来自网站、社交媒体、电商平台、客服中心等各渠道的数据进行集中管理和分析。这样可以形成统一的用户画像，了解用户在不同接触点上的行为和偏好。

（2）内容一致性。确保在所有渠道上发布的内容风格和信息一致。这不仅包括品牌语言和视觉元素，还包括促销活动、产品信息、服务承诺等。利用内容管理系统可以帮助实现一致的内容分发。

（3）渠道间的策略协同。不同的渠道有各自的优势和用户习惯，因此需要针对不同渠道制定相应的策略。例如，社交媒体适合企业与用户互动和用户生成内容，邮件营销适合精准推送和深度信息传递，而搜索引擎营销则更适合获取新用户。通过跨部门的协同工作，可以优化各渠道的资源配置，实现最优效果。

（4）技术工具的应用。采用营销自动化工具（如 HubSpot、Marketo 等）和跨渠道营销平台（如 Salesforce Marketing Cloud）可以帮助企业实现多渠道营销的自动化和优化。这些工具能够自动追踪用户行为、分析数据并进行个性化推送。

2. 实现跨渠道的无缝用户体验

（1）统一的品牌体验。无论用户通过哪个渠道接触到品牌，都应当获得一致的品牌体验。这包括统一的视觉设计、品牌声音、用户界面和互动方式等。例如，移动应用、网站、线下店铺的设计应当保持一致，确保用户在不同渠道之间切换时不会产生违和感。

（2）个性化与定制化。通过整合的用户数据，企业可以在不同渠道为用户提供个性化的内容和推荐。例如，用户在网站上浏览了某个产品后，可以在社交媒体或邮件中看到相关的推荐和促销信息。这种个性化的互动能够增强用户的参与感和忠诚度。

（3）无缝的购物体验。现代消费者期待在不同渠道之间自由切换并保持一致的购物体验。例如，用户可以在移动设备上将商品加入购物车，然后在桌面设备上完成购买，或者在线下店铺中使用线上优惠券。实现这种无缝的购物体验需要优化后台系统的整合，如库存管理、订单处理和支付系统的联通。

（4）高效的用户服务。在跨渠道营销中，用户服务同样需要保持一致性和高效性。利用客服系统（如 Zendesk 等）整合不同渠道的用户服务请求，确保无论用户通过电话、邮件、社交媒体还是在线聊天提出问题，都能获得及时和一致的回应。

3. 评估与优化

（1）关键绩效指标（KPI）的设定。为评估跨渠道营销策略的有效性，需要设定明确的KPI，如用户参与度、转化率、用户满意度、品牌忠诚度等。这些指标应当覆盖所有重要渠道，并定期进行评估和调整。

（2）持续优化。基于数据分析和用户反馈，持续优化跨渠道策略。A/B测试、用户访谈和市场调研等方法都可以帮助发现问题和改进策略，确保不断提升用户体验和营销效果。

通过以上策略，企业可以实现跨渠道数字营销的协同和无缝用户体验，进而提升品牌竞争力和用户满意度。

试一试

数字营销对用户购买决策影响的未来趋势

随着数字营销技术的不断进步，个性化推荐和AR技术已经成为影响用户购买决策的重要手段。假设某电商平台采用了先进的数字营销策略，通过大数据分析和机器学习算法为用户提供高度个性化的商品推荐，同时引入AR技术让用户能够在虚拟环境中"试用"商品。

请分析以下几个方面的问题：

1. 该电商平台通过个性化推荐和AR技术可能会对用户购买决策产生哪些具体影响？请列举至少三点。

2. 未来5年内，数字营销技术的发展可能会在哪些方面进一步增强对用户购买决策的影响？请简要说明两点。

扫码解锁［试一试］参考答案

任务三　实践基于用户旅程模型的用户行为轨迹

【任务描述】通过用户旅程模型分析和实践，掌握用户在数字营销环境中的行为轨迹。学习如何识别用户在各个接触点的行为模式，分析用户在旅程中可能遇到的痛点、断点和机会点，并提出有针对性的优化建议。

【任务分析】掌握如何将用户旅程模型应用于实际的数字营销环境，精准识别并优化用户在消费过程中的行为轨迹，为企业提升用户体验和市场竞争力提供有效的支持。

相关知识

一、用户旅程模型与用户行为轨迹概述

（一）用户旅程模型的基本概念与构成要素

1. 用户旅程的定义与意义

用户旅程图（Customer Journey Mapping，CJM）应用于企业的战略规划和市场营销活动中，可以用来描述某一角色用户在特定场景下所经历的故事，包括用户从初次接触产品、触达产品的各个触点，到最后结束使用产品。它能够阐明用户与产品间的关键交互节点，并通过观察分析用户在各个阶段的行为、想法、情绪，来帮助优化产品流程，并解决痛点。

用户旅程图模型认为用户的购买过程由五个关键阶段组成：认知、选择、考虑、购买和反馈。在每个阶段，用户都会做出不同的决策，并受到不同类型的影响因素影响。

认知阶段是用户首次接触品牌并开始对其产生初步了解的过程。在这一阶段，企业的目标是通过各种营销手段引起潜在用户的兴趣和关注。就像视觉感知是眼睛接收光线的初步过程一样，用户在认知阶段也是通过社交媒体、广告、口碑推荐等渠道"接收"到品牌信息的。海底捞公司通过社群活动、限时优惠和免费体验等营销手段，成功吸引了大量潜在用户的注意力，扩大了品牌的认知度。

在选择阶段，用户已经对品牌有了一定的了解，并开始考虑是否要进一步探索。这一阶段类似于视觉元素的识别过程，用户通过各种信息渠道来"识别"品牌的独特性。海底捞公司在此阶段通过优化网站和社交媒体的信息呈现，提供详细的菜单和服务介绍，使用户能够快速识别品牌的核心优势，从而进入更深层次的考虑。

考虑阶段是用户在深入了解品牌后，对不同品牌进行比较和权衡的过程。这一阶段可以类比为视觉信息在大脑中的解读过程，用户将获取到的信息进行分析，并做出选择。海底捞公司通过提供全面的消费信息、用户评价和详细的服务介绍，帮助用户在考虑阶段做出明智的决策。

购买阶段是用户决定购买某个产品或服务的时刻。在这个阶段，用户的体验就像是视觉信号被转化为神经信号的过程，决定最终是否付诸行动。海底捞公司通过提供多种预订方式和店内优质服务，确保用户在购买阶段的顺畅体验，从而提高了用户的满意度。

反馈阶段是企业通过维持用户关系，培养用户对品牌忠诚度的过程。就像认知是对视

· 47 ·

觉信号的最终解读一样，反馈阶段的用户关系管理对品牌的长期成功至关重要。海底捞公司通过持续的用户关系维护，如提供个性化服务、保持与用户的沟通等，进一步提升了用户的满意度和品牌忠诚度，促使用户进行重复购买和推荐。

2. 用户旅程模型的构成要素

用户旅程图的主要目的是通过分析用户的消费过程，对产品或服务进行优化（见图2-1）。通过将用户目标和操作转化为时间线的骨架，用户旅程图创造了一种描述用户想法和情感的故事。这种叙述被压缩成一个可视化的工具，用于传达设计过程中的信息，形成用户体验的整体视图。这一过程将不同的数据点集合并可视化，从而吸引来自不同组的用户，促进协作和改进。虽然用户旅程图根据具体上下文有所变化，但它们通常遵循一个通用模型，包括"透镜"区域、映射的体验，以及贯穿整个过程的洞察力。

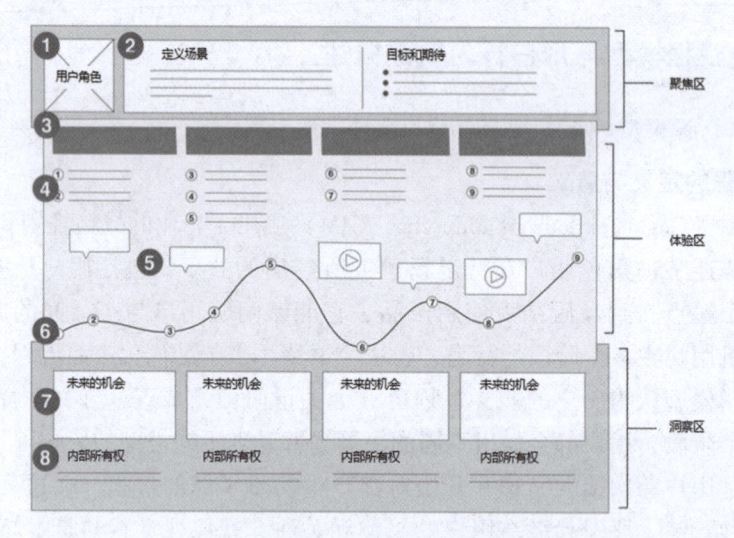

图 2-1 用户旅程图

用户旅程模型通过三个区域构建了七个要素，包括用户角色、场景、时间轴、用户体验描述、用户与企业间的关键交互、未来的机会和内部所有权。

区域 A：聚焦区

镜头区域为用户旅程图提供了基本的约束，通过角色（"谁"）（1）和场景（"什么"）（2）来定义。例如，在一个活动中，角色可能是活动参与者或活动组织者。这两种角色会产生不同的用户旅程路线，因此，如果想全面了解两种角色的体验，应分别构建相应的用户旅程图。

要素一：确定用户的角色

用户角色是用户旅程图的核心，代表了一类用户的特征集合。这些特征包括需求、目标、想法、感觉、观点、预期和痛点等。通过对目标用户的定性和定量研究，可以进行用户特征的聚类分析，从而得出目标用户的综合原型。用户角色并不是具体的某个人，而是使用产品或服务的一类人的抽象特征集合。

要素二：定义场景

场景是指用户在某个特定情况下与产品或服务互动的情境。场景的定义需要明确用户的具体行为、目标和面临的挑战。例如，一个购物场景可能包括用户从浏览产品到下单购买的整个过程。通过设定场景，可以更准确地分析用户在特定情境下的行为和需求。

区域B：体验区

用户旅程图的核心是视觉化的体验路径，通常在旅途的时间轴（3）上分为几个阶段。用户在整个过程中的行为（4）、想法（5）和情感（6）都可以通过引用或研究视频进行补充。

要素三：建立时间轴

时间轴（3）将用户行为在各个阶段中合理拆解，呈现用户使用产品的整体流程。时间轴的构建可以通过用户接触产品的行为节点和不同节点的目标来确定阶段，或者从核心步骤出发，向前和向后梳理其他步骤。这种结构确保在面对复杂流程时，仍能聚焦于关键点。阶段可以设置为大旅程（如整体购买过程）和小旅程（如单一功能的使用），能够帮助企业更加细致地优化自身业务。

要素四：用户体验描述

用户体验描述可以拆解为用户行为、想法和情感。

行为是用户采取的实际行为和用户使用的步骤。这并不是指对独立的交互行为中产生事件的分步记录，而是对使用者在某一阶段中产生行为的一种叙述。

想法是用户在用户旅程图不同阶段内的想法、问题、动机以及信息需求。在理想情况下，这些想法来自用户研究中的用户记录。

情感贯穿用户旅程图的各个阶段，通常用单线表示，代表了用户体验过程中情绪的起伏，这种情感分层可以告诉我们用户对产品的喜好及不满。

区域C：洞察区

根据用户旅程图支持的业务目标，输出应该有所不同，但是它可以描述发现的洞察力和痛点，以及关注未来的机会（7）和内部所有权（8）。

要素五：用户与企业间的关键交互

关键交互点是指用户在旅程中与企业的各种资源接触的关键时刻，这些时刻可能决定用户体验的成败。企业通过用户旅程图识别出这些触点，可以有针对性地优化服务或产品。触点可以是物理的（如门店、产品包装）、数字的（如网站、应用程序），或者是人与人之间的互动。

要素六：未来的机会

未来的机会是基于企业在分析用户旅程图时发现的未来改进的机会。这些机会可能包括技术升级、服务流程优化、新产品功能的开发等。企业应根据用户旅程图中的洞察，制订相应的行动计划，持续改善用户体验。

要素七：内部所有权

用户旅程图不仅仅是一个用户体验工具，它还应促进内部团队的协作和认同。内部所有权通过明确责任和所有权，确保不同部门协同工作，共同优化用户体验。有效的内部沟通可以使团队成员更好地理解用户需求，从而更有针对性地改进产品或服务。

（二）用户行为轨迹的定义与特点

1. 用户行为轨迹的概念界定

用户行为轨迹是指用户在使用数字产品或服务过程中所留下的行为记录和路径。这些轨迹包括用户的点击、浏览、搜索、购买、提交表单等一系列行为数据。用户行为轨迹不仅反映了用户的兴趣和偏好，还揭示了用户与产品或服务之间的互动方式。通过分析用户行为轨迹，可以帮助企业了解用户需求，优化产品设计，提升用户体验。

2. 用户行为轨迹的构成要素与表现形式

（1）用户行为轨迹由多个要素构成，每个要素都提供了关于用户行为的重要信息。主要构成要素如下：

① 用户身份信息：包括用户的唯一标识符（如用户ID）、账号信息、设备信息等。这些信息用于区分不同用户和关联用户行为数据。

② 时间戳：记录用户行为发生的具体时间。时间戳有助于分析用户行为的时间分布和行为模式。

③ 行为类型：描述用户在特定时间点执行的具体操作，如点击、浏览、搜索、添加购物车、购买等。不同的行为类型反映了用户在不同阶段的兴趣和意图。

④ 行为路径：记录用户在使用产品或服务过程中所经过的页面或步骤顺序。行为路径可以揭示用户的导航习惯和页面间的关联性。

⑤ 交互内容：包括用户输入的搜索关键词、点击的链接、查看的商品或文章等。交互内容提供了用户具体关注的内容和兴趣点。

⑥ 地理位置：在允许的情况下，收集用户行为发生的地理位置数据。这些数据可以用于地域性用户行为分析和本地化服务优化。

（2）用户行为轨迹的表现形式可以多种多样，常见的包括：

① 日志文件：服务器日志记录用户的每次请求和行为数据，是最基础的行为轨迹数据形式。

② 事件数据：通过嵌入在页面或应用中的代码，实时捕捉用户的交互行为，生成事件数据。

③ 点击流数据：记录用户在网站或应用中的点击路径，呈现用户的导航和操作序列。

④ 热图：通过热图技术，直观展示用户在页面上的点击、滚动和鼠标移动情况，帮助分析用户关注区域和行为热点。

3. 用户旅程轨迹寻找方法

在数字化时代，企业越来越重视用户旅程的管理，因为用户行为的随机性和不确定性增加，单一触点对转化率的贡献度在逐渐降低，企业与用户的关系也逐渐演变为"用户主导"。为了避免从主观视角或工作流程的惯性出发对用户做出错误理解，企业需要找到有效的方法来梳理自身业务所对应的用户轨迹。以下是七个步骤帮助企业找到用户轨迹的方法。

（1）发现与寻找。在这一阶段，企业应关注用户如何意识到他们的问题，并开始寻找可能的解决方案。了解用户是通过什么渠道、在哪些场景下产生需求，例如渴了饿了，或者需要提升办公效率等。通过分析这些行为，企业可以发现潜在的用户触点和接触路径。

（2）选择与确定。企业需要了解用户在权衡各个选项的过程中，如何筛选并确定他们认为最优的解决方案。分析用户在比较、考虑各种产品或服务时的行为偏好和决策模式，可以帮助企业识别影响用户选择的重要因素，从而优化产品展示和推广策略。

（3）购买与采购。用户正式做出购买决定的阶段对企业至关重要。企业应关注用户在这个过程中通过哪些路径与供应商建立联系、产生交易意向并完成购买。通过追踪用户的购买路径，企业可以优化购买流程，提升转化率。

（4）使用与应用。了解用户如何实际使用产品或服务是优化用户体验的关键。企业应追踪用户的使用习惯，了解他们在使用过程中遇到的痛点和需求变化。这些信息有助于企业改进产品功能和服务质量，提升用户满意度。

（5）体验与记住。企业需了解用户在使用后的体验和感受，这些会深刻影响他们对产品或服务的评价。追踪用户反馈、评价和情感反应，企业可以及时调整策略，确保用户的正面体验并减少负面印象。

（6）再购与复购。通过追踪用户的再购和增购行为，企业可以了解哪些因素促使用户再次选择自己的产品或服务。分析这些行为数据有助于企业识别用户忠诚度的驱动因素，优化用户关系管理策略。

（7）推荐与传播。口碑传播对企业品牌影响力至关重要。企业应监测和分析用户推荐行为，了解他们如何将产品或服务推荐给他人。这些数据可以帮助企业识别忠实用户，并设计激励措施以鼓励更多的口碑传播。

二、用户旅程模型与用户行为轨迹优化

（一）用户行为轨迹的痛点、断点与机会点识别

企业需要深入了解用户旅程中的行为轨迹，以便识别为何用户没有选择推荐的产品。对用户而言，选择背后的原因可能十分复杂，对企业来说，了解这些原因至关重要。

1. 用户在旅程中的痛点分析

痛点代表着用户在消费旅程中最为关心的问题，这些问题直接影响他们的决策和满意度。用户的痛点通常集中在以下几个方面：

（1）产品或服务的可靠性。用户关心的是产品或服务是否可靠，是否能够持续满足他们的需求。任何关于产品质量的不确定性或不一致性，都会成为用户的核心痛点，影响他们的信任和忠诚度。

（2）信息的准确性和透明度。用户希望获取到准确、详细的信息，以做出明智的购买决策。如果信息不准确或存在误导，用户可能会产生不满，认为品牌缺乏透明度，从而影响购买决策。

（3）操作的简便性。用户关心整个购买过程的便捷性，包括浏览、选择、支付和售后服务。他们期望体验到流畅、无障碍的操作流程，任何复杂或烦琐的步骤都可能成为他们的痛点，导致放弃购买。

（4）售后的响应与支持。用户非常关注在购买后能否获得及时和有效的支持。他们希望在出现问题时能够迅速得到解决，良好的售后服务是他们再次选择品牌的重要因素。如果售后支持不到位，这将成为用户的重要痛点，影响他们的整体体验。

识别并解决这些用户最关心的痛点，能够帮助企业优化产品或服务，提升用户的满意度和忠诚度，从而实现更好的市场表现。

2. 用户行为轨迹中的断点与流失原因

用户行为轨迹中的断点通常出现在用户决策过程中遭遇障碍或干扰时，例如烦琐的结账流程、支付方式的限制或复杂的用户界面等。这些断点会导致用户在购买的最后一步放

弃，从而直接影响转化率。当用户在某个环节中断了与品牌的互动，或因不满而转向其他品牌，这便构成了用户流失的主要原因。

断点可以理解为用户旅程中的低谷，是用户体验不佳、可能引发用户流失的关键时刻。识别这些低谷并及时采取措施，可以有效提升用户体验，减少流失，并为产品或服务的改进提供指导。通过情绪曲线分析，企业能够识别出用户在哪些环节经历了消极情绪，如困惑、沮丧或不满，从而有针对性地进行改进。

3. 用户行为轨迹中的机会点

用户旅程中通常也包含高峰时刻，这些时刻代表了用户的积极情绪。企业在这些时刻满足了用户的期望，用户表现出积极的情感和体验。这些高峰时刻对于企业来说是极其宝贵的，深入分析这些时刻能够为企业提供有价值的洞察，并且提升竞争力。

企业可以通过加强这些高峰时刻的体验，进一步提高用户的满意度，并探索在用户旅程中其他环节重现这种体验的可能性。此外，评价各环节的时间效率、减少用户等待时间，也能够提升整体流程的效率、增加用户满意度，进而优化用户与产品或服务的互动。

（二）基于用户旅程的营销策略设计与优化案例

1. 用户旅程中的机会点挖掘与利用

用户旅程中可以在不同的时段找到独特的机会点，也就是用户旅程的高峰期，这些机会点可以通过细致的分析和优化来提升用户体验和营销效果。

（1）提升用户的体验与互动。通过个性化推荐系统、实时客服支持和互动式内容提升用户体验。企业通过分析用户的浏览历史和购买行为，为用户提供个性化的产品推荐。这不仅可以提高用户的满意度，还可以增加销售额。再引入 AI 客服或 24 小时/7 天在线客服，随时解决用户疑问和问题，确保用户在任何时候都能得到帮助，从而提升用户体验。同时，企业也需要增加互动式内容，如问答环节、虚拟试用、AR 体验等，增强用户与品牌的互动性。

（2）缩短用户路径和时间。通过优化导航设计、快速结账流程和移动设备优化缩短用户路径和花费时间。企业可通过简洁明了的导航设计，使用户能够快速找到所需信息或产品，减少用户在网站或应用上的停留时间。再简化结账流程，减少多余步骤，如一键购买、自动填写信息等，提升用户的购买效率。企业优化网站或应用在移动设备上的加载速度和操作体验，以适应用户日益增长的移动使用习惯。

（3）引导用户对品牌形成印象。通过社交媒体互动、用户生成内容、品牌故事和价值观引导用户生成对品牌的印象。企业可以利用社交媒体平台与用户进行互动，发布有趣、有价值的内容，与用户建立情感连接，增强品牌认知度。并鼓励用户分享他们的使用体验、评论和照片，利用用户生成内容来增强其他用户对品牌的信任和好感。同时，企业通过网站、社交媒体和其他渠道传递品牌的故事和价值观，让用户更深入了解品牌的背景和使命，从而形成良好的品牌印象。

2. 用户旅程的案例分析

Ace Motors 的用户旅程图

李伟，35 岁，是一家科技公司的中层管理人员。他住在城市郊区，已婚，有两个孩子。最近，他决定购买一辆新车，希望找到一款适合全家使用的电动车。

李伟看到神奇汽车官网的促销电视广告后，对神奇汽车充满了期待，特别是广告中展示的智能驾驶和环保功能吸引了他的注意。

Ace Motors 在用户认知阶段的策略是精准广告投放和内容推广。Ace Motors 通过社交媒体和搜索引擎，向像李伟这样的目标用户展示最新的电动车型，重点突出智能驾驶和环保功能，通过视频详细介绍电动车的优势。这些内容通过搜索引擎优化，确保李伟在网上搜索相关信息时，能第一时间看到 Ace Motors 的内容。

李伟对比了 Ace Motors 和其他品牌的电动汽车，他最关注的是续航里程、充电便捷性和智能化系统的稳定性。

Ace Motors 在用户选择阶段的营销策略是推出在线比较工具和展示其他用户口碑。在官网提供详细的车型对比工具，让李伟能清楚地看到 Ace Motors 在技术和服务上的优势。同时他在官网上可以看到现有用户的积极评价，增强李伟对品牌的信任。

李伟看了 Ace Motors 的官网信息后，继续深入研究了 Ace Motors 的电动汽车，浏览了大量的用户评价和专业评测文章。他在这一阶段还会去 4S 店实际体验。

Ace Motors 在用户考虑阶段的营销策略是策略个性化邮件营销和销售顾问跟进。李伟收到了 Ace Motors 的邮件，Ace Motors 通过分析李伟的浏览数据，发送个性化的邮件，推荐适合他的车型，并提供限时优惠。并且有专门的销售顾问通过电话或邮件联系，进一步了解李伟的需求，并解答其疑问。

李伟在考虑价格、售后服务以及车贷方案后，决定购买 Ace Motors 的一款电动汽车。

Ace Motors 在用户考虑阶段的营销策略是提供灵活的金融方案和附加服务。Ace Motors 提供多种购车金融方案，满足李伟的预算需求，包括低息贷款、免息分期等。并且在购车时提供免费一年车险、赠送充电桩安装服务等附加服务，提升用户的购买体验。

李伟很开心地购买了车，他对购车体验感到满意，并在社交媒体上分享了他的购买体验。他也参与了 Ace Motors 的用户调查，提出了一些建议。

Ace Motors 在用户反馈阶段将持续服务，提供的营销策略是售后服务跟踪和社交媒体互动。Ace Motors 的售后团队定期跟进，确保李伟的用车体验良好，并及时解决任何问题。通过李伟在社交媒体上的分享，Ace Motors 与他互动，并鼓励其他用户分享他们的购车体验。

未来优化方向是 Ace Motors 将更加细致地为用户群体提供满意的服务，采用数据驱动的营销方式更好地理解用户需求，并进行精准营销和个性化推荐。同时引入更多的在线体验功能，如 AR 试驾、虚拟展示厅等，以提升潜在用户的参与感和购买欲望；建立更加紧密的用户关系，发展会员制度，通过定期的活动和福利，保持用户的品牌忠诚度。

练一练

用户旅程有效运营的深入解析

（一）选择题

1. 用户旅程模型的核心要素不包括以下哪一项？（　　）
   A. 用户角色　　　　B. 用户情感体验　　C. 产品成本　　　　D. 时间轴
2. 用户旅程图的主要目的是（　　）。
   A. 分析用户的财务状况　　　　　　　B. 记录用户的购买行为
   C. 预测市场趋势　　　　　　　　　　D. 识别用户在旅程中的痛点、断点和机会点

3. 用户行为轨迹中的痛点通常会（　　）。
   A. 增加用户满意度 B. 阻碍用户购买决策
   C. 提升产品销量　　D. 提供积极的用户反馈
4. 以下哪项技术可以用来提升用户在旅程中的互动体验？（　　）
   A. 传统广告　　B. AI 客服　　C. 折扣券　　D. 电子邮件营销
5. 用户在整个消费旅程中的行为数据不包括以下哪一项？（　　）
   A. 用户 ID　　　　　　　　　B. 用户浏览历史
   C. 用户的财务状况　　　　　　D. 用户购买行为
6. 用户旅程模型的构成要素包括（　　）。
   A. 用户角色　　　　　　　　　B. 定义场景
   C. 体验区的行为、想法和情感体验　　D. 市场趋势分析
7. 以下哪些技术可以提升用户购买决策的效率？（　　）
   A. AR 体验　　B. 传统广告　　C. AI 客服　　D. 互动式内容
8. 分析用户行为轨迹可以帮助企业（　　）。
   A. 了解用户需求　　B. 优化产品设计　　C. 提升用户体验　　D. 增加广告支出
9. 用户行为轨迹的表现形式包括（　　）。
   A. 用户身份信息　　B. 浏览历史　　C. 购买行为　　D. 财务报表
10. 为了提升用户在旅程中的互动性，企业可以采取哪些措施？（　　）
    A. 增加互动式内容　　B. 提供个性化推荐　　C. 优化结账流程　　D. 提升产品价格

（二）论述题
1. AR 技术可能会对用户购买决策产生哪些具体影响？请列举至少三点。
2. 在用户旅程模型中，如何通过用户行为轨迹优化用户体验？请详细说明三个方面。

扫码解锁［练一练］参考答案

明智领航

信任为本：数字营销与社会责任的双赢之道

在现代化的大都市里，有一家名叫"未来之光"的数字营销公司。这家公司由一个年轻且充满活力的团队组成，他们不仅关注市场的动态，还非常重视用户的体验和社会责任。公司的创始人李明，是一位秉持诚信和责任的企业家。他始终认为，数字营销的核心不仅仅在于提升销售，更在于如何为消费者提供真实的价值。

一天，公司接到一项特殊的任务：一家知名的食品公司因一批产品的质量问题，正面临消费者的强烈不满和品牌信任危机，食品公司希望通过数字营销来修复品牌形象，重建

消费者的信任。李明知道，这次的挑战不同寻常，必须慎重对待。

在召开紧急会议时，团队成员们纷纷提出了各种方案。有人建议通过铺天盖地的广告来转移注意力，有人主张通过折扣和促销来吸引消费者。然而，李明提出了一个不同的思路："我们不能简单地通过营销手段来掩盖事实。消费者的信任才是我们最大的资产，只有真诚地面对问题，才能从根本上恢复他们的信任。"

于是，李明带领团队与食品公司进行了深度沟通，决定采取一系列以诚实和透明为核心的措施。首先，食品公司公开承认了问题的存在，并在其官方网站和社交媒体平台上向消费者致歉。接下来，公司在消费者购买决策的关键环节上进行了优化。团队帮助食品公司建立了一个在线反馈平台，消费者可以直接提交意见和投诉，食品公司承诺在24小时内回应并解决问题。

同时，为了进一步提高透明度，食品公司邀请了独立的第三方机构对生产过程进行严格的审查，并将审查报告公开发布。此外，李明还推动了一项消费者参与计划，邀请消费者参观生产车间，亲眼见证产品的生产流程，消除他们的疑虑。

这些措施迅速产生了积极的效果。消费者看到了食品公司的诚意和行动，逐渐恢复了信心。与此同时，团队在社交媒体上开展了多样化的互动活动，通过问答、直播等方式直接与消费者沟通，进一步拉近了与消费者的距离，增强了他们的购买意愿。

最终，食品公司的品牌形象得到了显著提升，销售额也逐步回升。通过这次活动，李明和他的团队向社会传递了一个重要的信息：数字营销的成功不仅仅是销售的增长，更在于如何用真诚和责任赢得消费者的信任。这不仅是一个成功的营销案例，更是一个关于如何在信息化时代建立信任的生动案例。

这个故事让我们明白，企业在面对危机时，最好的策略是从消费者的立场出发，注重他们的体验，尊重他们的反馈。只有这样，企业才能在市场中立于不败之地。

技能训练

用户旅程优化实战：动动手，你也行！

1. 实训目的

本实训设定在一家古镇景点的地摊商家情境中，学生将扮演地摊商家的儿子。面对父亲地摊经营持续不佳的现状，学生需运用用户旅程分析的知识，深入探究用户的消费行为与过程，以便深刻理解用户旅程的概念，培养运用用户旅程图分析用户消费过程的能力。教师指导学生如何通过用户旅程图对自家产品/服务进行有效的优化，以最低的成本优化地摊设置，力求最大化提升用户的购买量。

2. 实训知识点

（1）用户旅程的理论知识与应用。

（2）实地调研方法与技巧。

3. 实训步骤

学生需首先全面了解父亲地摊的经营现状，以及古镇景点的整体环境、相关制度和其他地摊商贩等外部影响因素。然后，通过与游客的深入交流，获取他们在景点消费的过程和心理活动的第一手资料。在此基础上，学习并掌握用户旅程图的相关知识点，运用这一工具来定义不同类型的用户，并梳理他们的消费过程，识别各个环节中的需求和痛点。进一步地，在用户旅程图中明确父亲地摊的改善点和潜在的突破口。接下来，在3D场景中对地摊进行模拟整改和调整，之后对整改方案进行验证，观察在3D场景中用户数量是否有所增加。最后，分析成本投入与利润产出的比例，评估是否需要继续进行优化。

4. 实训评分（系统自动评分）

本实训总分为100分，评分由两部分构成：用户旅程图绘制占50%，利润增长占50%。若利润增长超过基准值10 000元，则此部分得100分；若利润无增长，则该部分得0分。利润增长介于这两者之间的，按照等比例方式计算相应得分。

项目三

数字营销新用户心理洞察与优化

动画视频

项目介绍

本项目介绍数字营销新用户心理与需求洞察，并结合虚拟仿真实训掌握新用户的心理变化，提升用户体验。

学习目标

【知识目标】了解新用户心理变化，洞察新用户的产品与服务需求，掌握提升用户体验的方法。

【能力目标】能够在具体应用场景下根据用户需求提升用户体验。

【素质目标】培养识别用户心理变化的客观精神，培养用户数据收集的科学观念，培养提升用户体验的逻辑思维。

项目导图

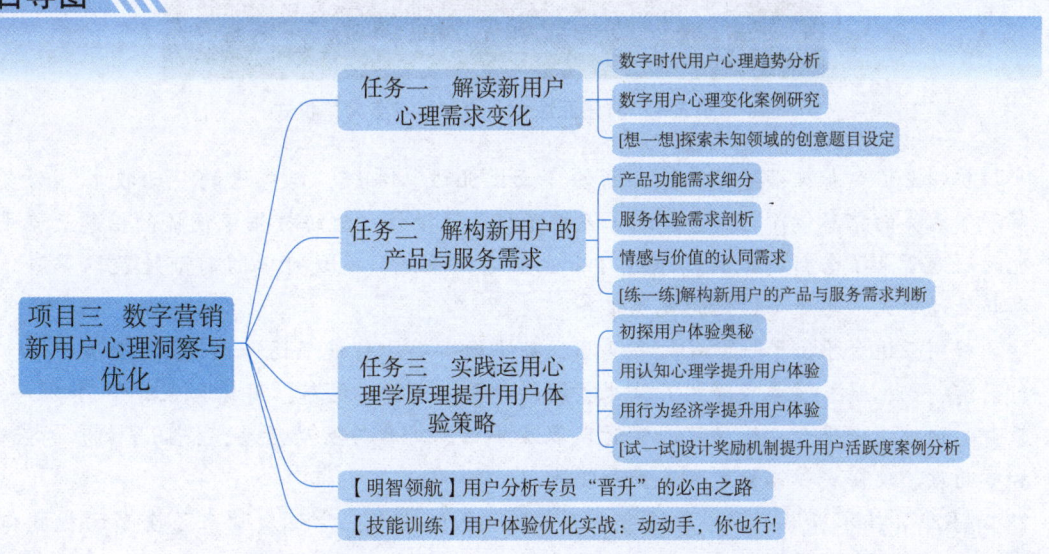

项目三 数字营销新用户心理洞察与优化

- 任务一 解读新用户心理需求变化
  - 数字时代用户心理趋势分析
  - 数字用户心理变化案例研究
  - [想一想]探索未知领域的创意题目设定

- 任务二 解构新用户的产品与服务需求
  - 产品功能需求细分
  - 服务体验需求剖析
  - 情感与价值的认同需求
  - [练一练]解构新用户的产品与服务需求判断

- 任务三 实践运用心理学原理提升用户体验策略
  - 初探用户体验奥秘
  - 用认知心理学提升用户体验
  - 用行为经济学提升用户体验
  - [试一试]设计奖励机制提升用户活跃度案例分析

- 【明智领航】用户分析专员"晋升"的必由之路
- 【技能训练】用户体验优化实战：动动手，你也行！

· 57 ·

案例导入

杭州亚运会的数字化营销及用户体验

在数字化浪潮的推动下,体育赛事的营销和传播方式正经历着前所未有的变革。杭州第19届亚运会,作为亚洲体育的盛事,不仅在体育竞技层面展现了卓越,更在数字化营销方面提供了丰富的实践案例和经验,展示了如何利用数字技术了解用户需求、扩大品牌传播、提升用户体验,并促进文化交流。

数字火炬手活动。杭州亚运会组织委员会创新性地推出了"亚运数字火炬手"活动,这一活动吸引了全球各地广泛的关注与参与。通过线上平台,用户可以成为数字火炬手,参与火炬传递活动,体验科技与体育的完美融合。通过数字化技术,杭州亚运会使得全球观众无论身在何处,都能参与到火炬传递、开幕式等活动中,极大地扩展了用户的参与范围。

数字点火仪式。在开幕式上,杭州亚运会打造了亚运史上首次的数字点火仪式,使来自全球的数字火炬手们能够突破时间和空间的限制,亲身参与到这场盛大的亚运盛会之中(见图3-1)。数字火炬手活动允许用户自定义数字形象,提供了个性化的参与方式,增强了用户的归属感和参与感。

图3-1 杭州亚运会上的"数字点火"仪式

杭州亚运会首次搭建起一套全新的"云上亚运"系统,以先进的"云技术"为支撑,实现了无界的信息传输与共享。这一系统不仅为运动员、教练提供了便捷的信息交流平台,也为观众带来了全新的体验。通过"云上亚运"系统,观众可以随时随地获取赛事信息,参与互动讨论,享受个性化的观赛服务。

杭州亚运会推出了一站式数字观赛服务平台——"智能亚运一站通"。围绕"食、住、行、游、购、娱"及票务等用户需求,提供购票、出行、观赛、用餐和旅游等28项一站式服务。通过这一平台,用户可以实时获取赛事信息、参与互动活动,提高了用户的互动性和参与度,使得观赛体验更加流畅和便捷。

AR/VR技术应用。杭州亚运会利用AR和VR技术,为观众带来了全新的视觉体验。

例如，通过 AR 导航提供室内场馆导航服务，通过 VR 技术提供沉浸式的观赛体验。AR/VR 技术的应用，为用户提供了沉浸式的观赛体验，使用户仿佛亲临现场，增强了用户的现场感和参与感。

　　杭州亚运会的数字化营销实践，不仅展示了数字技术在体育赛事中的广泛应用，也为未来的体育赛事营销提供了新的思路和方向。通过数字化手段，体育赛事能够更好地连接全球观众，提供更加丰富和个性化的体验，增强用户的参与感和归属感，推动体育文化的传播和交流。随着数字技术的不断进步，我们有理由相信，未来的体育赛事将更加精彩，更加贴近每一个人的生活。

任务一　解读新用户心理需求变化

【任务描述】理解并掌握新用户心理需求的变化，为精准营销和产品优化提供策略支持。

【任务分析】通过深入分析用户行为和反馈，洞察新用户心理需求的变化，为制定有效的用户吸引和留存策略奠定基础。

相关知识

一、数字时代用户心理趋势分析

（一）社交需求与归属感探索

1. 社交需求的多元化

数字平台创新带来多样化的社交互动，如短视频、直播和社交 App，满足用户的娱乐、信息获取和社交需求。短视频以快节奏吸引年轻人，直播提供实时互动，社交 App 通过兴趣匹配构建社区（见图 3-2），这些方式促进情感连接和信息共享，丰富社交体验。随着技术发展，社交互动将更多元化、智能化，提供沉浸式个性化体验。

图 3-2　社群归属·指尖联动

2. 归属感构建的数字化路径

数字平台使用户通过互动和参与构建个人身份和归属感，社交媒体的互动行为加强了用户联系并满足了社交需求。但数字时代也引发孤独和焦虑，应对策略包括倡导健康使用习惯、鼓励线下社交、提供心理健康支持，并优化算法以营造积极的在线环境。

（二）信息获取与知识焦虑解析

1. 信息过载与信息筛选

数字时代信息的爆炸式增长给用户带来了前所未有的挑战。面对海量信息，用户需学会有效筛选和处理，以避免陷入信息焦虑的困境。信息焦虑往往源于过多的信息源、质量不一的信息以及时间的紧迫感。

提升信息素养是关键。用户应培养批判性思维，学习如何识别信息的可靠性和准确性（见图3-3）。通过教育和自我训练，提高对信息的需求识别、搜索、评估和应用能力。利用工具和技术，比如RSS阅读器、智能过滤器等，定制信息流，减少无关信息的干扰。同时，定期进行信息断舍离，清理不再需要的信息源，保持信息渠道的精简和高效。通过这些方法，用户可以更好地驾驭信息洪流，提升个人的信息处理能力，享受数字时代的便利，而不是被其淹没。

图3-3 信息迷雾·智慧筛选

2. 终身学习与知识更新

在数字时代，终身学习已成为个人发展和职业成长的必要条件。用户对新知识、新技能的渴望愈发强烈，以适应快速变化的社会和工作环境。这种持续学习的趋势不仅推动了个人能力的提升，也促进了社会整体的知识更新和创新。

然而，终身学习的过程中也可能伴随着知识焦虑。人们担心自己的知识会迅速变得过时，或者在激烈的职业竞争中失去优势。这种焦虑可能源于对知识更新速度的恐惧，或者对个人学习能力的不自信。

为了应对知识焦虑，个人需要树立终身学习的理念，制订合理的学习计划，并通过有效的学习方法持续提升自己。同时，社会和教育机构应提供灵活多样的学习资源和平台，帮助用户以更加高效和愉快的方式进行知识更新和技能提升。通过这些措施，个人可以将知识焦虑转化为学习的动力，实现个人与社会的共同进步。

（三）即时满足与延迟满足的平衡

1. 即时满足心理

数字平台通过即时反馈机制，如点赞和评论回复，极大地强化了用户的即时满足感。这种机制让用户能够迅速获得他人的认可和互动，满足了人们对社交肯定和归属感的基本需求。然而，即时满足心理也对用户行为产生了深远的影响。它可能导致用户形成冲动消费的习惯，因为他们追求即时的满足和奖励。此外，这种心理还可能促使用户在任务和活动之间频繁切换，以寻求持续的刺激和新鲜感，这可能影响他们的专注力和长期目标的实现。

即时满足心理在数字时代变得尤为突出，因为它与平台设计的核心理念相契合，即通过快速反馈和奖励来吸引和留住用户的注意力。然而，这也要求用户培养自我控制能力，以平衡即时满足和长期利益之间的关系，避免过度沉迷于即时反馈而忽视了个人发展和深层次满足的重要性。

2. 延迟满足的挑战与策略

在数字时代，延迟满足能力显得尤为重要，它关系到个人的长期目标设定和自我控制能力。这种能力有助于个体抵制诱惑，专注于长期收益而非短期快感。培养延迟满足的策略包括设定清晰的目标、有效的时间管理和情绪调节技巧，这些方法能够帮助用户更好地规划和实现自己的长远愿景。

为了鼓励用户的延迟满足行为，数字产品设计可以采取一些创新策略。例如，应用可以设置进度条和长期奖励系统，使用户在完成短期任务时能够看到长期目标的进展。此外，通过引导用户理解即时满足的潜在风险和认识到长期利益的价值，数字产品可以激发用户的内在动机，促使他们做出更有远见的决策。

通过这些设计思路，数字产品不仅能提供即时的互动乐趣，还能引导用户培养对长期目标的耐心和毅力，从而在快节奏的数字生活中找到平衡，实现个人成长和自我实现。

二、数字用户心理变化案例研究

（一）年轻用户群体心理特征演变

李华是一名高中生，热衷于在短视频平台上展示自己的街舞才艺。他通过精心编排的舞蹈动作和剪辑技巧，制作出充满活力的视频，赢得了众多同龄人的点赞和关注。随着粉丝数量的增加，李华开始感受到社交网络带来的归属感，但也意识到不能过度依赖虚拟赞誉，他开始平衡线上展示与线下练习，以促进自己的全面发展。可以看出年轻用户群体在数字时代正经历着心理和行为上的积极演变，他们在追求个性化表达的同时，也在学习如何健康地融入数字社会。

1. 自我表达与个性彰显

年轻用户在数字平台上通过多种方式展现自我和追求个性化。他们利用社交媒体分享生活点滴、兴趣爱好和价值观，通过个性化的头像、封面照片和个人简介彰显自己的独特性。年轻用户倾向于通过原创内容、创意视频和个性化的标签来表达自己的个性和态度，追求与众不同的自我形象。

数字平台提供的多样化工具和应用，如滤镜、表情包、动态效果等，进一步丰富了年轻用户的自我表达方式。他们通过这些工具创造独特的视觉和互动体验，与同好建立连接，形成特定的社交群体。年轻用户通过这些渠道不仅能够探索和确认自我身份，还能够在数字世界中找到归属感和认同感，实现自我价值的体现和个性的释放。

2. 数字化成长与社交依赖

数字时代深刻地塑造了年轻一代的成长环境，对他们的社交技能和信息处理能力产生了显著影响。社交媒体平台提供了广阔的交流空间，让年轻人得以跨越地理界限，与世界各地的人建立联系，这在一定程度上增强了他们的社交能力和全球视野。

社交媒体同时也带来了双刃剑效应。它可能导致年轻用户形成社交依赖，过度依赖线上互动而忽视线下的社交实践，这有时会引发社交焦虑和孤独感。社交媒体上的比较文化和形象压力，可能对年轻用户的自我形象和自尊心造成负面影响。

为了平衡数字化成长与社交依赖，年轻用户需要培养健康的社交媒体使用习惯，学会在虚拟互动与现实生活之间找到平衡点。家长和教育者应引导年轻人发展全面的社交技能，同时提高他们对信息的辨识和处理能力，以确保他们在数字时代中健康成长。

（二）成熟用户心理稳定与适应性

张阿姨是一位退休教师，她积极拥抱数字生活，通过智能手机学习在线支付和网上购物，享受科技带来的便利。她坚持每天在社交平台上分享自己的健康生活和养生知识，传播正能量。尽管数字世界日新月异，张阿姨始终保持自己的价值观，倡导诚信、互助，用行动影响周围的人。她的故事体现了成熟用户在适应数字生活的同时，延续稳定价值观的心理特征。

1. 数字生活的融入与适应

数字生活的融入与适应对成熟用户而言既是挑战也是机遇。他们通过积极学习和应用各种数字工具，如云办公软件、在线协作平台和智能家居设备，显著提高了工作效率和生活质量。这些工具使任务管理、远程工作和日常生活更加便捷和高效。

数字时代的快速变化也带来了心理调适和压力管理的需求。成熟用户需要适应不断更新的技术，同时学会筛选信息，避免信息过载。他们通过时间管理和自我调节技巧，如数字排毒、定期休息和使用压力缓解应用，来应对数字生活带来的压力。

成熟用户也意识到了保持社交联系的重要性，利用社交媒体和视频通话等工具与家人、朋友保持沟通，从而在数字时代中找到情感支持和社区归属感。通过这些适应策略，成熟用户能够更好地融入数字生活，享受它带来的便利，同时保持心理健康和情绪平衡。

2. 稳定价值观的延续

成熟用户在数字平台上保持自我认同和价值观的稳定，通过筛选信息和选择与个人价值观相符的社群进行互动，确保数字生活与个人信念相协调。他们在虚拟空间中积极表达自己的观点和立场，同时保持开放的心态，倾听不同的声音，以实现自我价值的延伸和扩展。

在数字社交与现实生活人际关系的融合方面，成熟用户通过线上线下相结合的方式，加强与亲朋好友的联系。他们利用社交媒体分享生活经历，参与线上活动，同时不忘在现实生活中深化这些关系，通过面对面的交流和共同活动来增进理解和信任。

成熟用户在数字平台上的行为选择反映了他们对社会责任和道德标准的认知。他们在网络空间中倡导正面价值观，如尊重、诚信和互助，这些行为不仅有助于构建健康的网络环境，也促进了现实世界中的人际和谐。通过这种融合，成熟用户在数字时代中维护了稳定而连续的个人价值观，实现了数字身份与现实自我的和谐统一。

（三）特殊用户群体心理洞察

王奶奶是一位热爱园艺的退休老人。为了更好地与孙辈沟通，她开始学习使用平板电脑和社交媒体。通过视频通话，她向孩子们展示自己的花园，并教授他们如何种植和照料植物。这不仅帮助王奶奶克服了对新技术的陌生感，也加深了与孙辈的情感联系，促进了家庭内的亲子互动和心理交流。

1. 银发族的心理适应

银发族在适应数字生活的过程中，面临着技术恐惧和心理障碍的双重挑战。他们需要通过学习新技能、参与数字教育课程，以及与家人、朋友和社区的互助，来克服这些障碍。数字平台应为银发族提供更加友好和个性化的服务，例如，设计易于理解和操作的用户界面，提供语音辅助和大字体选项，确保信息的可访问性。

数字平台可以通过定制内容和推荐系统，满足银发族在健康、娱乐、教育等方面的需求，让他们感受到数字技术带来的便利和乐趣。通过这些措施，银发族不仅能够更好地融入数字社会，还能享受到数字时代带来的高质量生活体验。

2. 亲子家庭的心理互动

数字平台在现代亲子互动中扮演着多重角色，不仅作为教育资源提供知识学习的平台，还提供娱乐内容增进家庭成员间的互动乐趣。通过共同参与在线游戏、观看教育视频或使用互动式应用程序，家庭成员间的沟通和联系得到加强。

家庭共同使用数字产品的心理效应显著，它不仅增强了亲子关系，还促进了共同学习的环境。父母与孩子在数字平台上的互动，有助于建立信任感，提升相互理解，同时培养孩子的数字素养。此外，共同探索数字世界的过程，也能激发家庭成员的创意思维和解决问题的能力。

想一想

探索未知领域的创意题目设定

假设你是一家新兴教育科技公司的产品经理，负责开发一款面向中小学生的在线学习平台。考虑到当前数字时代用户心理需求的变化，特别是年轻用户群体对自我表达、个性化学习体验以及社交互动的强烈需求，请设计三个创新功能，并阐述每个功能如何满足这些心理需求，以及预期的用户反馈和可能面临的挑战。在表3-1中填写功能描述、满足的心理需求、预期用户反馈以及可能面临的挑战。

表3-1 结构化数据与非结构化数据

功能描述	满足的心理需求	预期用户反馈	可能面临的挑战
功能一：个性化学习路径定制。该功能允许学生根据自己的兴趣、学习风格和进度，在平台上自主选择课程内容和学习路径。通过智能算法分析学生的学习行为和成绩数据，平台能为学生推荐最适合他们的学习资源和难度级别	自我表达与个性彰显：学生可以根据自己的兴趣和偏好定制学习路径，展现自己的学习风格和独特性。 即时满足与延迟满足的平衡：即时反馈机制（如学习进度条、即时测验结果）满足学生的即时成就感，而长期学习目标的设定则鼓励他们培养延迟满足能力	学生会感到学习更加有趣和高效，因为内容贴近他们的兴趣；家长和教师也会赞赏这种个性化的学习方式，认为它能更好地促进学生的学习动力	如何确保算法推荐的准确性和个性化程度，以及如何在保证个性化的同时保持学习内容的系统性和完整性

续表

功能描述	满足的心理需求	预期用户反馈	可能面临的挑战
功能二：创意学习社区。建立一个以学习为主题的创意社区，学生可以在这里分享自己的学习心得、创意作品（如编程项目、艺术作品、科学小实验等），并与其他学生、教师及行业专家进行交流和互动	社交需求与归属感探索：学生在社区中通过分享和交流，建立与他人的联系，找到志同道合的朋友，增强归属感。 自我表达与个性彰显：创意作品的展示为学生提供了自我表达的平台，让他们能够展示自己的才华和创造力		
功能三：游戏化学习挑战。将学习任务设计成一系列有趣的游戏化挑战，学生可以通过完成挑战获得积分、徽章或虚拟奖励，这些奖励可以兑换成平台内的学习资源或实物奖品	即时满足心理：通过即时的奖励和反馈机制，满足学生的即时成就感，激发他们的学习动力。 延迟满足的挑战与策略：长期的学习目标和成就系统鼓励学生培养耐心和毅力，追求更高的学习成就		

扫码解锁［想一想］参考答案

任务二 解构新用户的产品与服务需求

【任务描述】 理解并掌握新用户的产品与服务需求，为创新设计和市场定位提供洞察。

【任务分析】 通过深入分析用户行为和市场趋势，精准解构新用户的产品与服务需求，为制定有效的市场策略和满足用户期望提供实践基础。

相关知识

一、产品功能需求细分

（一）基础功能需求：稳如磐石，快如闪电

1. 性能卓越，稳如泰山不动摇

性能卓越是产品成功的关键，象征着可靠性和稳定性。它为用户提供了持续、流畅的体验，无论是在高负载还是长时间使用中，都能维持最佳状态，减少忧虑，增强信任。在技术迅速发展的当下，用户对快速响应和高效运行的性能要求日益增长。卓越的产品不仅满足这些需求，还通过节能、低噪声等特性提供额外价值，提升用户满意度。性能稳定性对品牌形象至关重要，有助于建立正面口碑，吸引忠实用户。因此，企业应追求性能卓越，确保产品稳定，满足并超越用户期望。

2. 稳定如磐石，使用无忧虑

稳定性是用户对产品的基石期待，它代表可靠性和使用中的安心感。一个稳定如磐石的产品能确保服务连续性，避免小故障或意外中断，让用户专注于任务。这种稳定性源于精心设计、严格测试和深刻理解用户需求，构建了用户心中的可靠形象。用户信赖这样的产品，无论日常使用还是关键任务，都能得到必要支持。

稳定性还降低了维护成本，减少了故障排查和系统更新的频率，节省时间和资源，使用户体验轻松自在，提升满意度和忠诚度。在市场竞争中，稳定性是产品优劣的重要区分标准。企业通过提供稳定产品，建立良好品牌形象，赢得用户信任，实现长期成功和可持续发展。

（二）增值功能需求：量身定制，智能升级

1. 个性化定制，打造专属神器

个性化定制为消费者提供独特体验，满足个人品位、生活方式和需求，让用户感受到产品的独特性和专属感。用户参与产品创造，选择颜色、材质、功能等，使产品成为个性的延伸，提升满意度和忠诚度，为企业带来竞争优势。

数字化时代使个性化定制更易实现，大数据和 AI 技术帮助企业捕捉和预测用户需求，提供精准服务。社交媒体和在线平台提供展示个性化产品的平台，增强个性化的社会价值。个性化定制不仅满足基本需求，更通过技术实现深度个性化，推动企业和用户双赢。

2. 智能互联，让生活更便捷

智能互联技术正重塑现代生活，通过设备和服务的无缝连接，提升生活便捷性。智能家居系统让用户远程控制家庭环境，实现自动化和节能。移动场景中，智能设备提供实时信息和健康监测，增加出行安全和效率。

物联网（IoT）的发展得益于智能互联，设备和传感器的互联互通为决策提供数据支持，广泛应用于农业、城市管理和个人健康等领域。此外，智能互联催生了共享经济和按需服务等新型服务模式，通过平台提供灵活、个性化的服务选项，丰富了生活体验。智能互联不仅是一种承诺，更是实现现代生活便捷化的关键力量。

（三）跨平台兼容性需求：一键切换，无缝对接

1. 多平台畅游，无缝衔接新体验

多平台畅游提供了无缝体验，消除了设备和平台间的界限，使用户在不同设备上享受一致性和连续性服务。这种体验允许用户实时同步活动和数据，如在不同设备上继续观看视频或编辑文档，不受地点限制。无缝衔接提升了便利性、工作效率和生活享受，用户无需重复操作或转移数据，操作变得流畅自然。多平台畅游依赖云服务和智能算法，确保信息即时更新和个性化推荐。技术进步将使多平台畅游更普及，为用户提供丰富、个性化服务，无论是娱乐、社交、工作还是学习，都能享受自由灵活的数字生活体验。

2. 设备之间，自由穿梭无界限

"设备之间，自由穿梭无界限"展现了技术带来的便利，允许用户在不同设备间轻松切换，实现数据和偏好的同步。用户无论在何处，都能即时接入数字生活，享受流媒体内容或工作，无须担心数据同步问题。5G、Wi-Fi 6等通信技术的发展，加上云技术的应用，让设备间的连接更迅速稳定，数据存储和访问更便捷。用户可在任何设备上访问文件和应用，享受流畅体验。这种无缝的设备穿梭体验是数字生活的趋势，提高了便利性，推动技术创新，为用户带来丰富、个性化的数字生活体验。

二、服务体验需求剖析

（一）售前咨询与个性化建议需求

1. 售前解惑，专业建议在手边

"售前解惑，专业建议在手边"凸显了在用户购买决策中提供专业咨询的价值。及时的售前支持能解决用户疑虑，提供专业建议，帮助他们做出明智选择。服务不仅限于基本问题，更深入理解需求，提供个性化解决方案。个性化推荐基于用户的工作场景、生活习惯或个人偏好，增强信任感和满意度，提升品牌形象和竞争力。用户感受到的是贴心服务和真诚帮助，建立长期用户关系，促进口碑。数字化工具的发展让专业建议方式创新，企业通过在线聊天、社交媒体、移动应用等渠道提供即时、便捷的售前咨询。收集用户反馈和数据，优化服务流程，提供精准个性化建议。

2. 个性化咨询，选购不迷路

"个性化咨询，选购不迷路"强调了在用户面对众多选择时提供定制化建议的重要性。市场产品和服务的多样性可能使用户感到困惑，而个性化咨询服务通过深入理解用户需求、偏好和使用场景，提供明确的指导和建议，帮助用户做出最佳选择。基于用户行为分析、历史偏好和实时反馈，智能推荐系统或专业顾问协助用户快速找到符合需求的产品或服务，这不仅节省了用户的时间，还提高了购物满意度和忠诚度。个性化咨询提升购物体验，让

用户感受到品牌的关怀，享受轻松愉快的购物旅程。这种以用户为中心的服务理念有助于企业建立强用户关系，增强市场竞争力。

（二）售后服务与问题解决效率要求

1. 售后无忧，问题秒变浮云

"售后无忧，问题秒变浮云"体现了企业对用户全面负责的服务承诺。优质的售后服务确保用户在购买后遇到的问题迅速得到解决，提供轻松无忧的体验。快速响应的客服系统、详尽的故障排除指南和有效的解决方案，转化用户问题为无形浮云。售后无忧还重视用户反馈，将每次咨询和投诉视为产品或服务改进的机会。积极的沟通和专业技术支持不仅解决即时问题，也赢得用户长期信任和忠诚，持续关怀用户体验，即使交易完成后服务热情和效率不减。

2. 效率至上，满意才是硬道理

"效率至上，满意才是硬道理"强调了服务和产品领域的黄金法则。用户期望每次交互都迅速高效，这要求企业优化流程，减少等待，提供流畅便捷的体验。用户满意度是服务和产品质量的最终衡量标准，满意用户更可能成为品牌忠实拥趸。技术创新如人工智能和大数据分析，帮助企业精准预测和满足用户需求，提供个性化服务，提高效率和满意度。企业通过倾听用户反馈，不断改进产品功能和服务质量，确保用户需求得到满足，赢得长期信任和推荐。

（三）社区支持与用户互动平台建设

1. 用户互动平台，找到你的小伙伴

用户互动平台是一个充满活力的社区，在这里，用户可以轻松找到志同道合的小伙伴。这个平台通过共同的兴趣、话题或活动，将人们聚集在一起，促进了社交联系和信息交流。用户不仅可以分享经验、讨论想法，还能参与到各种互动活动中，从而建立起有意义的联系。这种连接不仅限于线上，也常常延伸到现实生活中，为用户带来了更广阔的社交网络和更丰富的生活体验。通过用户互动平台，每个人都能发现属于自己的社群，享受交流与合作的乐趣。

2. 社群力量大，交流无障碍

社群的力量在于集体的智慧和协作精神。在数字时代，交流无障碍已成为现实，社群成员无论身处何地，都能通过在线平台即时分享信息、观点和经验。这种无缝的沟通方式打破了地理界限，促进了知识的自由流动和创意的碰撞。社群成员通过互助和支持，共同解决问题，推动项目进展，实现了资源共享和优势互补。强大的社群不仅为个人提供了成长和发展的环境，也为社会带来了创新和进步的动力。

三、情感与价值的认同需求

（一）品牌形象与价值观共鸣

1. 品牌不只是 Logo，更是心灵纽带

品牌超越了单纯的 Logo 设计，它是一种深入人心的纽带，连接着消费者的情感和品牌的价值。一个强大的品牌能够唤起消费者的信任和忠诚，它代表着一种承诺，一种对质量、服务和体验的保证。品牌故事、价值观和文化成为与消费者建立情感共鸣的桥梁（见图3-4），

让消费者在购买产品或服务的同时，也购买了品牌背后的理念和精神。这种深层次的联系使品牌在竞争激烈的市场中脱颖而出，成为消费者心中不可替代的选择。

图 3-4　品牌形象与价值观共鸣

2. 价值观共鸣，品牌与你同在

价值观的共鸣是品牌与消费者之间最牢固的纽带。品牌不仅仅是一个标志或口号，它是一种精神，一种生活态度，与消费者的内在信念相呼应。当品牌价值观与消费者产生共鸣时，它就超越了交易的层面，成为一种精神上的陪伴。品牌与消费者同在，不仅在消费者的日常生活中提供支持，更在消费者追求梦想和价值实现的旅途中给予力量。这种深层次的情感连接，让品牌成为消费者生活中不可或缺的一部分，共同成长，共创未来。

（二）社会责任与可持续发展意识

1. 环保又可持续，责任在肩不孤单

环保与可持续性是现代企业的核心责任。"环保又可持续，责任在肩不孤单"反映了企业在推动绿色发展过程中的坚定立场。企业通过采用环保材料、节能技术和循环经济模式，减少对环境的影响，同时确保业务的长期发展。这种责任感不仅赢得了消费者的认同，也引领了行业的进步。企业不再是孤独的行动者，而是与消费者、合作伙伴以及整个社会共同肩负起保护地球的责任，共创一个清洁、健康的生活环境。

2. 绿色生活，你我共同守护

绿色生活是一种对环境友好的生活方式，它倡导节约资源、减少污染，促进生态平衡。"绿色生活，你我共同守护"强调了每个人都是环境保护的参与者和责任者。通过从日常生活中的小事做起，比如减少使用一次性塑料制品、选择公共交通出行、参与垃圾分类等，每个人都能在保护地球的行动中发挥作用。这种生活方式不仅有助于减少个人对环境的影响，也促进了社会的可持续发展。通过集体的努力，我们共同守护着这个星球，为后代创造一个更加绿色、健康的未来。

（三）用户反馈与参与感提升

1. 用户反馈是金，参与感满满

用户反馈是企业创新和发展的宝贵资源。"用户反馈是金，参与感满满"体现了企业对用户声音的高度重视和对用户体验的持续优化。用户的每一个建议、评价和批评都是企业改进产品和服务的动力。通过积极倾听和响应用户反馈，企业不仅能够提升产品质量，还能够增强用户的参与感和归属感。用户感受到自己的声音被重视，自己的需求被满足，这种参与感让用户与品牌之间建立了更紧密的联系，共同推动产品的进步和社会的发展。

2. 你的每一次发声，都让我们更懂你

"你的每一次发声，都让我们更懂你"，这是企业对用户沟通的承诺。用户的反馈、建议和需求是企业不断进步的指南针。企业倾听用户的声音，深入理解用户的想法，以此为基础优化产品，提升服务。这种互动不仅加深了企业对用户需求的认识，也强化了用户与品牌之间的联系。用户的每一个字，每一次互动，都是企业成长的催化剂，让企业的服务更加贴心，产品更加符合用户的期待。

练一练

解构新用户的产品与服务需求判断

1. 性能卓越是产品成功的唯一基石，只要性能足够好，用户就会满意。（   ）
2. 个性化定制服务意味着用户必须参与产品的每一个设计细节。（   ）
3. 智能互联技术只能应用于智能家居领域，无法在其他行业中发挥作用。（   ）
4. 多平台畅游体验要求所有设备必须使用相同的操作系统。（   ）
5. 售前咨询服务不仅限于回答用户的基本问题，还涉及个性化建议。（   ）
6. 售后服务的主要目标除了解决用户遇到的问题，还涉及产品改进。（   ）
7. 用户互动平台仅供用户交流，不提供任何实质性的帮助或支持。（   ）
8. 品牌形象仅由 Logo 设计决定，与品牌故事和价值观无关。（   ）
9. 环保和可持续性是企业社会责任的全部内容，无须考虑其他因素。（   ）
10. 用户反馈是企业改进产品和服务的唯一依据，无须考虑市场趋势和其他因素。（   ）

扫码解锁［练一练］参考答案

任务三　实践运用心理学原理提升用户体验策略

【任务描述】 理解心理学原理，掌握提升用户体验的策略，为打造吸引人的产品与服务打下基础。

【任务分析】 通过实践心理学原理，学习如何设计以用户为中心的体验，为增强用户满意度和忠诚度提供策略指导。

相关知识

一、初探用户体验奥秘

（一）用户体验入门：是什么，为什么重要

1. 什么是用户体验？一个简单的解释

用户体验是指用户在与产品、系统或服务交互过程中形成的整体性认知和情感反应，涵盖了用户从接触、使用到评价这一完整流程中的主观感受与满意度（见图3-5）。用户体验被视为一个多维度、综合性的概念，它不仅关注产品的功能性满足程度，还强调产品使用过程中的情感、认知和行为层面的综合体验。

图3-5　用户体验

2. 用户体验的重要性：企业成功的秘密武器

用户体验的重要性不容忽视，它是企业成功的秘诀和秘密武器。优秀的用户体验能够显著提升用户满意度，增强用户对品牌的忠诚度，从而让企业在激烈的市场竞争中脱颖而出。通过深入洞察用户需求，精心设计直观易用的界面，提供个性化的服务，企业能够创造出令人难忘的用户体验。这种以用户为中心的设计理念，不仅解决了用户的痛点，也为企业带来了持续的增长和成功。

（二）用户体验的六大关键要素

1. 实用性

实用性是产品设计的核心，它要求企业深入了解用户的实际需求和使用场景。"了解用户，满足需求是关键"强调了产品设计应以用户为中心，确保功能和服务能够解决用户的痛点。实用性意味着产品不仅要有吸引力，更要有解决问题的能力，提供高效、便捷的使用体验。通过不断研究用户行为，收集反馈，并迭代优化，企业可以创造出真正符合用户需求的实用产品，从而赢得市场和用户的认可。

2. 易用性

易用性是衡量产品成功与否的关键指标之一。"界面友好，操作不复杂"体现了易用性设计的重要性。用户应该能够直观地理解如何与产品交互，而不需要复杂的学习过程。简洁明了的界面设计，配合直观的操作流程，使用户能够快速上手，轻松完成任务。这种易用性不仅提高了用户的满意度和效率，也降低了用户的挫败感，确保了用户在使用过程中的愉悦体验。通过精心的易用性设计，产品能够吸引更广泛的用户群体，并建立起积极的用户口碑。

3. 满意度

满意度是衡量用户体验好坏的直接指标。"整体感受好，评价自然高"揭示了用户满意度的内在逻辑。当用户在使用产品或服务的过程中体验到便捷、愉悦和超出预期的服务时，他们的整体感受就会非常积极。这种感觉来源于产品的性能、设计的美观、服务的周到以及解决问题的效率。用户满意度的提升，往往伴随着用户对品牌的信任和忠诚度的增强，进而可能导致口碑的传播和复购率的提高。因此，不断追求提升用户的整体满意度，是企业赢得市场和持续发展的关键。

4. 情感连接

情感连接是品牌与用户之间深层次的纽带。"培养忠诚，品牌更牢固"强调了通过情感建立的联系能够加深用户的品牌忠诚度。当品牌能够触动用户的情感，与用户的价值观和经历产生共鸣时，用户对品牌的认同感和归属感便会增强。这种情感上的投入超越了单纯的交易关系，转化为长期的忠诚和支持。品牌故事、个性化体验和卓越的用户服务都是培养情感连接的有效途径。一个在用户心中牢固的品牌，能够在竞争激烈的市场中保持领先地位，实现可持续发展。

5. 可访问性

可访问性是优秀设计的基本要素，它确保所有用户都能无障碍地使用产品。"设计包容，人人都能用"体现了一种普适的设计理念，无论用户的身体条件、技术熟练度或个人偏好如何，都能享受到平等的服务体验。通过遵循无障碍标准，采用易读的字体、高对比度的颜色方案、语音识别和屏幕阅读器兼容性等特性，企业的产品能够满足更广泛用户的需求。这种包容性设计不仅提升了用户体验，也展现了企业的社会责任感，让技术进步惠及每一个人。

6. 价值感知

价值感知是用户对产品或服务价值的主观评价。"成本效益，双赢才是真道理"强调了用户在评估产品时不仅关注价格，更看重性价比和实际效益。用户期望以合理的成本获得高质量的产品和卓越的服务，实现价值最大化。企业通过提供高性能、优质服务和合理定价，满足用户的价值感知，建立起用户的信任和忠诚。这种以用户为中心的价值创造，不仅提升了用户的满意度，也为企业带来了长期的用户关系和市场竞争力，实现用户和企业的双赢局面。

二、用认知心理学提升用户体验

(一) 信息架构：打造流畅的认知之旅

1. 信息架构的重要性：为什么它那么关键

信息架构是设计流畅用户体验的基石。它的重要性在于能够将复杂的信息以清晰、有序的方式呈现，使用户能够快速找到所需内容。"打造流畅的认知之旅"意味着信息架构不仅要易于导航，还要符合用户的心智模型，减少认知负担。良好的信息架构通过逻辑清晰的分类、直观的标签和高效的搜索功能，确保用户在信息空间中的每一步都是直观和明确的。这种架构的设计直接关系到用户的满意度和效率，是连接用户需求与内容服务的关键桥梁。

2. 清晰原则：怎样设计简洁明了的信息架构

清晰原则是设计简洁明了信息架构的核心。它要求企业在设计过程中去除多余元素，专注于用户目标和任务流程。"怎样设计简洁明了的信息架构"涉及对信息进行合理分类、分层和呈现，确保用户能够迅速理解架构的逻辑并找到所需信息。使用清晰的标签、直观的导航和一致的布局，帮助用户构建心理地图。同时，通过用户测试和反馈，不断优化架构，提升其可用性和可访问性。简洁的信息架构不仅减少了用户的学习成本，也提高了用户的满意度和效率。

3. 提升流畅性：策略与实践，让信息触手可及

提升信息架构的流畅性是确保用户能够轻松、高效地获取信息的关键。"策略与实践，让信息触手可及"强调了通过精心设计的策略和实践方法，实现信息易于访问和使用。这包括采用直观的导航设计、清晰的信息层次、高效的搜索工具和个性化的推荐系统。通过这些策略，用户能够快速定位到他们感兴趣的内容，不需要复杂的操作或深入的探索。实践过程中，持续的用户研究和反馈收集是必不可少的，它们帮助企业不断调整和改进信息架构，以满足用户的期望和需求，确保信息的可发现性和易用性。

(二) 色彩与形状：心理学的视觉魔法

1. 色彩心理学初探：色彩背后的秘密

色彩心理学初探是对色彩如何影响人类情绪和行为的深入研究。"色彩背后的秘密"揭示了色彩与情感之间的复杂联系。每种色彩都有其独特的心理影响，能够激发不同的情绪反应和文化联想。例如，红色可能引起人的兴奋或紧迫感，而蓝色通常与宁静和信任相关联（见图3-6）。

在设计领域，色彩的选择对于品牌建设和用户体验至关重要。设计师通过色彩搭配和对比，可以引导观者的视线，强化品牌信息，甚至影响消费者的购买决策。在数字界面设计中，色彩不仅用来美化界面，更用来传达信息的层次和重要性，以及创造直观的导航线索。

了解色彩心理学，可以帮助色彩更好地运用色彩作为沟通的工具。在营销策略中，色彩可以用来吸引目标受众，建立情感联系，增强记忆点。在个人层面，对色彩的敏感度和偏好也反映了个体的性格特征和心理状态。

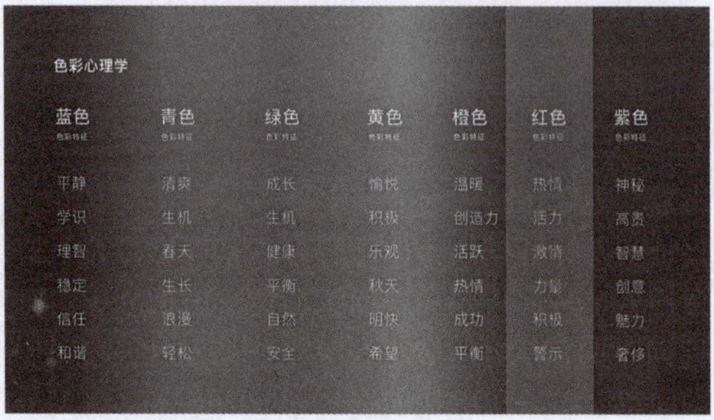

图 3-6　色彩心理学

2. 形状的力量：界面元素如何影响认知

形状在界面设计中至关重要，影响用户的认知和情感反应。不同形状具有不同意义，如圆形代表和谐，三角形可能激发警觉。形状在数字界面中指导用户的注意力和行为，如按钮和图标提示可点击性，布局引导视线流动，帮助理解信息结构。

设计师通过形状选择和组合增强界面直观性，使互动更易学。形状一致性建立清晰视觉语言，增强品牌认知，使用户操作更自信舒适。精心设计的形状和布局提升用户体验，使界面美观、易用、易懂。形状的力量在于它们能传达信息，影响认知，提升界面功能性和吸引力。

3. 综合运用策略：色彩与形状的最佳拍档

综合运用色彩与形状在设计中发挥协同效应，作为创造视觉冲击力和情感连接的关键元素。色彩如红色传达热情，蓝色传递信任；而形状通过其几何特性，如圆形的柔和、方形的稳定、三角形的动态，与色彩结合，加强信息传递。

设计师精心搭配色彩和形状，引导视线流动，突出重点，创造和谐或对比效果。在品牌视觉识别中，色彩与形状结合形成品牌第一印象，通过一致应用，增强品牌市场识别度和记忆度，帮助品牌建立独特位置。

（三）引导注意力：交互设计的艺术

1. 注意力揭秘：用户注意力的特点与规律

注意力揭秘是对用户如何集中和分配注意力的深入理解。用户注意力的特点与规律指导企业如何在设计和沟通中更有效地捕捉和保持用户的焦点。用户注意力有限，易受干扰，且往往偏向于新奇或具有情感联系的内容。了解这些规律有助于企业在信息过载的环境中突出重要信息。

设计师可以通过对比、颜色和布局来突出关键元素，吸引用户的第一眼注意力。内容创作者可以通过引人入胜的开头和有说服力的叙述来维持用户的持续关注。营销人员可以利用用户的情感反应，通过故事讲述和情感连接来抓住用户的注意力。

用户的注意力分配也受到个人兴趣、需求和心理状态的影响。个性化的内容和推荐系统能够根据用户的行为和偏好提供定制化的信息，从而更有效地吸引用户的注意力。通过不断学习和适应用户的变化，企业可以更好地理解用户注意力的动态特性，并据此优化策略和方法。

2. 交互核心：设计原则，让互动更自然

交互核心在于设计原则的精准运用，它们是让用户体验更自然、更直观的关键。"设计原则，让互动更自然"强调了在用户界面设计中，应遵循直观性、一致性、反馈性和容错性等基本原则。直观性原则确保用户能够快速理解如何使用界面；一致性原则减少了用户的思考成本，通过熟悉的元素和模式加快用户的学习过程；反馈性原则让用户的每个操作都有明确的回应，增强了用户的控制感；容错性原则通过清晰的错误信息和简单的恢复路径，减少了用户在使用过程中的挫败感。

通过这些设计原则，可以创造出易于理解和使用的界面，让用户的互动更加流畅和自然。这种以用户为中心的设计思维不仅提升了用户的满意度，也增强了用户对产品的忠诚度。精心设计的交互体验能够让用户在使用产品时感到轻松愉快，从而提高用户的留存率和推荐意愿。

3. 动态引导术：利用动态效果抓住眼球

动态引导术是一种利用视觉动态效果来吸引用户注意力的策略。"利用动态效果抓住眼球"强调了在用户界面设计中，动画和过渡效果能够显著提升用户的交互体验。动态元素可以引导用户的视线，突出重要信息，同时提供直观的反馈，增强用户的操作感知。

通过平滑的滚动效果、焦点转换的动画和直观的图标变化，动态引导术能够有效地辅助用户理解界面结构，提升导航的直观性和愉悦感。例如，按钮的悬浮效果可以吸引用户点击，而内容加载的动画可以减少用户等待时的焦虑感。

三、用行为经济学提升用户体验

（一）用户的日常行为与背后的小心思

1. 用户行为的大致路径：了解用户平时怎么做

用户行为的大致路径是理解用户如何与产品或服务互动的起点。"了解用户平时怎么做"要求企业深入观察和分析用户的日常操作流程和使用习惯，包括用户如何接触产品、如何使用功能、在何处遇到障碍，以及他们的使用频率和情境。通过用户行为分析，企业可以识别关键触点和用户旅程的各个阶段，从而优化用户体验。例如，通过会话记录、热图和用户访谈，企业可以发现用户最常访问的功能、最常遇到的问题以及用户满意度的高低。

了解用户行为路径还有助于企业识别潜在的改进机会。通过分析用户行为数据，企业可以发现用户行为中的模式和趋势，预测用户需求，甚至在用户意识到之前就提供解决方案。这种主动性可以显著提升用户的满意度和忠诚度。深入理解用户行为路径使企业能够构建更加人性化、直观和有效的产品和服务。这种以用户为中心的设计思维是提升用户体验、增强市场竞争力和实现商业成功的关键。

2. 深挖用户的内心小九九：探索用户为什么要这样做

深挖用户的内心小九九，即深入探究用户行为背后的心理动机和情感需求。"探索用户为什么要这样做"不仅关注用户的显性行为，更重视其内在的思考和感受。用户的选择和偏好往往受到个人经历、文化背景、社会环境和心理状态等多重因素的影响。

通过定性研究方法，如深度访谈、焦点小组和情境分析，可以揭示用户行为背后的真实原因。这些方法帮助企业理解用户的需求、期望、痛点和愉悦点。同时，定量数据分析，如行为日志、点击率和转化率，提供了用户行为的实证支持。结合定性和定量研究，企业可以构建全面的用户画像，洞察用户的真实需求和潜在动机。这种深入的用户理解使企业能够设计出更符合用户期望的产品，提供更贴心的服务，创造更有意义的用户体验。

3. 数据帮忙，看透用户的小动作

数据帮忙，为企业提供了洞察用户行为的窗口。通过分析用户与产品或服务交互时产生的数据，企业可以"看透用户的小动作"，揭示他们的行为习惯、偏好和需求。这些数据包括但不限于点击率、浏览路径、停留时间、转化率等关键指标，它们帮助企业量化用户行为并识别模式。

利用数据分析工具，企业可以追踪用户的行为路径，了解他们如何与企业的界面互动，哪些功能最受欢迎，哪些环节存在流失。此外，通过细分用户群体，企业可以发现不同用户的特征和需求，从而设计更加个性化的体验。数据还能够帮助企业预测用户行为，通过机器学习算法分析历史数据，企业可以预测用户的未来行为，为他们提供更及时、更相关的服务。同时，数据反馈可以用于持续优化产品设计和服务流程，提高用户的满意度和效率。

（二）奖励机制，让用户更活跃的小妙招

1. 设计奖励的小秘诀：怎么定规则，大家才爱玩

设计奖励的小秘诀在于制定既公平又能激发兴趣的规则，这是吸引用户参与并享受过程的关键。"怎么定规则，大家才爱玩"强调了规则设计的艺术性和科学性。首先，规则应当简洁明了，易于用户理解和接受，避免过于复杂导致用户感到困惑或沮丧。其次，奖励机制要与用户的行为和目标相匹配，确保用户在追求奖励的过程中能够体验到成就感和乐趣。

奖励的设置应当具有适当的挑战性，既不是轻而易举就能获得，也不是高不可攀。合理的挑战性可以激发用户的参与热情，促使他们投入更多的时间和精力。同时，奖励的多样性也是吸引不同用户群体的重要因素，不同的用户可能对不同类型的奖励有不同的偏好。透明的规则和及时的反馈对于奖励系统同样重要。用户需要清楚地知道他们如何能够获得奖励，以及他们的进度如何。这种透明度和及时反馈可以增强用户的信任感和动力，让他们更愿意参与并享受游戏或其他互动体验。

2. 个性化奖励，让每个用户都开心：量身打造的奖励计划

个性化奖励是提升用户体验和满意度的强有力工具。"每个用户都开心：量身打造的奖励计划"意味着根据用户的行为、偏好和需求定制奖励，确保每个用户都能感受到个性化的关怀和价值。通过深入分析用户数据，企业可以识别出不同用户群体的特征和需求，从而设计出符合他们期望的奖励方案。例如，对于频繁购买的用户，可以提供积分倍增或会员升级的奖励；对于新用户，则可以提供首次购买折扣或免费试用。此外，通过用户反馈和行为分析，企业可以不断优化奖励计划，确保其始终与用户的需求保持一致。

个性化奖励计划不仅能够激发用户的参与热情，还能够加深用户对品牌的认同感，建立起长久的用户关系。通过这种方式，企业可以确保每个用户都感到被重视和理解，从而

提高用户的满意度和忠诚度。

(三) 用户的"舍不得"与忠诚度的小秘密

1. "舍不得"的心理学：为什么投入了就不想放弃

"舍不得"的心理学，揭示了人们面对已投入资源时的心理状态。当个人在某个项目、关系或活动中投入了时间、金钱或情感时，他们往往会因为沉没成本效应而难以轻易放弃。这种心理现象源于对损失的厌恶，人们倾向于避免承认过去的决策是错误的，即使继续投入可能并不经济。

在产品设计和营销策略中，可以巧妙地利用这一心理特点来增强用户黏性。例如，通过积分奖励、会员制度或阶段性目标设定，鼓励用户持续参与，增加他们的投入成本。随着用户投入的增加，他们对产品的依赖和忠诚度也会随之提高。

2. 利用"舍不得"，留住用户的心：如何让用户更忠诚

利用"舍不得"的心理策略可以有效地留住用户的心，培养他们的忠诚度。这种策略基于用户对已投入资源的情感依恋，无论是时间、金钱还是情感。首先，企业可以通过建立会员制度和积分奖励系统，让用户的每一次消费都转化为可见的积累，增加他们对品牌的投入感。其次，提供定制化服务和个性化体验，让用户感受到企业的专属关怀，从而加深他们对品牌的认同和依赖。此外，企业可以通过创造社区感和归属感，让用户在参与中建立社交联系，这些社交纽带也会增强用户黏性。当用户在品牌中找到了价值和归属时，他们就更不愿意放弃，这种心理可以转化为对品牌的忠诚。最后，透明的沟通和积极的用户反馈机制也是关键，它们能够让用户感受到自己的声音被听到，从而更加珍视与品牌的关系。通过这些方法，企业可以激发用户的"舍不得"心理，建立起牢固而持久的用户忠诚度。

试一试

设计奖励机制提升用户活跃度案例分析

某在线教育平台希望通过设计一套有效的奖励机制来提升用户的活跃度和学习动力。他们计划通过积分、勋章和虚拟货币等多种奖励形式，激励用户完成学习任务、参与社区互动和分享学习成果。以下是根据这一背景设计的三个选择题，旨在考察对奖励机制设计原则的理解和应用。

1. 在设计在线教育平台的奖励机制时，以下哪项原则最为关键？（   ）

A. 奖励机制应复杂多样，以充分展示平台的创新性。

B. 奖励规则应简洁明了，确保用户易于理解和接受。

C. 奖励应仅针对高难度任务，以体现其稀缺性和价值。

D. 奖励应频繁发放，无论用户行为的质量如何。

2. 为了提升用户的学习动力，平台计划引入"学习之星"勋章作为奖励。以下哪种策略最能有效地激励用户？（   ）

A. 无论用户学习时长如何，每月随机抽取一名用户授予"学习之星"。

B. 设定明确的学习目标和时长要求，用户达到后自动获得"学习之星"勋章。

C. 将"学习之星"勋章授予平台内最资深的用户，以表彰其长期贡献。

D. 允许用户通过购买获得"学习之星"勋章，增加其炫耀资本。

3. 平台计划通过积分兑换系统增强用户黏性，以下哪种策略最符合用户心理，能有效提升用户活跃度？（　　）

A. 设定高积分门槛，用户需长时间积累才能兑换到有价值的奖励。

B. 频繁调整积分兑换规则，保持用户的新鲜感和期待。

C. 提供多样化的积分兑换选项，包括学习资料、课程优惠券和平台周边商品。

D. 仅在用户生日时提供一次性的大额积分奖励，作为特别惊喜。

扫码解锁［试一试］参考答案

明智领航

用户分析专员"晋升"的必由之路

在数字营销领域，用户分析专员扮演着至关重要的角色。他们负责深入挖掘用户数据，为制定精准的营销策略提供有力支持。然而，随着大数据和人工智能技术的飞速发展，用户隐私和数据安全等问题也日益凸显。因此，作为数字营销用户分析专员，提升职业道德不仅关乎个人职业发展，更是保障用户权益、维护行业秩序的重要基石。

要提升职业道德，首先需坚守诚信原则。在数字营销领域，诚信是基石。用户分析专员应始终保持诚实和正直，不夸大营销效果，不隐瞒数据真相。对待用户、同事和合作伙伴时，承诺必践，言行一致。这样才能赢得他人的信任和尊重，为职业生涯的长远发展奠定坚实基础。

尊重用户隐私是提升职业道德的又一重要方面。用户数据是数字营销的核心资源，但同时也是用户的私人信息。用户分析专员必须严格遵守数据保护法规，不泄露用户个人信息。在收集、分析和使用用户数据时，应始终考虑用户权益，确保数据使用的合法性和正当性。这样才能赢得用户的信任和支持，为企业的可持续发展提供保障。

保持客观公正也是职业道德的重要体现。在分析用户数据和制定营销策略时，用户分析专员应不受个人偏见或外部利益影响，保持客观公正的态度。对于营销效果评估，应坚持使用科学、合理的方法，不夸大或缩小实际结果。这样才能为企业制定切实可行的营销策略提供有力支持。

积极承担责任是提升职业道德的又一关键要素。用户分析专员应对自己的工作成果负责，勇于承认错误并积极寻求解决方案。在团队中，应主动承担责任，为团队的成功贡献自己的力量。这样才能在团队中树立积极向上的形象,成为团队不可或缺的一员。

最后,持续学习和自我提升也是提升职业道德的重要途径。数字营销领域发展迅速,新技术、新工具层出不穷。用户分析专员需要保持学习的热情和动力,不断更新自己的知识和技能。同时,还应关注行业动态和法律法规变化,及时调整自己的工作方式和思路。这样才能在激烈的市场竞争中保持领先地位,为企业创造更大的价值。

技能训练

用户体验优化实战:动动手,你也行!

1. 实训目的

(1) 加深学生对用户体验描述模型的理解与掌握。

(2) 培养学生从数据分析中提炼用户体验质量的能力。

(3) 引导学生理解用户旅程的全面性与阶段性,体会用户体验的多维度特性。

2. 实训知识点

(1) 深入解析 CUBI 用户体验模型。

(2) 全面学习用户体验的五层次结构。

(3) 掌握用户旅程图的绘制与应用。

(4) 实践数据可视化技术,洞察用户行为。

3. 实训内容

(1) 明确角色定位及模拟企业背景信息。

(2) 系统学习与用户体验相关的核心理论知识。

(3) 依托大数据分析报告,深入剖析网站及用户现状。

(4) 针对现有网站实施优化策略,并进行效果预测与调整。

(5) 持续优化改进方案,直至达到理想的模拟效果验证。

4. 实训评分

(1) 知识点掌握程度(含理论学习与应用)占 20%。

(2) 用户旅程图的构建与解析能力评估占 20%。

(3) 用户体验优化策略的提出与实施成效作为核心考核项,占 60%。

模块二

掌握数字营销用户运营新技术

项目四

用户大数据的认知与应用

动画视频

项目介绍

本项目介绍大数据的基本概念、特性及其价值，主流大数据平台与工具的应用，实践探索大数据技术与数据可视化。

学习目标

【知识目标】掌握大数据的定义、特性及涵盖内容，了解大数据的战略意义；熟悉主流大数据平台与工具的特点及适用场景；理解数据可视化的基本原理。

【能力目标】能够运用所学知识分析大数据在电商等行业应用案例，具备使用大数据平台与工具进行基本操作能力，掌握数据可视化设计原则与实战技巧。

【素质目标】培养数据敏感性和分析能力，提升大数据思维；强化隐私保护和数据合规意识；锻炼实践操作能力，培养解决实际问题的能力。

项目导图

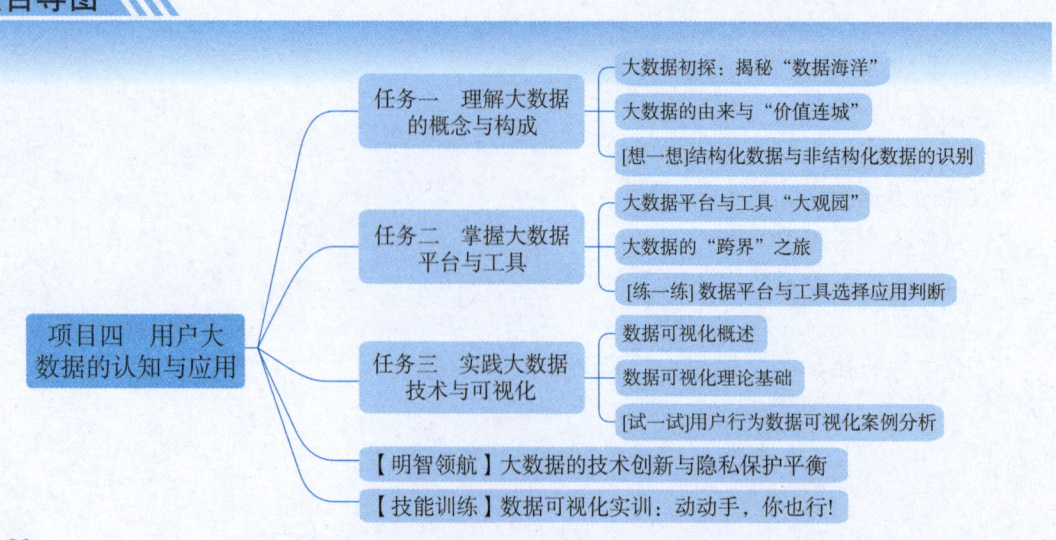

项目四 用户大数据的认知与应用
- 任务一 理解大数据的概念与构成
  - 大数据初探：揭秘"数据海洋"
  - 大数据的由来与"价值连城"
  - [想一想]结构化数据与非结构化数据的识别
- 任务二 掌握大数据平台与工具
  - 大数据平台与工具"大观园"
  - 大数据的"跨界"之旅
  - [练一练]数据平台与工具选择应用判断
- 任务三 实践大数据技术与可视化
  - 数据可视化概述
  - 数据可视化理论基础
  - [试一试]用户行为数据可视化案例分析
- 【明智领航】大数据的技术创新与隐私保护平衡
- 【技能训练】数据可视化实训：动动手，你也行！

案例导入

咖啡馆的大数据奇遇：揭秘顾客行为，重塑业务辉煌

想象一下，你是一家新兴咖啡馆的老板，你的咖啡馆坐落在城市的一个繁华地段，每天都有大量的顾客光顾。然而，尽管生意看似红火，你却发现了一个令人困惑的问题：尽管顾客络绎不绝，但咖啡的销售量却始终没有达到预期。你开始思考，是不是有什么地方做得不对？或者，有没有一种方法能让你更了解你的顾客，从而更精准地满足他们的需求呢？

这时，你听说了一个名词——大数据。你开始研究，并发现通过收集和分析顾客的行为数据，比如他们点什么咖啡、什么时候来、喜欢坐在哪个位置，甚至他们在社交媒体上的言论，你都可以通过"流量密码"得到关于顾客偏好的宝贵信息（见图4-1）。于是，你决定尝试。你安装了一个简单的 Wi-Fi 系统，顾客可以通过登录 Wi-Fi 来享受免费上网服务，同时你也收集到了他们的基本信息。你还与一家大数据公司合作，开始分析这些数据。

图4-1 咖啡馆的大数据奇遇

不久，你惊讶地发现了一些有趣的模式。比如，周一早上，很多顾客都喜欢点一杯拿铁咖啡配上一份早餐；而周五下午，更多的人会选择一杯浓郁的意式咖啡来放松。你还发现，有些顾客在社交媒体上经常提到他们对某些特殊口味咖啡的喜爱，而这些口味你之前从未提供过。基于这些发现，你开始调整你的咖啡馆策略。你增加了周一早上的早餐选项，周五下午则推出了特色意式咖啡。你还根据顾客的社交媒体反馈，引入了几种新的特殊口味咖啡。

几个月后，你的咖啡馆销售额飙升，顾客满意度也大大提高；你甚至开始收到一些顾客的感谢信，说他们从未在一个地方感到如此被重视和理解。这个小小的改变，让你意识到大数据的力量，它不仅帮助你更好地了解了你的顾客，还让你能够更精准地满足他们的需求，从而提升了你的业务。

通过这个有趣的案例，我们可以看到大数据在日常生活和商业中的巨大潜力。它不仅仅是一个抽象的概念，而是一个可以带来实际效益、帮助我们更好地了解和服务顾客的工具。在接下来的任务中，我们将深入学习大数据的相关知识，并通过实践探索其在实际工作中的应用。

任务一　理解大数据的概念与构成

【任务描述】 深入理解大数据的基本概念，掌握其特性及构成内容，为后续大数据平台与工具的学习奠定基础。

【任务分析】 通过解析大数据的定义、特性和发展历程，构建大数据认知框架，为后续章节的学习和实践操作提供理论支撑。

相关知识

一、大数据初探：揭秘"数据海洋"

（一）大数据的定义

大数据是指规模特别巨大的数据集合或数据库，所涉及的数据量规模巨大到无法通过人工在合理时间内截取、管理、处理，并整理成为人类所能解读的信息。大数据不仅包含结构化数据，还广泛涉及半结构化及非结构化数据，这些数据来源于多种渠道和平台，如社交媒体、物联网设备、电子商务交易等，因此大数据具有规模性、多样性、高速性和价值性四个核心特征。

（二）大数据的特性

1. 多元化的数据类型

大数据首先以其数据类型的多元化而著称。这不仅仅局限于传统的结构化数据，如数据库中的表格记录，更涵盖了半结构化数据（如 XML、JSON 等格式的数据）和非结构化数据（如文本、图像、音频、视频等）。这种多样性使大数据能够捕捉并记录人类活动的方方面面，从日常的社交媒体互动到复杂的工业流程监控，无所不包。

2. 海量的数据规模

大数据之所以称为"大"，关键在于其规模之庞大。随着信息技术的飞速发展和互联网应用的普及，数据产生的速度呈指数级增长。这些海量数据不仅数量惊人，而且具备高度的实时性，能够反映当前社会、经济、文化等各个方面的最新动态。这种数据规模的扩展，为大数据的分析和应用提供了坚实的基础。

3. 深层次的信息价值

大数据的真正价值在于其蕴含的信息与洞察。通过高级分析技术，如数据挖掘、机器学习、自然语言处理等，我们能够从海量数据中提取出有价值的信息和模式。这些信息不仅能够帮助企业更好地了解市场需求和消费者行为，优化产品和服务；还能够为政府决策提供科学依据，推动社会治理的精准化和智能化。此外，大数据还能够在科学研究、医疗健康、环境保护等领域发挥重要作用，促进人类社会的可持续发展。

4. 跨领域的数据融合

大数据的涵盖内容还体现在其跨领域的特性上。在数字时代，各个行业之间的界限越来越模糊，数据成为连接不同领域的桥梁。通过大数据的收集和分析，我们可以实现跨领域的数据融合和共享，从而发现新的价值点和增长点。例如，在医疗健康领域，通过整合患者的临床数据、基因数据、生活习惯数据等，可以为个性化医疗提供更加精准的支持；在智慧城市建设中，通过整合交通、环境、能源等多方面的数据，可以实现城市管理的智能化和高效化。

二、大数据的由来与"价值连城"

（一）大数据的由来

大数据的兴起并非一蹴而就，而是经历了长时间的孕育和逐步发展，以下是其发展的历史脉络（见图4-2）。

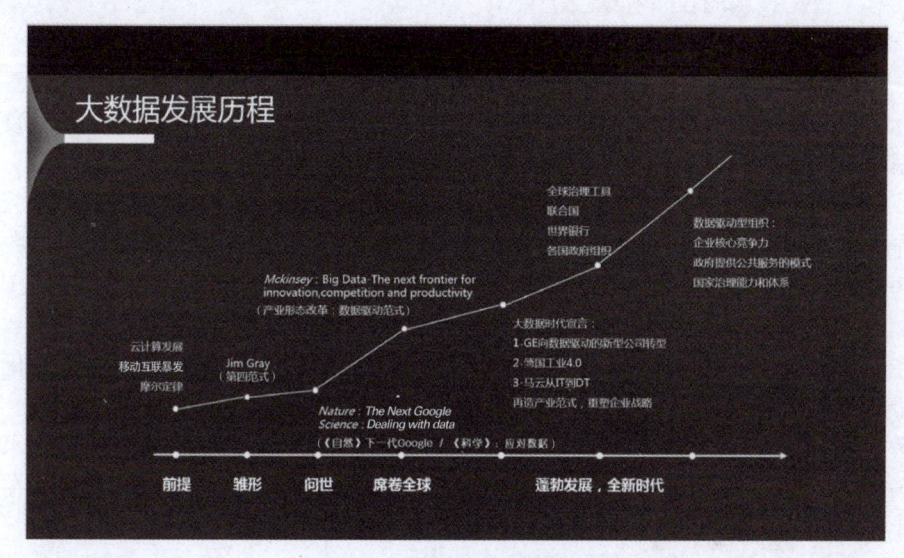

图4-2 大数据发展历程图

1. 萌芽期（20世纪90年代初至2010年）

（1）数据量的初步增长。随着互联网技术的兴起，数据量开始急剧增长。企业开始意识到数据的重要性，但受限于技术条件，数据处理能力相对有限。

（2）数据挖掘技术的出现。数据挖掘技术在这一时期初步成形，企业开始尝试利用数据挖掘技术从海量数据中提取有价值的信息。

（3）云计算的兴起。云计算技术的出现为大数据处理提供了重要的技术支撑，通过分布式计算和存储，提高了数据处理能力。

2. 雏形期（2010年至2015年）

（1）大数据概念的明确。2011年，麦肯锡发布研究报告《大数据：下一个创新、竞争和生产率的前沿》，首次明确提出了大数据的概念，并指出大数据将成为创新、竞争和生产力的新前沿。

（2）第四范式的引入。同年，吉姆·格雷提出了"第四范式"的概念，即数据密集型科学发现，预示着大数据将成为科学研究的重要工具。

（3）技术和应用的发展。在这一时期，大数据技术开始得到快速发展，Hadoop等分布式存储和处理框架相继出现，为大数据处理提供了更加强大的工具。同时，大数据在金融、医疗、零售等领域的应用也开始逐渐展开。

3. 问世期（2015 年至 2020 年）

（1）大数据科学的正式确立。随着大数据技术的不断成熟和应用场景的拓展，大数据科学逐渐成为独立的学科领域。Nature 杂志等权威学术期刊开始发表大数据相关的研究成果，推动了大数据科学的学术研究和应用实践。

（2）数据驱动战略的兴起。企业开始将数据作为核心资产，积极实施数据驱动战略。通过采集、存储和分析数据，企业能够更好地了解市场需求、优化产品设计、提高运营效率等。

（3）全球范围内的普及。大数据技术在全球范围内得到普及和推广，各国政府和企业纷纷加大对大数据技术的投入和研发力度。

4. 席卷全球期（2020 年至今）

（1）全球治理的重要工具。大数据已成为全球治理的重要工具之一。联合国、世界银行等国际组织开始利用大数据技术进行决策支持、政策评估等工作。同时，各国政府也积极将数据驱动作为组织发展的重要方向之一。

（2）应用场景的拓展。大数据在金融、医疗、教育、交通等多个领域得到广泛应用。例如，在金融领域，大数据被用于风险评估、欺诈检测等方面；在医疗领域，大数据则被用于疾病预测、个性化治疗等方面。

（3）技术创新的持续推动。随着人工智能、机器学习等技术的不断发展，大数据处理技术也在不断创新和完善。例如，深度学习等技术的应用使大数据处理更加智能化和自动化；边缘计算等技术的应用则使数据处理更加高效和实时。

大数据发展历程经历了从萌芽到全球普及的多个阶段，每个阶段都伴随着技术的突破和应用场景的拓展。随着技术的不断发展和应用场景的不断拓展，大数据将继续在推动社会数字化转型和发展中发挥重要作用。

（二）大数据的价值

大数据作为现代信息技术的产物，其涵盖内容之广泛、深度之非凡，堪称数字时代的瑰宝。它之所以被赋予"宝藏"的称谓，源于其在多个维度上展现出的战略重要性。

1. 促进决策优化

大数据通过捕捉和分析大规模数据集，揭示出隐藏在庞杂数据中的模式、趋势以及关联性，从而帮助企业做出更加准确和高效的决策。实时数据分析确保决策者能够实时获取业务运行状况，及时调整策略以应对快速变化的市场环境。例如，电商平台利用大数据分析进行需求预测和库存管理，通过分析用户的购买历史、搜索行为、商品评价等信息，能够预测哪些商品将受到欢迎，从而提前调整库存，减少缺货和过剩库存的风险。这种基于数据的决策优化显著提高了亚马逊的运营效率和用户满意度。

2. 提高运营效率

大数据分析可以帮助企业在运营过程中实现更高的效率，通过找出运营中的瓶颈、浪费点和改进空间，降低成本、优化资源配置，并提高生产力和工作效率。例如，大型超市利用大数据分析优化供应链管理，通过实时监控商品销售数据、库存数据和物流数据，能够迅速调整采购计划和配送路线，确保商品以最低成本、最快速度送达门店。这种高效的供应链管理不仅降低了成本，还提高了用户的满意度和忠诚度。

3. 强化用户洞察

大数据能够帮助企业深入了解用户需求和行为，通过分析用户数据（如购买历史、在线行为、社交媒体互动等）来提供个性化的服务或产品。这种深度用户洞察能够显著提升用户的满意度和忠诚度。例如，连锁门店企业利用大数据分析进行精准营销和个性化服务。通过分析顾客的购买历史、消费偏好和地理位置等信息，为用户提供个性化的推荐和优惠活动。例如，当用户靠近该门店时，企业App会推送附近门店信息和专属优惠，这种个性化服务增强了用户黏性。

4. 驱动创新发展

大数据不仅仅是提升现有业务实践的工具，它还是驱动新业务模式和产品创新的重要来源。通过分析和挖掘数据中潜藏的价值，企业能够发现新的商业机会，推出创新产品或服务，从而在激烈竞争中脱颖而出。例如，搜索引擎利用大数据分析推动广告业务的创新，通过追踪用户的搜索行为、浏览历史等信息，为广告主提供更加精准的广告投放策略；同时，还利用大数据分析预测广告效果，帮助广告主优化广告预算和投放策略。这种基于数据的广告创新不仅提高了广告主的ROI，还增强了该搜索引擎在广告市场的竞争力。

想一想

结构化数据与非结构化数据的识别

当今世界充满各种类型的数据，不同类型数据有不同的"外形"（见图4-3）。

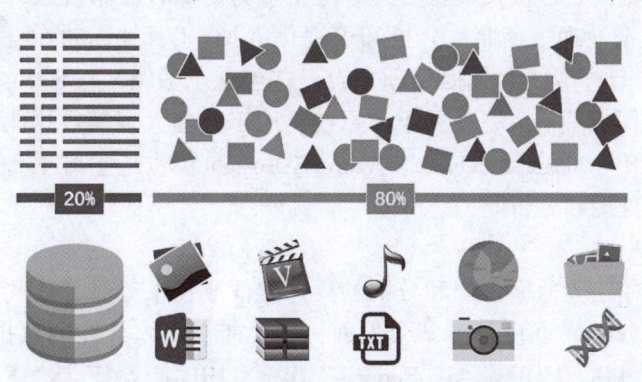

图4-3 数据的不同"外形"和类型比例

结合上图信息，请自主识别什么是"结构化数据"与"非结构化数据"，两者之间有何区别吗？请在表4-1内填写问题的答案。

表4-1 结构化数据与非结构化数据

术语	定义	区别
结构化数据		
非结构化数据		

扫码解锁［想一想］参考答案

任务二　掌握大数据平台与工具

【任务描述】 熟悉并掌握常见的大数据平台与工具，了解其特点及应用场景，为后续大数据处理与分析任务奠定基础。

【任务分析】 通过介绍和比较不同的大数据平台与工具，掌握其核心功能和适用环境，为选择合适工具进行大数据处理提供指导。

相关知识

一、大数据平台与工具"大观园"

（一）大数据界的"明星"们：主流平台与工具介绍

处理大数据的"主流平台"和"主流工具"并不是指同一样事物，但它们之间存在一定的关联性和互补性。

1. 主流平台

主流平台通常指的是提供大数据处理和分析能力的综合性系统或环境。这些平台可能包含了一系列的数据处理、存储、分析和可视化工具，以及相应的硬件和基础设施支持。例如，Hadoop 是一个典型的大数据处理平台，它包含了 HDFS、MapReduce、Hive、HBase 等多个组件，共同构成了一个完整的生态系统，用于处理大规模数据集。此外，云大数据平台（如 AWS EMR、Google BigQuery、Azure HDInsight）也是主流平台的一种，它们提供了基于云的大数据处理和分析能力。

2. 主流工具

主流工具是指用于大数据处理和分析的具体软件或技术工具。这些工具可能专注于数据的存储、处理、分析或可视化等某个方面，也可能提供综合性的数据处理能力。例如，Hadoop 生态系统中的 HDFS、MapReduce、Hive、HBase 等工具，以及 Spark、Kafka、Tableau、Power BI 等独立的软件产品，都是处理大数据的主流工具。这些工具可以单独使用，也可以与主流平台结合使用，以构建高效、可扩展的大数据处理系统。

3. 关联与互补

主流平台和主流工具之间存在密切的关联和互补性。平台为工具提供了运行环境和基础设施支持，而工具则利用平台的资源执行具体的数据处理和分析任务。例如，Hadoop 平台为 HDFS、MapReduce 等工具提供了分布式存储和并行处理能力，使这些工具能够高效地处理大规模数据集。同时，Spark 等独立工具也可以与 Hadoop 平台集成使用，以提供更加强大的数据处理和分析能力。

总之，处理大数据的主流平台和主流工具虽然不是指同一样事物，但它们共同构成了大数据处理和分析的生态系统，为用户提供全面、高效、可扩展的数据处理能力。

（二）各显神通：特点与适用场景一网打尽

1. Apache Hadoop

类型：大数据处理平台。

特点：基于 HDFS 和 MapReduce，提供高可靠性和可扩展性，适合大规模数据存储和处理。

适用场景：Apache Hadoop 是为处理大规模数据而生的平台，特别适用于需要高效存储和处理 PB 级数据的场景。例如，社交媒体公司可能会使用 Hadoop 分析用户生成内容，识别趋势和模式，从而为广告商提供洞察。Hadoop 的分布式处理能力允许这些公司快速处理和分析大量数据，而其可扩展性则确保了随着数据量的增长，系统能够无缝扩展。此外，Hadoop 的高容错性使其成为处理不可靠数据源的理想选择，如传感器网络或日志文件。

2. Apache Spark

类型：大数据处理和分析平台。

特点：内存计算，快速处理能力，支持多种数据处理任务，包括批处理、流处理、机器学习等。

适用场景：Apache Spark 是一个强大的大数据处理平台，特别适合需要快速迭代和实时数据处理的场景。例如，在金融领域，Spark 可以用于实时监控交易活动，快速识别异常模式，从而预防欺诈行为。Spark 的内存计算能力极大提高了数据处理速度，使其比 Hadoop MapReduce 快得多。此外，Spark 的流处理能力允许用户处理动态数据流，如实时监控社交媒体上的品牌提及，快速响应市场变化。

3. Apache Flink

类型：流处理和批处理平台。

特点：低延迟、高吞吐量，支持真正的流式处理和状态管理。

适用场景：Apache Flink 是一个专为流处理设计的平台，适用于需要处理实时数据流的场景。例如，在线零售商可以使用 Flink 来分析用户在网站上的行为，实时推荐产品。Flink 的低延迟特性使推荐系统能够快速响应用户行为，提供个性化的购物体验。此外，Flink 的流处理能力也使其在 IoT 领域有着广泛的应用，如实时监控机器状态、预测维护需求、减少停机时间。

4. Cassandra

类型：NoSQL 数据库平台。

特点：高可用性、线性可扩展性，适合处理大量分布式数据。

适用场景：Apache Cassandra 是一个高度可扩展的 NoSQL 数据库，适用于需要处理大量分布式数据的场景。例如，一家全球性的电子商务公司可能会使用 Cassandra 来存储和查询用户订单数据。Cassandra 的线性扩展能力允许公司在不牺牲性能的情况下处理高并发请求。此外，Cassandra 的多数据中心支持使数据可以在全球范围内复制，确保了高可用性和灾难恢复能力。

5. Microsoft Power BI

类型：商业智能和数据可视化平台。

特点：用户友好的界面，丰富的数据可视化功能，支持多种数据源和实时数据流。

适用场景：Microsoft Power BI 是一个商业智能工具，适用于需要快速创建交互式数据可视化和报告的场景。例如，一个销售团队可以使用 Power BI 来分析销售数据，识别销售趋势和区域性能。Power BI 的拖放界面和丰富的可视化选项使非技术用户也能够轻松创建复杂的报告。此外，Power BI 的实时数据集成能力允许团队即时查看最新的销售数据，做出快速决策。

6. SAS

类型：高级分析和商业智能平台。

特点：提供全面的分析工具，包括统计分析、数据挖掘、预测分析等。

适用场景：SAS 是一个综合性的分析平台，适用于需要进行深度数据分析和报告的企业环境。例如，银行和金融机构使用 SAS 进行信用评分、风险管理和欺诈检测。SAS 的企业级解决方案包括数据管理、高级分析、多变量分析和报告功能，使其成为商业智能和决策支持的理想选择。

7. Python（Pandas、NumPy、Scikit-learn 等库）

类型：编程语言和数据分析库工具。

特点：灵活的数据处理能力，丰富的数据分析和机器学习库。

适用场景：Python 结合其数据分析库，是数据科学家和分析师进行复杂数据处理和机器学习任务的首选工具。例如，在医疗研究中，Python 可用于分析患者记录、基因组数据和临床试验结果，帮助研究人员发现新的生物标志物或疾病模式。其 Pandas 库提供了高效的数据结构和数据分析工具，而 NumPy 和 SciPy 库则提供了强大的数值计算能力。Scikit-learn 库则广泛应用于构建和测试机器学习模型。

8. R 语言

类型：统计编程语言和软件环境。

特点：专注于统计分析，丰富的数据可视化包，适用于复杂的数学计算。

适用场景：R 语言是统计分析领域的主导语言之一，特别适合进行高级统计分析和图形表示。在制药行业，R 语言可用于临床试验数据分析，帮助研究人员评估药物效果和安全性。R 语言丰富的包生态系统，如 ggplot2 用于数据可视化，dplyr 用于数据操纵，使 R 语言成为探索性数据分析的强大工具。

9. Qlik

类型：数据分析工具。

特点：自助式数据分析，强大的数据连接器，交互式可视化。

适用场景：Qlik 的数据分析平台特别适合业务用户的自助数据分析需求。零售商可以使用 Qlik 来分析销售数据，了解哪些产品在哪些地区最受欢迎，从而优化库存和促销策略。Qlik 的直观拖放界面和关联引擎使用户能够轻松探索数据，发现新的业务见解。

10. Sisense

类型：数据分析工具。

特点：用户友好，支持自助式分析，集成机器学习功能。

适用场景：Sisense 是一个端到端的数据分析平台，适用于中小型企业的多维度数据分析和可视化。例如，一家 SaaS 公司可以使用 Sisense 来分析用户使用模式和产品性能，从而改进产品功能和用户体验。Sisense 的拖放界面和嵌入式分析功能使业务用户能够自定义仪表板，快速获得关键业务指标洞察。

11. Talend

类型：数据集成工具。

特点：提供数据集成、数据质量管理和数据 API（Application Programming Interface，应用程序编程接口）服务。

适用场景：Talend 是一个全面的数据集成平台，适用于需要处理来自不同源的数据并将其统一到一个视图中的场景。例如，一家跨国零售商可能会使用 Talend 集成来自其全球商店的数据，包括销售、库存和用户信息。Talend 的 ETL 能力支持数据的清洗、转换和加载，同时它的数据质量管理工具确保数据的准确性和一致性。这使企业能够做出基于数据的决策，如优化供应链或个性化营销活动。

12. Kettle

类型：ETL 工具。

特点：开源的 ETL 工具，支持多种数据转换操作。

适用场景：Kettle 是一个开源的 ETL 工具，特别适用于需要定制数据抽取和转换流程的中小型企业和数据项目。例如，一家初创公司可能会使用 Kettle 从 Web API 和在线数据库中抽取数据，然后进行清洗和转换，最后将数据加载到数据仓库中。Kettle 的用户友好界面和强大的脚本能力使得即使是非技术用户也能够构建复杂的 ETL 流程。

13. Apache DolphinScheduler

类型：工作流任务调度工具。

特点：可视化 DAG 工作流任务调度，支持多租户和丰富的任务类型。

适用场景：DolphinScheduler 是一个工作流任务调度平台，适用于需要管理和协调复杂数据处理流程的团队。例如，一家数据驱动的制造公司可能会使用 DolphinScheduler 调度其数据分析和报告流程，包括数据抽取、清洗、分析和报告生成。DolphinScheduler 的可视化界面和工作流编辑器使创建和管理复杂的数据处理流程变得简单。

14. Hive

类型：数据仓库工具。

特点：Hadoop 上的数据仓库工具，支持 SQL 类似的查询语言。

适用场景：Hive 是一个数据仓库软件，适用于在 Hadoop 生态系统中进行数据摘要、查询和分析。例如，一家电信公司可能会使用 Hive 分析其用户的通话记录和使用模式，以识别高价值用户和潜在的服务改进领域。Hive 的类 SQL 查询语言使熟悉 SQL 的用户能够轻松地进行数据查询和分析。

15. MongoDB

类型：NoSQL 数据库。

特点：面向文档的存储，灵活的数据模型，高吞吐量。

适用场景：MongoDB 是一个面向文档的 NoSQL 数据库，适用于需要存储和查询大量灵活模式数据的场景。例如，一家在线游戏公司可能会使用 MongoDB 存储用户的游戏进度、得分和虚拟商品。MongoDB 的高性能和高可用性特性使它能够处理高并发的游戏会话和交易，同时其灵活的文档模型允许轻松存储和查询复杂的游戏数据。

选择使用平台或工具时，需要根据具体的数据处理需求、技术栈兼容性和预算等因素进行综合考虑。

二、大数据的"跨界"之旅

(一) 电商风云：大数据如何助力电商行业

电商行业的蓬勃发展，大数据技术的应用功不可没。它不仅仅是一种技术手段，更是电商企业实现精细化运营的核心驱动力（见图4-4）。

图4-4 电子商务与大数据应用示意图

1. 用户行为分析与个性化推荐是大数据应用的亮点之一

以亚马逊为例，其推荐引擎通过分析用户浏览历史、购买记录和评分行为，为用户推荐商品，这不仅提升了用户体验，也显著增加了销售额。个性化推荐系统能够根据用户独特偏好，实时调整推荐算法，确保推荐内容的相关性和吸引力。

2. 库存优化是大数据在电商行业的一个重要应用

通过分析历史销售数据、市场趋势和季节性因素，企业能够预测特定商品的未来需求量，从而优化库存水平。例如，阿里巴巴利用大数据分析预测"双11"购物节期间各类商品的销量，提前进行库存和物流的布局，有效避免了断货或库存过剩的问题。

3. 市场趋势预测

大数据通过分析社交媒体、用户评论和搜索趋势等多源数据，帮助电商企业把握市场脉动。例如，通过分析消费者对健康食品的搜索量和讨论热度，电商企业可以及时调整营销策略，引入或推广相关产品，抓住市场机遇。

4. 风险控制是大数据在电商中的重要应用

通过用户行为分析，电商企业能够识别异常交易模式，预防欺诈行为。例如，PayPal使用大数据技术监控交易过程，通过分析交易频率、金额和用户地理位置等信息，实时识别和阻止可疑交易，保护用户和商家的利益。

5. 供应链管理的优化是大数据应用的关键领域

通过对供应链中各个环节的数据进行分析，电商企业能够发现瓶颈和效率问题，实现供应链的优化。例如，京东通过分析用户购买行为和物流数据，优化了其物流网络，缩短了配送时间，提高了配送效率。

(二) 金融大鳄：大数据在金融界的"神秘力量"

金融领域，作为数据密集型行业，正经历着大数据技术的深刻变革。大数据的"神秘力

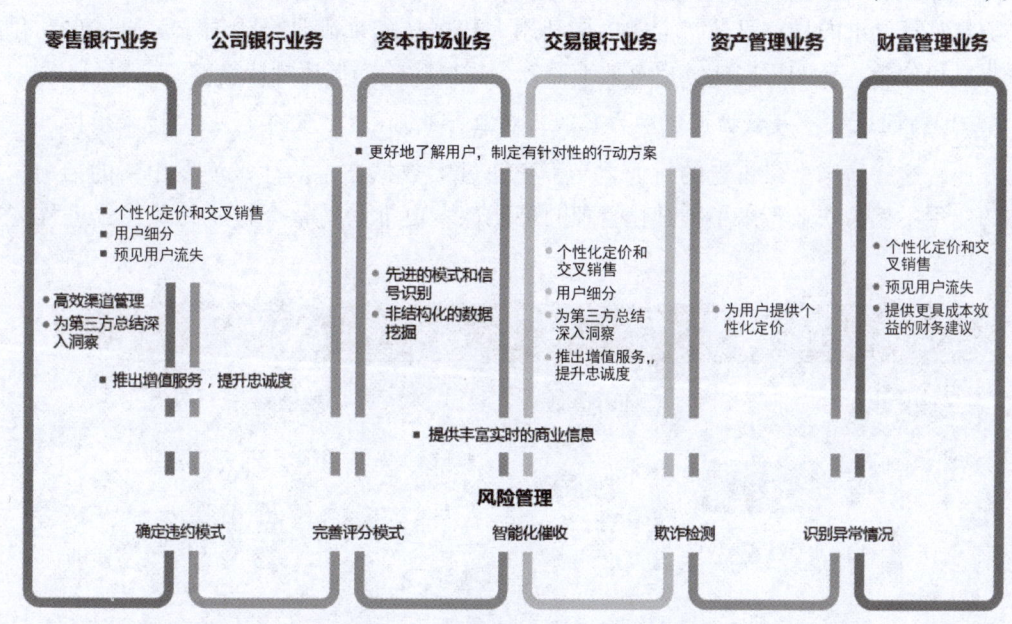

量"在于其处理和分析海量数据的能力，为金融决策提供前所未有的洞察力（见图4-5）。

图4-5 金融与大数据应用示意图

1. 信用评估与信贷决策

金融机构通过分析个人的消费记录、还款历史和社交媒体行为等数据，构建信用评分模型。比如，ZestFinance 就与传统信用评分机构 FICO 不同，它利用大数据技术，通过考虑上千个变量，为信贷决策提供更精准的信用评估。

2. 风险管理与欺诈预防

大数据分析在风险管理方面展现出巨大潜力。通过实时监控交易模式，金融机构能够快速识别异常行为。例如，美国运通使用大数据分析工具监测信用卡欺诈，通过分析持卡人的交易习惯，一旦检测到不符合常规的交易模式，系统就会发出警报。

3. 市场分析与投资决策

金融机构运用大数据进行市场趋势分析和预测，为投资决策提供数据支持。通过对股市历史数据、新闻报道、政策变化等内容的分析，投资机构能够预测市场动向。例如，Two Sigma 和 Renaissance Technologies 等量化投资基金，就通过分析大量非传统数据源，如卫星图像和网络流量，来指导投资决策。

4. 个性化金融产品与服务创新

大数据技术还推动了金融产品的创新。金融机构能够根据用户的特定需求和偏好，设计个性化的金融产品。例如，保险公司通过分析用户的健康数据和驾驶习惯，提供定制化的保险计划。

5. 用户服务与体验优化

金融机构通过分析用户互动数据，优化用户服务流程。银行通过在线聊天机器人和智能客服系统，提供24小时/7天的用户服务，通过分析用户咨询数据，不断优化回答策略，提升服务效率和用户满意度。

6. 监管科技（RegTech）

随着监管要求的日益复杂，金融机构利用大数据技术来满足合规要求。通过自动化的数据收集和分析，金融机构能够更有效地监控合规风险，降低违规成本。

（三）田间地头：大数据也能助力零散、农业行业

农业，这一地球上最古老的行业之一，正通过大数据技术的注入焕发出新的活力。大数据的应用不仅为农业带来了精细化管理的可能性，更推动了整个行业的现代化进程（见图4-6）。

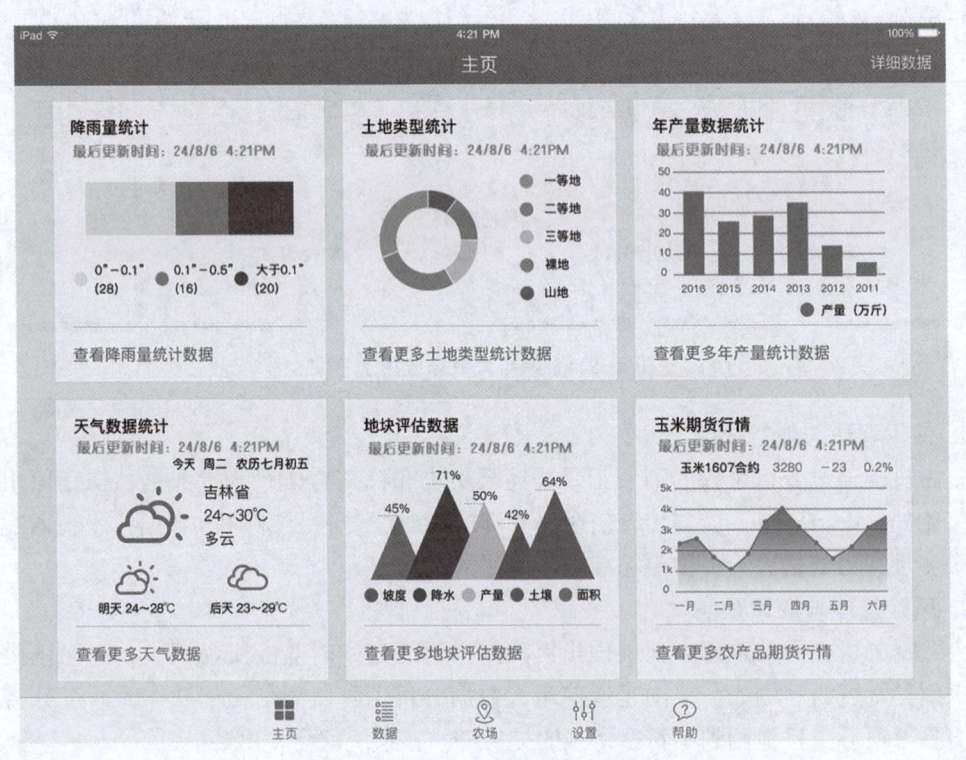

图4-6 农业与大数据应用示意图

1. 精细化种植管理

大数据技术通过分析气候模式、土壤条件和作物生长周期等数据，帮助农民做出更为科学的种植决策。例如，孟山都公司通过部署田间传感器收集数据，使用大数据平台进行分析，优化了灌溉系统，减少了20%的水资源浪费，同时提高了作物产量。

2. 精准农业实践

物联网技术的结合使用，让精准农业成为可能。John Deere等农业机械制造商在拖拉机和收割机上安装了传感器和连接设备，实时监控作物生长状况和农业机械的运行状态，通过对数据的分析，实现了种植密度和施肥量的精准调控。

3. 市场供需预测

大数据还改变了农产品的市场运作方式。通过分析历史销售数据、消费者偏好和宏观经济指标，可以预测不同农产品的市场需求。例如，中国农业信息网利用大数据分析，为农产品市场提供价格指数和供需预测，帮助农民和交易商做出更合理的生产和销售计划。

4. 农产品质量控制

在质量控制方面，大数据技术的应用提高了农产品的安全性和市场竞争力。通过对农药使用、生长环境和收获后处理的全程监控，结合数据分析，可以确保农产品的质量符合标准。例如，沃尔玛通过区块链技术追踪食品供应链，提高了食品安全的透明度。

5. 农业金融与保险

大数据的应用还扩展到了农业金融和保险领域。通过分析农户的生产数据、气候数据和市场数据，金融机构能够更准确地评估农户的信用状况，提供定制化的贷款和保险产品。例如，中国的蚂蚁金服通过分析农民的电商数据，为农民提供无抵押贷款服务。

6. 政策制定与资源优化

政府和农业部门利用大数据进行政策制定和资源优化。通过对农业生产、资源使用和市场变化的全面分析，政府能够制定更为科学的农业政策，优化农业资源配置，推动农业可持续发展。

练一练

数据平台与工具选择应用判断

1. Apache Hadoop 是一个大数据处理平台，它主要基于 HDFS 和 MapReduce 构建，特别适合于处理 PB 级别的数据。（   ）

2. Apache Spark 是一个流处理和批处理平台，它不支持内存计算，因此处理速度相对较慢。（   ）

3. Apache Flink 是一个专为流处理设计的平台，它支持真正的流式处理和状态管理，适用于需要处理实时数据流的场景。（   ）

4. Cassandra 是一个 NoSQL 数据库平台，它不支持线性可扩展性。（   ）

5. Microsoft Power BI 是一个商业智能工具，它主要用于创建交互式数据可视化和报告，并支持多种数据源和实时数据流。（   ）

6. SAS 是一个综合性的分析平台，它主要适用于进行简单的数据分析和报告。（   ）

7. Python 结合其数据分析库（如 Pandas、NumPy、Scikit-learn 等）是数据科学家和分析师进行复杂数据处理和机器学习任务的首选工具。（   ）

8. R 语言主要专注于统计分析，并提供了丰富的数据可视化包，但它不适用于复杂的数学计算。（   ）

9. Qlik 是一个数据分析工具，它主要适用于技术用户进行复杂的数据分析。（   ）

10. Talend 是一个数据集成工具，它不支持数据质量管理功能。（   ）

扫码解锁［练一练］参考答案

任务三　实践大数据技术与可视化

【任务描述】实践大数据处理技术，学习数据可视化方法，通过实际操作加深对大数据技术应用的理解，提升数据处理与分析能力。

【任务分析】通过实践大数据处理与可视化技术，亲身体验数据处理流程，掌握可视化工具使用，为大数据分析与决策提供支持。

相关知识

一、数据可视化概述

（一）数据可视化：定义与价值

1. 数据可视化的定义

数据可视化是将复杂、抽象的数据集通过图形、图像等直观方式呈现的过程（见图4-7）。数据可视化广泛应用于商业、科学、社会学等多个领域，是数据分析和信息传递的重要工具。通过色彩、形状、大小等视觉元素，数据可视化将枯燥的数据转化为生动的视觉故事，极大地提升了数据的可读性和吸引力。

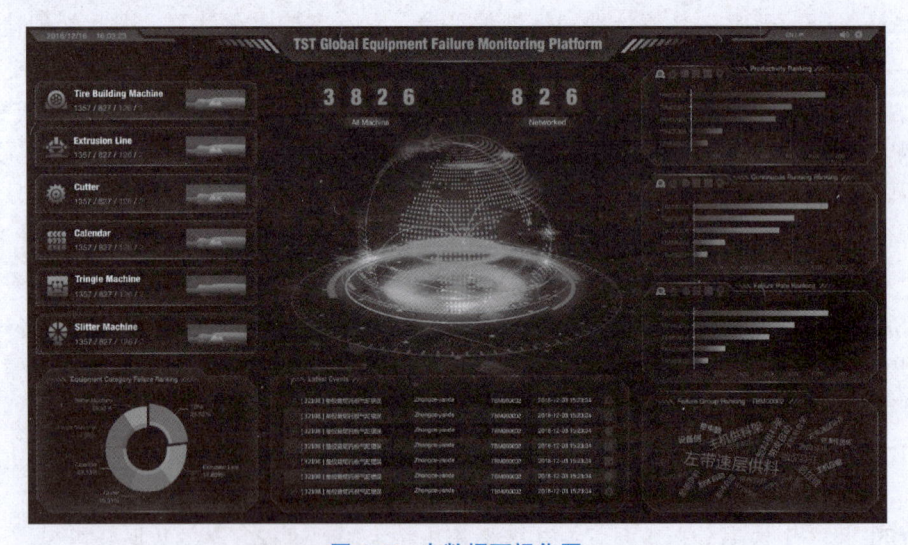

图4-7　大数据可视化图

2. 数据可视化的价值

数据可视化在现代信息社会中扮演着举足轻重的角色，其重要性不言而喻。

（1）数据可视化极大地简化了复杂数据的理解过程。在信息量爆炸的时代，我们每天都会接触到海量的数据，而这些数据往往是抽象、难以理解的。通过将数据转化为图形、图像等直观形式，数据可视化帮助我们更快速地把握数据的核心内容和关键信息，从而提高了数据处理的效率。

（2）数据可视化有助于揭示数据中的隐藏模式和趋势。有时候，数据中的规律和关联并不明显，但通过可视化手段，我们可以更容易地发现这些数据之间的内在联系。例如，在电商分析中，通过可视化销售数据，我们可以清晰地看到哪些产品在哪些时间段销售得更好，从而制定相应的营销策略。

（3）数据可视化增强了数据的吸引力和说服力。相比枯燥的数字和表格，生动的图形和图像更能吸引人们的注意，也更容易被人们所接受和记住。例如，在健康宣传中，使用可视化手段展示吸烟与肺癌发病率之间的关系，往往比单纯的文字描述更能引起人们的关注和警醒。因此，在报告、演讲、宣传等场合中，利用数据可视化来展示数据往往能取得更好的效果。

（二）设计原则：让数据可视化更吸引人的秘诀

数据可视化不仅仅是将数据呈现出来，更重要的是要吸引受众的注意力，帮助他们快速理解并记住关键信息。那么，如何让数据可视化更加吸引人呢？以下是一些实用的设计原则：

1. 简洁明了，避免复杂

数据可视化的首要原则是简洁明了。在设计时，要尽量避免复杂和冗余元素，确保可视化结果一目了然。过多的图表、颜色或文字都会使受众感到困惑，无法快速抓住重点。因此，要精简可视化作品，只保留最关键信息和视觉元素。

2. 保持一致性

一致性是数据可视化中非常重要的设计原则。使用一致的色彩、字体和布局可以增强可视化结果的可读性。想象一下，如果一个报表中使用了多种不同的字体和色彩，受众会感到非常混乱。因此，在设计时，要确保整个可视化作品在视觉上保持一致。

3. 突出重点信息

在数据可视化中，突出重点信息是非常重要的。可以通过色彩、大小、形状等视觉元素来突出显示关键数据点。例如，使用鲜艳的色彩或较大的字体来标注重要的数据，这样可以帮助受众更快地理解并记住这些关键信息。

4. 合理利用色彩

色彩在数据可视化中起着非常重要的作用。不同的色彩可以传达不同的信息和情感。因此，在选择色彩时，要确保它们与数据和主题相匹配。同时，还要注意色彩的对比度和亮度，以确保可视化作品在视觉上具有吸引力。

5. 注重排版和布局

排版和布局也是数据可视化中不可忽视的设计原则。合理的排版和布局可以使可视化作品更加整洁、有序，并帮助受众更好地理解数据。在设计时，要注意图表、文字和色彩之间的搭配和平衡，以确保整个作品在视觉上具有美感。

6. 受众的认知特点

同样重要的是，要考虑受众的认知特点。不同的受众有不同的背景和需求，因此，在设计数据可视化时，要确保它能够适应目标受众。例如，对于学生来说，你可能需要使用更加生动、有趣的视觉元素来吸引他们的注意力。

掌握这些原则，你就可以设计出更加优秀的数据可视化作品，帮助受众更好地理解并记住关键信息（见图4-8）。在实践中，不断尝试和调整这些原则的应用，你会发现数据可视化变得更加有趣和有效。

图 4-8　数据可视化设计原则示意图

二、数据可视化理论基础

（一）视觉感知与认知：我们的眼睛如何看懂数据

在日常生活中，我们时刻都在与数据打交道，从早晨醒来的那一刻起，时间、天气、新闻等信息就不断涌入我们的眼帘。这些数据以文字、数字、图像等多种形式存在，而我们的眼睛和大脑则负责接收并解读这些信息。视觉感知是眼睛接收光线并将其转化为神经信号的过程。当我们看到一张图表或图形时，光线从图表反射进入我们的眼睛，经过角膜、晶状体等结构的折射，最终在视网膜上形成清晰的图像。这个图像随后被转化为神经信号，通过视神经传递到大脑进行进一步的处理和解读。而认知则是大脑对接收到的信息进行加工、理解和记忆的过程。在数据可视化中，认知起着至关重要的作用。即使我们的眼睛能够准确地接收到图表中的信息，但如果我们的大脑无法正确地解读和理解这些信息，那么数据可视化就失去了其意义。

1. 视觉元素的识别与解读的深层机制

图表和图形中的数据通过视觉元素如线条、形状、颜色等来表示。我们的眼睛能够识别这些视觉元素，是因为它们与我们的视觉系统有着天然的联系。例如，线条的粗细、色彩、方向等特性，都能够被我们的视觉系统所捕捉，并转化为大脑可以理解的信息。这种转化过程是基于我们长期的生活经验和视觉训练所形成的。当我们看到一条上升的折线时，我们会立刻联想到数据的增长趋势，这是因为我们的大脑已经习惯了将上升的线条与增长、提高等概念相联系。

2. 空间关系的理解与认知地图的构建

图表和图形中的数据往往具有一定的空间关系，如位置、距离、方向等。我们的眼睛和大脑能够识别并理解这些空间关系，是因为我们在长期的生活实践中，已经构建了一套认知地图。这套认知地图帮助我们理解和解释空间中的物体和它们之间的关系。例如，在散点图中，点的位置和分布可以表示数据之间的相关性和聚类情况。当我们看到这样的图表时，我们的大脑会自动地根据点的位置和分布来推断数据之间的关系。

3. 模式的识别、记忆与思维模式的形成

当我们看到一张图表时，我们的眼睛和大脑会尝试识别其中的模式或规律。模式的识别是基于我们的记忆和经验所形成的思维模式。一旦识别出模式，我们就可以更容易地记住和理解数据。例如，在柱状图中，如果某个柱子的高度明显高于其他柱子，那么我们的眼睛和大脑就会很容易地记住这个突出的数据点。这是因为我们的大脑已经习惯了将突出的物体与重要、特殊等概念相联系。

4. 注意力的分配、聚焦与认知负荷的管理

在面对复杂的图表和图形时，我们的眼睛和大脑需要分配注意力，聚焦在关键的数据点上。注意力的分配和聚焦是基于我们的认知负荷管理能力所形成的。通过训练和实践，我们可以提高自己在数据可视化中的注意力分配能力，更快地找到并理解关键信息。例如，当我们面对一张包含大量数据的表格时，我们的眼睛会自动地扫描并聚焦在重要的数据点上，而忽略那些不重要的信息。这是因为我们的大脑已经学会了如何管理认知负荷，以便更有效地处理信息。

5. 文化与经验对视觉感知与认知的影响

我们的视觉感知与认知过程还受到文化和经验的影响。不同的文化背景和教育经历可能会导致我们在解读图表和图形时产生不同的偏好和理解。这是因为我们的视觉感知和认知过程是基于我们的个人经验和文化背景所形成的。例如，在某些文化中，红色可能代表热情和活力，而在其他文化中，红色可能代表危险和警告。因此，在设计数据可视化作品时，我们需要考虑目标受众的文化背景和认知习惯，以确保信息的有效传达。

对于正在学习数据可视化的同学来说，深入理解视觉感知与认知的原理，将有助于提高他们在数据可视化领域的实践能力和创新能力。他们需要不断实践和学习，掌握更多关于如何设计有效、吸引人的数据可视化作品的技巧和方法，同时考虑受众的文化背景和认知习惯，以确保信息的准确传达和有效理解。

（二）数据类型与可视化映射：数据变图形的魔法

在数据可视化的世界里，数据类型与可视化映射是两大核心要素，它们共同作用于将数据转化为直观、易懂的图形，仿佛施展了一种将数据变图形的魔法。这一转化过程不仅要求我们对数据类型有深入的理解，还需要掌握如何将不同类型的数据有效地映射到可视化的图形元素上（见图4-9）。

1. 数据类型：多样化的信息载体

（1）数据类型繁多，每种类型都承载着独特的信息。对于即将踏入数据可视化领域的学习者来说，理解并掌握这些数据类型是至关重要的。

（2）定量数据。这是可以量化的数据，如身高、体重、温度等，它们具有明确的数值。

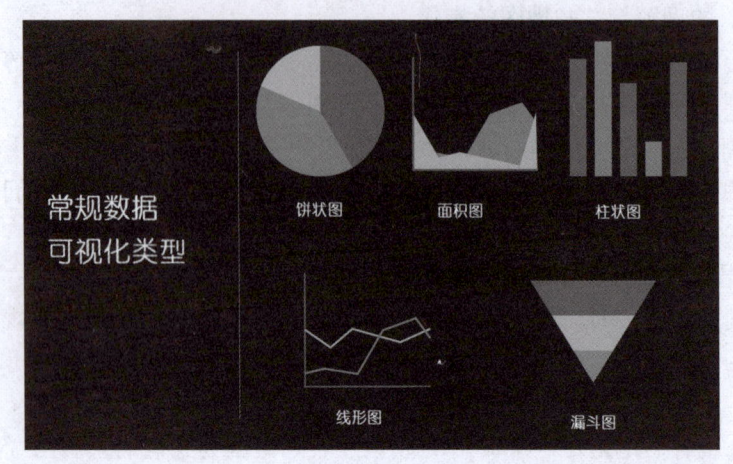

图 4-9　数据可视化常规图形示样

在可视化中，定量数据常常通过柱状图、折线图等图形来展示，使受众能够直观地看到数据的变化和趋势。

（3）定性数据。这类数据描述的是性质或特征，如性别、颜色、品牌等。它们通常无法用数值来衡量，但在可视化中同样重要。饼图、条形图等图形是展示定性数据的常用工具，它们能够帮助受众理解数据的分类和比例。

（4）时间序列数据。这是一类按照时间顺序排列的数据，如股票价格、气温变化等。时间序列数据的可视化需要特别关注时间的变化趋势和周期性，折线图、面积图等图形在这方面表现尤为出色。

（5）地理空间数据。这类数据包含地理位置和空间分布信息，如地图上的城市位置、人口密度等。地理空间数据的可视化需要借助地图等图形来展示，以便受众能够直观地理解数据的地理分布和空间关系。

2. 可视化映射：数据与图形的桥梁

（1）可视化映射是将数据转化为图形的过程，它建立了数据与图形元素之间的对应关系。这种映射关系需要精心设计，以确保受众能够准确地从图形中解读出数据的信息。

（2）选择合适的图形。不同的数据类型适合不同的图形展示。例如，定量数据适合用柱状图或折线图来展示其数值和变化趋势；定性数据则适合用饼图或条形图来展示其分类和比例。选择合适的图形是可视化映射的第一步。

（3）映射数据与图形元素。在确定了图形类型后，接下来需要将数据映射到图形的具体元素上。例如，在柱状图中，数据的大小可以映射为柱子的高度；在饼图中，数据的大小可以映射为扇形的面积。这种映射关系需直观且易于理解。

（4）优化图形设计。可视化映射不仅仅是一个简单的数据到图形的转换过程，还需要考虑图形的整体设计和美观性。通过调整色彩、字体、布局等视觉元素，可以使图形更加吸引人，并增强受众对数据的理解。

3. 数据变图形的魔法：实践与探索

数据类型与可视化映射的结合，就像是一种将数据变图形的魔法。掌握这种魔法，需要我们不断地实践和探索。

（1）实践中的学习。通过亲手操作数据可视化软件或工具，我们可以将理论知识转化为实际技能。在实践中，我们会遇到各种问题和挑战，但正是这些实践经历让我们更加深入地理解数据类型与可视化映射的原理。

（2）探索新的映射方式。数据可视化是一个不断创新和发展的领域。除了传统的映射方式，我们还可以探索新的映射方法，以更直观、更有效地展示数据。例如，利用三维图形来展示地理空间数据，或者利用动画来展示时间序列数据的变化过程。

(三) 色彩理论与数据：用色彩说话的艺术

在数据可视化的广阔天地里，色彩不仅是一种视觉的盛宴，更是一种信息的载体。它以其独特的魅力，将数据转化为直观、生动的图形语言，让我们在色彩的海洋中遨游，探寻数据的奥秘。这便是"用色彩说话的艺术"，也是色彩理论与数据可视化的完美结合。

1. 色彩的魔力：唤醒视觉的感知

色彩，作为视觉元素的重要组成部分，具有唤醒人们视觉感知的魔力。不同的色彩能够引发不同的情感反应和视觉体验。在数据可视化中，色彩被赋予了传达信息、引导受众理解数据的重任。

当我们面对一张色彩斑斓的可视化图表时，色彩首先吸引我们的眼球，使我们愿意停下脚步，细细品味其中的信息。色彩的明暗、冷暖、饱和度等特性，都在无声地诉说着数据的秘密。例如，在一张地图中，不同的色彩可以代表不同的地区或数据范围，使我们能够一眼就看出数据的分布和差异。

2. 色彩与数据的对话：构建信息的桥梁

色彩与数据的结合，就像是一场精彩的对话。色彩作为语言的载体，将数据转化为受众能够理解的视觉信息。在这场对话中，我们需要精心选择色彩，以确保它们能够准确地传达数据的含义。

一方面，我们要考虑色彩与数据之间的对应关系。例如，在一张柱状图中，我们可以使用不同的色彩来代表不同的数据系列，使受众能够清晰地分辨出各个系列之间的差异。另一方面，我们还要考虑色彩对受众心理的影响。例如，红色往往代表热情、危险或重要，而蓝色则代表冷静、平和或次要。在选择色彩时，我们需要根据数据的特性和受众的心理预期做出合理的选择。

3. 色彩的艺术：创造视觉的和谐与美感

色彩的艺术不仅在于传达信息，更在于创造视觉的和谐与美感。在数据可视化中，我们需要运用色彩的艺术来打造吸引人的可视化作品。

（1）注重色彩的搭配和对比。通过巧妙地运用色彩的明暗、冷暖等对比关系，我们可以突出数据中的重点信息，引导受众的视线。同时，还要考虑色彩的整体协调性和美感，以确保可视化作品在视觉上具有吸引力。

（2）注重色彩的运用技巧。例如，我们可以利用色彩的渐变效果来展示数据的连续变化过程；或者利用色彩的透明度来表示数据的不确定性和重叠程度。这些技巧的运用可以使可视化作品更加生动、有趣。

4. 探索色彩的无限可能：创新与挑战并存

在数据可视化的世界里，色彩的运用是一个不断创新和挑战的过程。随着技术的不断发展和受众需求的不断变化，需要不断地探索色彩的无限可能。

一方面，我们可以尝试运用新的色彩理论和研究成果来优化可视化作品的设计。例如，我们可以研究不同文化背景下受众对色彩的理解和偏好，以打造更加符合受众认知的可视化作品。

另一方面，我们还可以尝试将色彩与其他可视化元素（如形状、大小、位置等）相结合，以创造更加丰富、多元的可视化效果。例如，在一张散点图中，我们可以利用不同色彩和形状的点来表示不同的数据类别和特征，使受众能够更加全面地理解数据。

在探索色彩的无限可能的过程中，会遇到各种挑战和困难。但是正是这些挑战和困难推动着我们不断地前进和创新。相信只要保持对色彩的热爱和对数据可视化的热情，就一定能够创造出更加精彩、生动的可视化作品来呈现数据的魅力。

试一试

用户行为数据可视化案例分析

某电商平台希望了解用户在其网站上的行为模式，以便优化网站布局、提升用户转化率。为此，他们收集了大量用户行为数据，包括用户的浏览路径、点击行为、购买行为等。为了直观地展示这些数据，数据分析师们设计了一系列可视化图表。

1. 用户浏览路径图：通过桑基图（Sankey Diagram）展示用户在网站上的浏览路径。图中线条的粗细代表用户流量的多少（见图4-10）。

图4-10　用户浏览行为桑基图

2. 用户点击行为热力图：利用热力图展示用户在页面上的点击行为。图中色彩深浅代表不同的点击频率，深色区域表示点击频繁，浅色区域表示点击较少（见图4-11）。

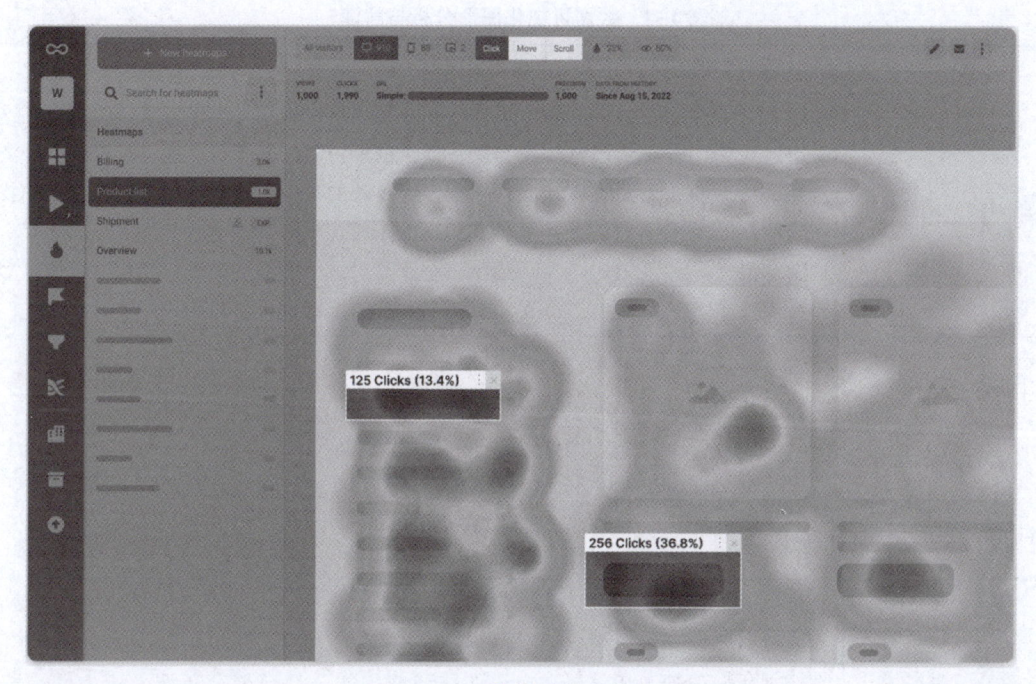

图 4-11　用户点击行为热力图

3. 用户购买行为漏斗图：漏斗图用于展示用户在购买过程中的流失情况。从浏览商品到加入购物车，再到下单支付，每一步都会有一部分用户流失（见图 4-12）。

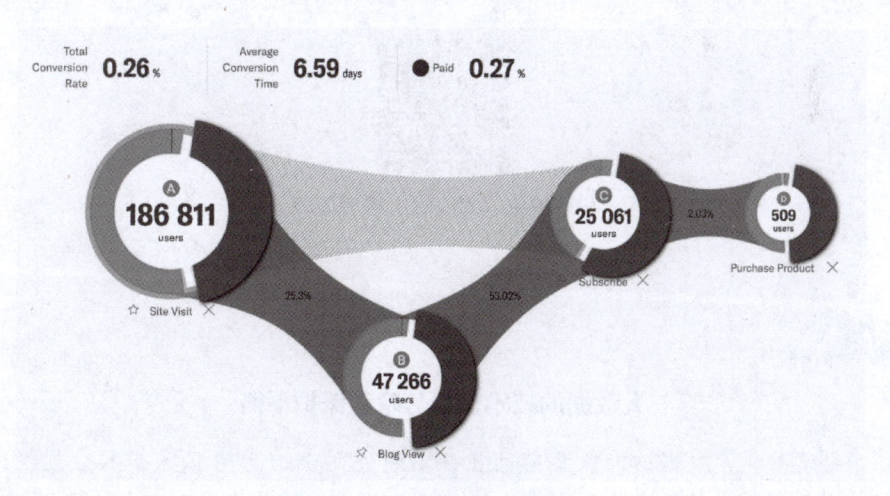

图 4-12　用户购买行为漏斗图

根据"用户浏览路径图"可视化效果分析与解读的提示，完成表 4-2 的"点击行为热力图"与"购买行为漏斗图"的可视化效果分析与解读。

表 4-2 数据可视化图形分析与解读

图形	功能	发现与启示
用户浏览路径图	通过这张图,可清晰地看到哪些页面是用户经常访问的,以及不同地域用户浏览偏好	发现:企业发现某地域用户不偏好某类网页,在这个分类页面上的停留时间并不长。这意味着这个分类页面可能没有足够的吸引力,或者用户没有在其中找到他们想要的东西。 启示:企业可对这个分类页面进行优化,增加更多的推荐商品和热门搜索词,延长用户停留时间
点击行为热力图	通过这张图,可以直观地看到用户对页面上的哪些区域比较感兴趣,哪些区域可能被忽视了	发现: 启示:
购买行为漏斗图	通过这张图,可以清晰地看到在哪个环节用户流失最多,从而有针对性地进行优化	发现: 启示:

扫码解锁[试一试]参考答案

明智领航

大数据的技术创新与隐私保护平衡

在数字经济时代,数据的价值日益凸显,但随之而来的是隐私保护和合规性问题。如何在收集数据的同时保护用户隐私,符合法律法规要求,成为企业和组织必须面对的挑战。

(一)数据收集时,如何成为用户隐私的"守护者"

1. 明确数据收集目的

在收集用户数据前,企业必须明确其目的并公开透明地向用户说明。例如,Facebook 在 2018 年因数据泄露事件受到广泛批评,之后它加强了对数据收集目的的明确说明和用户同意机制。企业应确保用户理解他们的数据将如何被使用,并在收集前获取明确的同意。这不仅有助于建立用户信任,也是遵守数据保护法规如 GDPR 的关键。

2. 最小化数据收集

遵循"数据最小化"原则，仅收集实现业务目的所必需的数据。例如，航空公司在办理登机手续时，仅需收集乘客的姓名和航班信息，而无须询问其个人收入情况。通过限制数据收集的范围，企业可以减少数据泄露的风险，并提高用户对其隐私保护的信任度。

3. 数据加密存储

数据在收集、存储和传输过程中的安全至关重要。企业应采用先进的加密技术，如 TLS 和 AES，确保数据安全。例如，苹果公司在其设备中使用端到端加密，保护用户的通信和数据安全。通过加密，即使数据在传输过程中被截获，也无法被未授权的第三方读取。

4. 用户控制权

赋予用户对其个人数据的控制权，是提升用户信任和满意度的关键。企业应提供便捷的界面和流程，允许用户轻松访问、更正、删除其数据。例如，谷歌允许用户通过其隐私仪表板管理其数据，包括搜索历史、位置数据等。这种控制权的提供，不仅符合隐私保护的要求，也增强了用户对企业的信任。

5. 透明度和沟通

企业应与用户保持开放和透明的沟通，定期更新并清晰地传达其隐私政策。例如，微软在其隐私政策中详细说明了数据的收集、使用和共享情况，并提供了易于理解的图表和示例。通过透明的沟通，企业可以减少用户的疑虑，增强其对企业的信任。

6. 隐私设计原则

隐私设计原则（Privacy by Design）是一种将隐私保护纳入产品设计的系统方法。企业应在产品开发的每个阶段考虑隐私保护，从数据收集、存储到处理和共享。例如，WhatsApp 在设计其消息服务时，就将端到端加密作为核心功能，确保用户通信的隐私。

7. 员工培训和意识

员工是企业数据保护的第一道防线。企业应定期对员工进行隐私保护和数据安全方面的培训，提高他们的意识和能力。例如，摩根大通银行通过定期的网络安全培训，确保员工了解最新的数据保护法规和最佳实践。通过培训，员工可以在日常工作中更好地保护用户数据，避免数据泄露事件的发生。

（二）法律法规来助力：合规要求一网打尽

在中国，数据收集不再是一场无规则的自由竞赛，而是在一系列法律法规的严格裁判下进行。让我们一起来看看这些为数据世界制定游戏规则的"裁判员"：

1.《中华人民共和国数据安全法》：守护宝藏的堡垒

它涵盖了数据的全生命周期，从收集、存储到使用、加工、传输、提供和公开，每一个环节都严格把关。数据处理者必须建立健全的数据安全管理制度，采取必要的技术措施，比如数据加密、访问控制等，确保数据不被泄露、篡改或丢失。

2.《中华人民共和国网络安全法》：网络世界的守门员

这部法律是网络空间的守门员，它确保网络运营者在收集和使用个人信息时，必须遵守严格的规则。它规定，未经用户同意，不得收集、使用个人信息，更不得向他人提供。

3.《中华人民共和国个人信息保护法》：个人信息的防护服

它要求处理个人信息必须遵循合法、正当、必要的原则，不得过度收集个人信息。此外，它还赋予个人对自己的个人信息更多的控制权，比如访问权、更正权、删除权等。

4. 《工业和信息化领域数据安全管理办法》：工业数据的保镖

它对数据收集、存储、使用、加工、传输、提供和公开等方面提出了具体要求，强调了数据安全保护义务。对于那些涉及重要数据和核心数据的处理活动，这部办法更是提出了严格的管理措施，确保这些数据的安全。

5. 《中华人民共和国刑法》：数据保护的利剑

它明确规定，非法获取、出售或者提供50条以上公民个人信息，或者有其他严重情节的，将受到刑事处罚。这不仅是对违法行为的震慑，也是对公民个人信息安全的有力保障。

6. 《中华人民共和国保守国家秘密法》：国家秘密的铁盾

它确保了涉及国家安全的数据得到最高级别的保护。对于那些处理国家秘密数据的个人和组织，这部法律提出了严格的要求，确保这些数据不被泄露，保护国家的机密安全。

技能训练

数据可视化实训：动动手，你也行！

1. 实训目的

（1）了解和学习数据可视化的方法与步骤。

（2）体会不同类型数据可视化图表的优缺点及适用场景。

2. 实训知识点

（1）数字营销基本知识。

（2）数据可视化基本知识。

3. 实训内容

（1）理论知识学习。

（2）理论知识测评。

（3）实例环节操作：系统自动生成10道实例题目；学生根据每道题目的具体要求，判断并选择适合的可视化图表类型；选定图表类型后，学生需进一步选择每道题目中需要在图表中展示的具体数据；拥有数据和图表后，学生进行图表的编辑工作，将所选数据拖动到图表中的合适位置进行展示；最后，学生将自己的图表与参考图答案进行对比，分析并判断自己的图表制作是否正确。

4. 实训评分

（1）知识测验：共4题，每题5分，共20分。

（2）实例学习：共10题，每题3分，共30分。

（3）案例学习：一个案例需要创建5张图表，每张图表10分，共50分。

项目五

数字营销视角下用户画像构建与应用

动画视频

项目介绍

本项目深入探讨了数字营销前沿的用户画像技术,通过虚拟仿真实训掌握其构建与应用的实战技能。

学习目标

【知识目标】理解用户画像概念及其在营销中的作用,掌握构建流程与应用场景,熟悉技术工具及协同策略。

【能力目标】具备数据处理与分析能力,能独立构建用户画像,制定并应用营销策略,熟练运用技术工具进行综合分析。

【素质目标】培养对数字与市场动态的敏锐感知能力,不断探索新的用户画像分析方法和应用策略,促进创新思维的培养。

项目导图

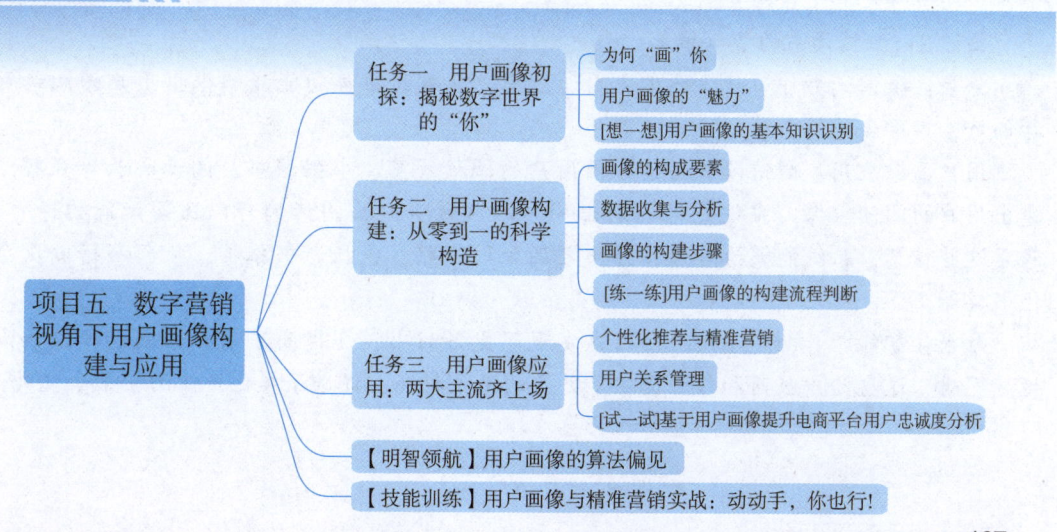

项目五 数字营销视角下用户画像构建与应用
- 任务一 用户画像初探:揭秘数字世界的"你"
  - 为何"画"你
  - 用户画像的"魅力"
  - [想一想]用户画像的基本知识识别
- 任务二 用户画像构建:从零到一的科学构造
  - 画像的构成要素
  - 数据收集与分析
  - 画像的构建步骤
  - [练一练]用户画像的构建流程判断
- 任务三 用户画像应用:两大主流齐上场
  - 个性化推荐与精准营销
  - 用户关系管理
  - [试一试]基于用户画像提升电商平台用户忠诚度分析
- 【明智领航】用户画像的算法偏见
- 【技能训练】用户画像与精准营销实战:动动手,你也行!

· 107 ·

案例导入

个性化推荐的魔法——平台如何"读懂"你的心

想象一下,你刚刚在网上浏览了一本关于旅行摄影的书籍,转眼间,当你打开某网站时,首页就推荐了几款适合旅行使用的相机包和高性能相机,这让你惊讶不已。这背后,正是用户画像技术在默默发挥着作用。今天,我们就一起揭秘数字世界中的"你"——用户画像,看看它是如何帮助电商平台、第三方应用等"读懂"你的心,为你提供个性化的购物体验的。

画像1:网易云音乐的"每日推荐"

背景:网易云音乐凭借其精准的"每日推荐"功能,赢得了大量用户的喜爱。该功能通过分析用户的听歌历史、点赞、分享等行为,结合歌曲的曲风、歌手、专辑等标签,为用户量身打造个性化的音乐播放列表。

用户画像应用:网易云音乐利用用户画像技术,深度挖掘用户的音乐偏好。通过算法分析,识别出用户的"音乐DNA",包括喜欢的曲风、歌手,甚至歌曲中的情感元素。基于此,系统能够智能推荐与用户口味高度匹配的新歌和热门歌曲,让用户在海量音乐资源中快速找到心仪之选。

效果:用户每天都能收到一份专属的音乐推荐,不仅满足了个性化听歌需求,还大大增强了用户黏性,使网易云音乐成为许多用户不可或缺的音乐伴侣。

画像2:抖音的短视频推荐

背景:抖音作为一款短视频社交平台,其强大的推荐算法让用户能够不断刷到感兴趣的视频内容。这一功能的实现,离不开用户画像技术的支持。

用户画像应用:抖音通过分析用户的观看历史、点赞、评论、分享等行为数据,构建出用户的兴趣图谱。同时,结合视频的内容标签、作者信息、发布时间等因素,为用户推荐个性化的视频内容。

效果:抖音的个性化推荐算法使用户能够持续获得自己感兴趣的视频内容,从而保持长时间的活跃度和高频次的访问。同时,这也为视频创作者提供了更多的曝光机会,促进了内容的多样化和平台的繁荣。

画像3:微信读书的智能推荐

背景:微信读书作为一款社交化阅读应用,其智能推荐功能能够根据用户的阅读习惯和偏好,推荐合适的书籍。

用户画像应用:微信读书通过分析用户的阅读历史、书架藏书、阅读时长等数据,构建出用户的阅读画像。系统能够识别出用户的阅读兴趣、阅读偏好以及阅读能力等信息。基于这些信息,系统能够为用户推荐与之匹配的书籍,包括新书推荐、热门书籍以及个性化书单等。

效果:智能推荐功能不仅帮助用户发现了更多好书,还提高了用户的阅读体验和满意度。同时,这也为出版商和作者提供了更多的曝光机会,促进了文化产业的繁荣和发展。

任务一　用户画像初探：揭秘数字世界的"你"

【任务描述】深入探讨用户画像内涵、分类及其在数字营销中的核心价值与意义。

【任务分析】通过介绍用户画像的不同分类、不同岗位、不同应用价值，为后续画像构建与应用提供理论知识框架认知。

相关知识

一、为何"画"你

（一）用户画像的定义

用户画像，简言之，就是基于大量真实数据，通过科学的分析和归纳，构建出的一个或多个虚拟的用户模型。这些模型代表了特定目标群体的共同特征、兴趣偏好、行为模式及潜在需求，能帮助营销人员更好地理解用户，从而制定更加精准和个性化的营销策略（见图5-1）。

图5-1　用户画像的解释与特征

具体来说，用户画像包含以下几个特征：

（1）多维性。用户画像从多个维度描述用户，包括但不限于基本信息（如年龄、性别、地域）、兴趣爱好、消费习惯、社交行为、职业背景等，这些维度共同构成了一个立体、全面的用户形象。

（2）精准性。基于大数据和算法分析，用户画像能够较为准确地反映用户的特征和行为模式，帮助企业或个人更好地理解目标用户群体，提高市场定位和推广策略的精准度。

（3）动态性。用户的行为和偏好会随时间、环境等因素发生变化，因此用户画像也需要不断更新和调整，以保持其时效性和准确性。

（4）可视化。为了更直观地展示用户特征，用户画像通常以图表、标签云等可视化形式呈现，便于使用者快速理解和应用。

（5）可解释性。用户画像中的每个特征或标签都应具有明确的含义和解释，便于使用者理解画像背后的数据逻辑和用户行为模式。

（6）应用性。用户画像的最终目的是指导实践，无论是产品设计、营销策略还是用户体验优化，用户画像都应能提供具体的、可操作性的建议或方向。

用户画像是一个多维度、精准、动态、可视化、可解释且具有高度应用性的工具，它帮助企业或个人更深入地了解用户，从而做出更加科学、有效的决策。

（二）用户画像的分类

在数字营销领域，用户画像根据不同的分类标准可以划分为多种类型。理解这些分类有助于更全面地把握用户画像的多样性和应用场景。以下是几种常见的用户画像分类方式：

1. 基于数据类型的分类

（1）定量画像。

定义：基于大量可量化的数据（如年龄、性别、购买次数、浏览时长等）构建的用户画像。

特点：数据明确、具体，易于通过统计软件进行分析和处理。

理解：想象你是一位数据分析师，手里拿着一份详细的数据报告，上面列出了不同用户群体的购买习惯和消费能力，这些就是定量画像的基础。

场景：电商平台用户分析。电商平台通过收集用户的购买历史、浏览行为、下单金额等定量数据，构建出不同用户群体的消费能力、购买偏好等定量画像。基于这些画像，平台可以为高消费用户推荐高端商品，为价格敏感用户推送优惠信息，实现精准营销。

（2）定性画像。

定义：基于用户的行为描述、心理特征、兴趣爱好等非量化信息构建的用户画像。

特点：内容更丰富、深入，需要借助访谈、观察等方法获取。

理解：就像你在社交媒体上观察朋友们分享的日常，从他们的文字、图片和视频中捕捉到他们兴趣爱好和生活态度，这就是构建定性画像过程。

场景：社交媒体内容策略。社交媒体平台通过分析用户的社交媒体发布内容、互动行为、兴趣爱好等定性信息，构建出用户的定性画像。基于这些画像，平台可以为用户推送更符合其兴趣的内容，增强用户黏性，提升用户活跃度。例如，为喜欢旅行的用户推送旅游攻略和美景图片，为美食爱好者推荐当地热门餐厅。

定性画像与定量画像的比较见表5-1。

表 5-1 定性画像与定量画像的比较

方法	步骤	优点	缺点
定性用户画像	1. 定性研究：访谈 2. 细分用户群 3. 建立细分群体的用户画像	省时省力，简单，需要专业人员少	缺少数据支撑和验证
经定量验证的定性用户画像	1. 定性研究：访谈 2. 细分用户群 3. 定量验证细分群体 4. 建立细分群体的用户画像	有一定的定量验证工作，需要少量的专业人员	工作量较大，成本较高
定量用户画像	1. 定性研究 2. 多个细分假说 3. 通过定量收集细分数据 4. 建立统计的聚类分析来细分用户 5. 建立细分群体的用户画像	有充分的佐证，更加科学，需要大量的专业人员	工作量较大，成本较高

2. 基于用途的分类

（1）行为画像。

定义：行为画像专注于描绘用户的日常行为模式、习惯及偏好，通过收集并分析用户在数字平台上的活动数据来构建。

特点：能够揭示用户的活跃时段、偏好内容、交互习惯等，为产品优化、内容推荐及用户体验提升提供依据。

理解：设想一个新闻 App，为了增强用户黏性，它会利用行为画像来了解用户阅读新闻的时间偏好、偏爱的新闻类别等，进而推送个性化的新闻内容。

场景：App 推送优化。某社交媒体平台通过行为画像发现，大部分用户在晚上 8 时至 10 时之间活跃度最高，且偏好娱乐类内容。于是，平台决定在这个时间段增加娱乐新闻的推送频率，并优化推送算法，确保推送的内容更加符合用户的个人兴趣，以提升用户的互动率和满意度。

（2）健康画像。

定义：健康画像是个体健康状况的全面描绘，涵盖生理指标、生活习惯、疾病历史及健康管理行为等多方面数据。

特点：为个性化健康管理、疾病预防及医疗干预提供科学依据，促进健康管理的精准化与个性化。

理解：在智能穿戴设备的应用中，健康画像通过分析用户的步数、心率、睡眠质量等数据，为用户提供定制化的健康改善建议。

场景：慢性病管理。一家健康管理公司利用健康画像，为糖尿病患者提供个性化的饮食建议，包括低糖、高纤维的食谱推荐；同时，根据患者的运动习惯和身体状况，定制适合的运动计划，如每日步行目标、轻度有氧运动等；并通过智能设备实时监测患者的血糖水平，及时提醒患者调整饮食或运动，或进行必要的医疗咨询。这一系列个性化的健康管理措施，有效帮助患者控制病情，提高生活质量。

(3) 企业信用画像。

定义：企业信用画像是对企业信用状况的综合评估，包括企业经营状况、财务状况、法律诉讼记录、市场行为等多维度信息。

特点：为金融机构、供应商及合作伙伴提供企业信用风险评估，助力商业决策的科学性与安全性。

理解：在供应链管理中，买方企业会通过构建供应商的企业信用画像，来评估其供货能力、履约记录及潜在风险，从而做出更明智的合作选择。

场景：信贷审批。银行在审批企业贷款申请时，会详细参考企业信用画像，包括：企业的经营稳定性，如历史营收增长、市场份额等；盈利能力，如利润率、现金流状况；以及历史信贷表现，如是否有过逾期、坏账记录等。综合这些信息，银行将决定是否放贷、贷款额度、利率及还款期限，以确保贷款的安全性和盈利性。

(4) 个人信用画像（见图5-2）。

定义：个人信用画像是对个人信用状况的全面描述，涉及个人的还款记录、消费习惯、职业稳定性、社交关系等多个方面。

特点：为金融机构、租赁公司、雇主等提供个人信用风险评估，支持信贷、租房、招聘等场景的决策制定。

理解：在个人申请信用卡时，银行会通过个人信用画像来评估其还款能力、信用历史及当前负债情况，以确定是否批准申请及信用卡额度。

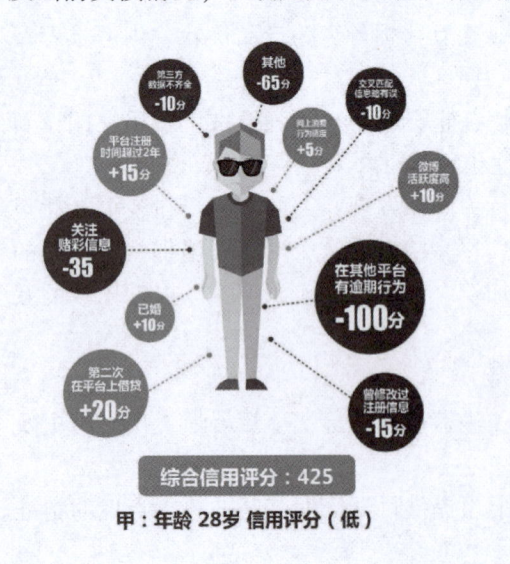

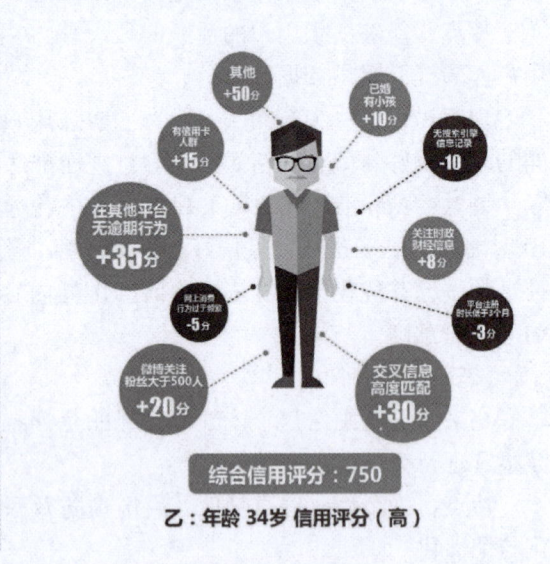

图 5-2 个人信用画像

场景：租房审核。房东在出租房屋时，会详细查看租客的个人信用画像，包括：租客的过往租金支付记录，是否有过逾期或未支付的情况；消费习惯，以判断其经济状况和支付能力；职业稳定性，如是否经常更换工作，以评估其长期支付能力；社交关系，如是否有不良社交记录或法律纠纷。综合这些信息，房东将决定是否出租房屋、租金价格及租赁期限，以确保租房过程的安全性和稳定性。

3. 基于技术手段的分类

（1）传统画像。

定义：主要依赖人工收集和分析数据，通过问卷调查、访谈等方式构建的用户画像。

特点：成本较高，但数据准确性和深度较好。

理解：传统画像就像你亲自去街头巷尾做调研，面对面地询问用户的意见和需求，然后记录下来进行分析和总结。

场景：市场调研公司。市场调研公司通过发放问卷、进行电话访谈或面对面访谈等方式，收集用户对某一产品或服务的意见和需求。然后，基于这些传统手段收集的数据，构建出用户的传统画像。这些画像为企业提供了深入的市场洞察和用户理解，帮助企业制定更加精准的营销策略和产品规划。

（2）智能画像。

定义：利用大数据、人工智能等技术手段自动收集和分析数据，构建出的用户画像。

特点：处理速度快、覆盖范围广，能够实现实时更新和动态调整。

理解：智能画像就像拥有一台超级智能的电脑，它能够自动从海量数据中提取有用信息，为你快速生成用户画像，让你随时掌握市场动态和用户需求变化。

场景：在线广告投放。一家在线广告平台利用大数据和人工智能技术，自动收集并分析用户的浏览行为、搜索记录、社交媒体互动等数据，构建出用户的智能画像。基于这些画像，平台可以实时为用户推送与其兴趣和行为高度相关的广告内容，提高广告的点击率和转化率。例如，为经常浏览旅游网站的用户推送旅游度假产品的广告。

通过对这些分类的理解，可以更好地认识到用户画像的多样性和灵活性，从而在实际应用中更加灵活地选择和运用不同类型的用户画像。

二、用户画像的"魅力"

（一）用户画像的价值意义

在数字化时代，用户画像作为数字营销的核心工具之一，其价值与意义不言而喻。它不仅帮助企业深入了解用户，还为企业制定精准营销策略、优化产品与服务提供了有力支持。掌握用户画像的价值与意义，对于未来从事数字营销及相关领域的工作具有至关重要的作用。

1. 精准定位，洞察市场

（1）价值：精准定位用户需求。用户画像通过收集和分析用户的基本信息、行为数据、心理特征等多维度信息，构建出用户的全面画像。这种画像能够帮助企业精准定位用户的需求和偏好，为产品设计、功能开发提供科学依据。例如，一款针对年轻女性的美妆 App，通过分析用户的购买记录、浏览行为等数据，可以构建出用户的肤质、喜好、品牌偏好等画像，进而推出更符合用户需求的个性化推荐和优惠活动。

（2）意义：精准定位用户需求，有助于企业减少盲目投入和市场风险，提高产品的市场接受度和用户满意度。同时，这也为用户带来了更加便捷、个性化的购物体验，增强了用户黏性。

2. 科学决策，优化策略

（1）价值：支持科学决策。用户画像作为数据驱动的决策工具，为企业提供了客观、全面的用户分析报告。这些报告涵盖了用户的基本特征、行为模式、心理需求等多个方面，为企业制定营销策略、优化产品设计提供了有力的数据支持。企业可以根据用户画像的数据指标，评估营销策略的效果，预测市场趋势，制订未来发展计划。这种基于数据的科学决策方式，使企业的决策更加精准、高效，减少风险。

（2）意义：科学决策不仅提高了企业的运营效率和市场竞争力，还降低了因决策失误而带来的风险和损失。同时，它也为企业带来了更加稳健、可持续的发展动力。

3. 精准营销，提升效果

（1）价值：实现精准营销。用户画像帮助企业实现了从"广撒网"到"精准捕鱼"的营销转变。通过深入分析用户的特征和需求，企业可以针对不同用户群体制定差异化的营销策略，实现精准投放和个性化推荐。这种精准营销方式不仅提高了广告的点击率和转化率，还降低了营销成本，提升了营销效果。例如，一家电商平台可以根据用户的购买历史和浏览行为，为其推送个性化的商品推荐和优惠券，从而激发用户的购买欲望，提高销售额。

（2）意义：精准营销不仅提升了企业的营销效率和效果，还增强了用户对品牌的认知和信任。它使用户感受到企业的关怀和尊重，提高了用户的满意度和忠诚度。

4. 提升体验，增强黏性

（1）价值：优化用户体验。用户画像使企业能够站在用户的角度思考问题，了解用户的真实需求和痛点。基于用户画像的分析结果，企业可以优化产品设计，改进服务流程，提升用户体验。例如，一款社交 App 可以根据用户的兴趣偏好和社交习惯，为其推荐符合其口味的内容和好友，从而提升用户的社交体验和满意度。同时，企业还可以通过用户反馈和数据分析，及时发现并解决产品中的问题和不足，不断提升产品质量和用户体验。

（2）意义：优化用户体验不仅提升了用户的满意度和忠诚度，还增强了用户对品牌的认知和信任。它使用户感受到企业的专业性和贴心服务，从而提高了用户的留存率和复购率。

5. 协同作战，整合营销资源

（1）价值：协同其他营销手段。用户画像并非孤立的技术手段，它可以与 SEO/SEM（搜索引擎营销）、社交媒体营销、电子邮件营销等多种营销手段相融合，形成协同作战的效应。通过整合用户画像的数据资源，企业可以构建出更加完善的营销体系，实现多渠道、多触点的精准营销。例如，企业可以将用户画像与社交媒体营销相结合，通过精准定位用户群体和兴趣点，推出符合其口味的社交广告和内容营销；同时，企业还可以利用用户画像的数据分析结果，优化 SEO 策略，提高网站在搜索引擎中的排名和曝光度。

（2）意义：协同作战不仅提升了营销效果和资源利用效率，还增强了企业的市场竞争力和品牌影响力。它使企业能够在激烈的市场竞争中脱颖而出，赢得更多的用户和市场份额。

6. 适应变化，引领未来

（1）价值：适应市场变化。市场环境和用户需求是不断变化的，企业只有不断适应这些变化才能保持竞争优势。用户画像作为一种灵活、高效的用户分析工具，能够帮助企业实时监测用户行为和心理变化，及时调整营销策略和产品方向。例如，当市场上出现新的消费趋势或用户需求时，企业可以通过分析用户画像的数据变化，快速识别并抓住这些机会；同时，企业还可以利用用户画像的预测功能，预测市场趋势和用户需求的变化趋势，为未来发展制定科学的规划和布局。

（2）意义：适应市场变化不仅使企业能够保持敏锐的市场洞察力和应变能力，还为企业赢得了更多的发展机会和市场空间。它使企业能够在激烈的市场竞争中保持领先地位并引领未来发展趋势。

（二）用户画像的岗位设置

在数字营销和大数据驱动的今天，用户画像作为连接企业与用户的重要桥梁，其岗位设置显得尤为关键。这些岗位不仅要求从业者具备扎实的专业知识，还需要具备良好的数据分析能力和创新思维。以下将从与用户画像相关的几个核心岗位进行详细阐释。

1. 用户画像分析师

（1）职责概述。

① 负责收集和处理来自不同渠道的用户数据，包括用户行为数据、交易数据、社交媒体数据等。

② 运用统计分析和机器学习技术，挖掘用户特征和行为模式，构建用户画像模型。

③ 对用户画像模型进行验证和优化，确保其准确性和有效性。

④ 根据业务需求，提供用户画像报告和分析建议，支持企业的精准营销和产品优化。

（2）技能要求。

① 熟练掌握数据分析工具和编程语言（如 Excel、Python、R 语言等）。

② 了解统计学、机器学习等数据分析方法。

③ 具备市场营销和用户心理的基本知识。

④ 良好的沟通能力和团队合作精神。

2. 用户画像产品经理

（1）职责概述。

① 负责规划和管理用户画像产品的全生命周期，包括需求分析、产品设计、开发协调、测试验收等环节。

② 与业务部门紧密合作，深入理解业务需求，设计符合需求的用户画像解决方案。

③ 推动用户画像产品的迭代优化，不断提升产品的用户体验和业务价值。

④ 跟踪行业动态和技术发展趋势，引入新技术和方法，提升用户画像产品的竞争力。

（2）技能要求。

① 具备产品思维和创新意识。

② 熟悉用户画像产品的设计和开发流程。

③ 良好的项目管理能力和沟通协调能力。

④ 对数据分析、机器学习等领域有一定的了解。

3. 数据工程师（用户画像方向）

（1）职责概述。

① 负责用户画像相关的数据架构设计和数据平台建设。

② 开发高效的数据处理流程，确保用户数据的及时、准确和完整。

③ 支持用户画像分析师和产品经理的数据需求，提供必要的数据支持和技术解决方案。

④ 维护和优化数据平台，确保系统的稳定性和安全性。

（2）技能要求。

① 熟练掌握数据库技术（如 MySQL、Oracle 等）和大数据处理技术（如 Hadoop、Spark 等）。

② 了解数据仓库、数据湖等数据存储方案。

③ 具备编程能力，熟悉至少一种编程语言（如 Java、Python 等）。

④ 良好的问题解决能力和团队合作精神。

用户画像领域的岗位发展路径通常从基础的数据分析、产品助理等职位开始，随着经验的积累和能力的提升，逐渐晋升为分析师、产品经理、数据工程师等核心岗位。对于有志于在该领域深入发展的学生而言，建议从掌握基础的数据分析技能开始，逐步拓展自己的知识面和技能树，同时注重实践经验和项目经验的积累。

想一想

用户画像的基本知识识别

1. 用户画像的核心特征不包括以下哪一项？（　　）

A. 多维性　　　　B. 精准性　　　　C. 静态性　　　　D. 可视化

2. 以下哪个岗位主要负责规划和管理用户画像产品的全生命周期？（　　）

A. 用户画像分析师　　　　B. 用户画像产品经理

C. 数据工程师（用户画像方向）　　　　D. 市场营销专员

3. 用户画像在数字营销中的主要价值不包括以下哪一项？（　　）

A. 精准定位，洞察市场　　　　B. 科学决策，优化策略

C. 降低产品质量，减少投入　　　　D. 协同作战，整合营销资源

4. 以下哪项不是用户画像分析师的职责？（　　）

A. 收集和处理用户数据　　　　B. 挖掘用户特征和行为模式

C. 负责产品全生命周期的管理　　　　D. 提供用户画像报告和分析建议

5. 数据工程师（用户画像方向）的主要职责不包括以下哪一项？（　　）

A. 用户画像相关的数据架构设计　　　　B. 开发高效的数据处理流程

C. 提供市场营销策略建议　　　　D. 维护和优化数据平台

扫码解锁［想一想］参考答案

任务二 用户画像构建：从零到一的科学构造

【任务描述】 从零开始，科学构建用户画像，涵盖构成要素、数据收集与分析、构建步骤。通过案例分析和操作练习，提升画像构建技能。

【任务分析】 聚焦于用户画像构建的核心，了解构成要素，掌握数据收集与分析，通过实际操作构建画像；强调案例分析和操作练习，提升实战能力。

相关知识

一、画像的构成要素

构建用户画像，需要深入了解和描述用户，这涉及四个方面的细致分析（见图5-3）。

图 5-3 用户属性类别

（一）用户基本属性

用户基本属性是用户画像的基础框架，它为我们提供了用户的基本身份信息。了解用户基本属性有助于我们初步判断用户的特征和需求。

1. 年龄与性别

（1）年龄：具体年龄或年龄段，如20~30岁，有助于判断用户的生活阶段、消费习惯和需求，如年轻用户可能更注重时尚和娱乐。

（2）性别：男性或女性，影响用户的兴趣偏好、购买行为和消费观念，如女性用户可能更注重美妆和服饰。

2. 地理位置

（1）居住地：城市、乡村或特定地区，反映用户的生活环境、文化背景和消费水平，如城市用户可能更注重品质和生活方式。

（2）常住地：用户经常所在的地方，可能与居住地不同，如常出差的商务人士，他们的消费行为和需求可能与一般用户有所不同。

3. 教育背景

教育背景包括学历和所学专业，反映用户的知识水平、专业兴趣和学习能力，如高学历用户可能更注重知识付费和在线教育。

4. 家庭状况

（1）婚姻状况：已婚、未婚、离异等，影响用户的家庭需求、消费观念和购买行为，如已婚用户可能更注重家庭用品和亲子活动。

（2）子女情况：有无子女、子女年龄等，对家庭相关产品和服务的需求有影响，如有子女的用户可能更注重儿童教育和玩具。

（二）用户社会属性

1. 收入水平

收入水平是衡量用户经济能力的重要指标，包括年收入、月收入范围等信息。收入水平直接影响用户的购买力和消费习惯，因此了解用户的收入水平对于制定营销策略和定价策略至关重要。

2. 职业或行业

职业指的是用户所从事的具体工作类型，如医生、教师等；而行业则指的是用户所在的经济活动领域，如IT、金融等。职业和行业背景会影响用户的职业发展、社交圈子以及消费习惯，了解这些信息有助于企业更精准地进行市场定位和产品推广。

3. 社会地位或声誉

社会地位或声誉反映了用户在社会中的相对位置和影响力。高社会地位或良好声誉的用户往往具有更强的购买力和更高的消费要求，了解用户的社会地位或声誉有助于企业制定更高端的市场策略。

4. 社交圈和社交网络

社交圈和社交网络反映了用户的社交关系和影响力范围。了解用户的社交圈和社交网络有助于企业发现潜在的用户群体，并通过社交关系进行产品推广和品牌传播。

（三）用户行为属性

用户行为是用户画像中的动态部分，它记录了用户在数字世界中的各种活动轨迹。

1. 浏览与搜索行为

（1）经常访问的网站：如新闻网站、社交媒体、电商平台等，反映用户的信息获取渠道、娱乐偏好和购物习惯。

（2）搜索关键词：用户经常搜索的内容，如旅游、美食、科技等，揭示用户的即时兴趣、需求和生活方式。

2. 购买行为

（1）购买历史：用户过去的购买记录，包括商品类别、品牌、价格等，反映用户的消费习惯、购买力和品牌偏好。

（2）购买频次和金额：用户的消费频率和消费水平，反映用户的购买力和消费习惯，如高频次、高金额的用户可能是品牌的忠实粉丝。

3. 社交行为

（1）社交媒体活跃度：用户在微博、微信、抖音等平台的活跃程度，反映用户的社交习惯、影响力和网络行为。

（2）互动情况：用户点赞、评论、分享的频率和内容，反映用户的社交圈子、兴趣偏好和影响力，如经常分享美食的用户可能对餐饮行业有较高关注度。

4. 内容消费行为

（1）视频观看行为：用户观看的视频类型、时长、频率等，反映用户的娱乐偏好、学习习惯和时间分配。

（2）文章阅读行为：用户阅读的文章主题、来源、阅读时长等，反映用户的兴趣爱好、知识需求和阅读习惯。

5. 设备使用情况

设备使用情况包括用户使用的设备类型、品牌、型号等信息。这些信息有助于企业了解用户的设备偏好和使用习惯，从而优化产品在不同设备上的兼容性和用户体验。

（四）用户心理属性

用户的心理属性即用户偏好。它是用户画像中的个性化部分，体现了用户的独特喜好和消费倾向。

1. 内容偏好

（1）新闻类型：如政治、经济、娱乐等，反映用户的信息关注点、价值观和社会态度。

（2）娱乐内容：如电影、音乐、游戏等，揭示用户的娱乐喜好、休闲方式和文化品位。

2. 品牌偏好

（1）喜欢的品牌：用户对哪些品牌有特别的喜好或忠诚度，反映用户的品牌认知、购买偏好和口碑传播潜力。

（2）品牌选择因素：用户在购买时考虑的品牌因素，如品质、价格、设计等，揭示用户对品牌的评价标准和购买决策过程。

3. 产品偏好

（1）产品类型：用户偏好的产品类别，如电子产品、服装、食品等，反映用户的生活需求、消费观念和购买习惯。

（2）购买决策因素：用户在购买产品时更看重哪些因素，如性价比、外观、功能等，揭示用户的购买动机和决策过程。

4. 服务偏好

（1）服务体验：用户希望获得什么样的服务体验，如快速响应、个性化推荐、售后服务等，反映用户对服务质量的期望和需求。

（2）服务渠道偏好：用户偏好的服务渠道，如线上、线下、电话等，揭示用户的服务接触点和渠道偏好。

5. 性格与价值

（1）性格特征是影响用户行为决策的内在因素之一。了解用户的性格特征有助于企业更加深入地理解用户的需求和动机，从而提供更加贴心和个性化的服务。

（2）价值观反映了用户的道德观念、人生观念等深层次的思想观念。了解用户的价值观有助于企业制定更加符合用户价值观的营销策略和产品定位。

二、数据收集与分析

（一）数据的来源

用户画像的构建离不开丰富、准确的数据支持（见图5-4）。

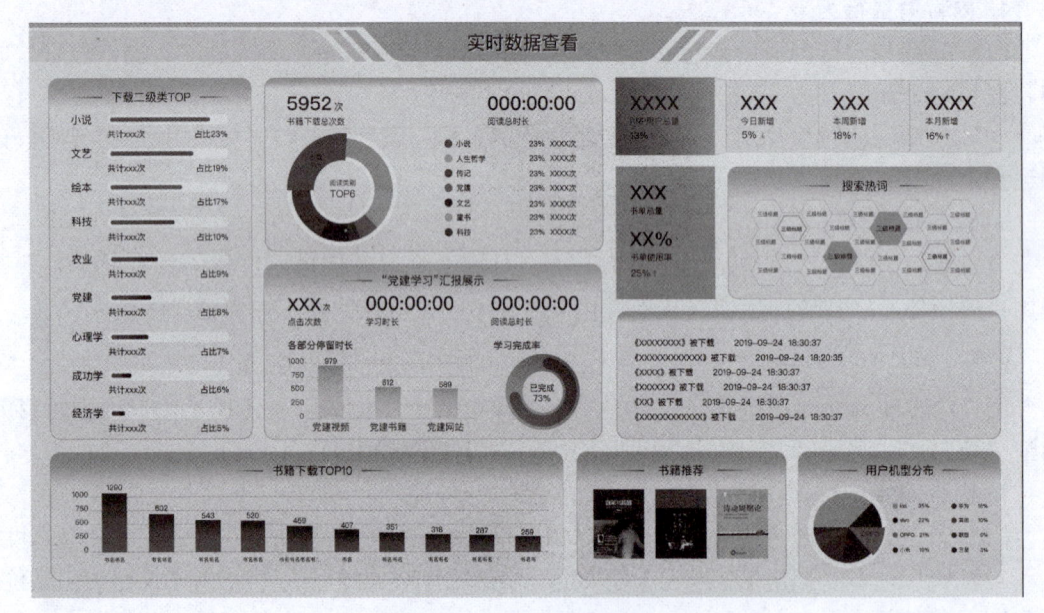

图5-4 平台大数据实时图

数据的来源广泛，主要可以归纳为以下几个方面：

1. 企业内部数据

（1）交易数据：详细记录用户的购买记录、支付信息、购买频次、购买金额等，以了解用户的消费能力和购买习惯。

（2）行为数据：追踪用户在网站或App上的浏览、点击、搜索、收藏、加购等行为记录，以分析用户的兴趣和偏好。

（3）反馈数据：收集用户的评价、投诉、建议等反馈信息，以了解用户对产品或服务的满意度和改进意见。

2. 外部公开数据

（1）社交媒体数据：爬取用户在微博、微信、抖音等社交媒体的公开信息，如关注话题、发表言论、点赞分享等，以洞察用户的社交圈子和舆论倾向。

（2）公开报告与调查：收集市场调研报告、行业分析报告等，以获取宏观市场趋势和行业竞争格局。

3. 合作伙伴数据

（1）共享数据：与其他企业或机构合作共享用户数据，如共同举办的营销活动参与用户信息，以扩大用户数据覆盖范围。

(2) 第三方服务数据：如广告投放平台提供的用户画像数据、数据分析服务商提供的用户行为分析报告等，以补充和完善自有用户数据。

4. 用户调研数据

(1) 问卷调查：设计并执行在线或线下的问卷调查，收集用户的基本信息、消费习惯、品牌偏好等。

(2) 访谈数据：与用户进行深度访谈，获取更详细的用户反馈、使用场景和需求痛点。

(二) 数据收集的方法

收集用户数据是构建用户画像的基础，需要采用多种方法以确保数据的全面性和准确性。

1. 自动化收集

(1) 利用网站或 App 的后台系统，通过埋点技术自动记录用户的交易和行为数据，实现实时数据收集。

(2) 通过 API 接口，与社交媒体等外部平台进行数据对接，实时获取用户在外部平台的信息。

2. 手动收集

(1) 设计并执行问卷调查，通过线上或线下的方式收集用户的反馈和偏好信息，确保数据的真实性和有效性。

(2) 进行用户访谈，制定访谈大纲，选择目标用户进行深入交流，了解用户的需求、行为模式和使用场景。

3. 数据购买与合作

(1) 从专业的数据提供商处购买相关用户数据，如市场调研数据、行业数据等，以补充自有数据的不足。

(2) 与其他企业或机构建立数据共享合作关系，共同收集和分享用户数据资源，扩大数据覆盖范围。

(三) 数据清洗与处理

收集到的原始数据往往存在不完整、不一致或错误的问题，需要进行清洗和处理才能用于用户画像的构建。

1. 数据清洗

(1) 去除重复数据：通过数据去重技术删除重复的记录，确保数据的唯一性。

(2) 处理缺失值：对缺失的数据进行填充处理，如使用均值、中位数等填充，或根据算法进行预测填充；对于无法填充的缺失值，进行删除处理。

(3) 识别并处理异常值：通过统计分析方法剔除或修正不合理的数据点，如过大或过小的数值。

2. 数据转换

(1) 数据格式转换：将数据转换为适合分析的格式，如将文本数据转换为数值数据。

(2) 变量编码：对文本变量进行编码处理，如使用 one-hot 编码将分类变量转换为数值变量。

3. 数据集成

（1）合并不同来源的数据：将不同来源的数据通过关键字段进行匹配和合并，形成一个统一的数据集。

（2）解决数据冲突：处理不同数据源之间的数据不一致问题，如通过数据校验和比对来修正错误数据。

（四）分析方法与工具

构建用户画像需要运用多种分析方法和工具，以深入挖掘数据中的有价值信息。

1. 分析方法

（1）描述性分析：通过统计指标描述用户数据的基本特征和分布情况，如用户的年龄分布、地域分布等。

（2）关联性分析：分析用户特征与行为之间的关系，如用户的年龄与购买力的关系、用户的兴趣与浏览行为的关系等。

（3）聚类分析：使用聚类算法将用户划分为具有相似特征的群体，以便对不同群体进行有针对性的营销和服务。

（4）预测性分析：利用机器学习算法预测用户的未来行为或需求，如预测用户的购买意向、流失风险等。

2. 分析工具

（1）Excel/WPS 表格：进行基本的数据处理和分析，如数据清洗、描述性统计分析等。

（2）Python/R 语言：进行高级的数据分析和建模，如使用 Python 的 pandas 库进行数据处理、使用 scikit-learn 库进行机器学习建模等。

（3）数据可视化工具：如 Tableau、Power BI 等，用于将数据以图表形式呈现，以便更直观地理解数据和分析结果。

（4）机器学习库：如 scikit-learn、TensorFlow 等，用于构建复杂的用户画像模型，如聚类模型、预测模型等。这些库提供了丰富的算法和工具，可以帮助企业更深入地挖掘用户数据中的有价值信息。

（五）用户价值

用户价值是用户画像的一个重要组成部分，尤其是从商业角度来看。它反映了用户对企业的潜在经济贡献，也是对用户数据收集和分析的应用结果。衡量用户价值需要综合考虑多个方面，包括财务指标（如生命周期价值、消费频率、购买金额）、满意度与忠诚度、转化率与口碑传播以及 RFM 模型等。通过这些指标的综合评估，企业可以更准确地了解用户价值并制定有效的用户维护和发展策略。

1. 生命周期价值（CLV）

生命周期价值是指用户在与企业的整个合作周期内为企业带来的价值总和。它考虑了用户的忠诚度、购买力和合作时长，是一个较为全面的衡量用户价值的方法。生命周期价值不仅关注用户当前的购买行为，还预测了用户未来可能为企业带来的收入，有助于企业制定长期的用户维护策略。

2. 消费频率与购买金额

消费频率指用户在一定时间内购买产品或服务的次数。消费频率高的用户通常意味着更高的活跃度和忠诚度，对企业的贡献也更大。

购买金额指用户每次购买的平均金额。购买金额高的用户直接增加了企业的收入，是衡量用户价值的重要指标之一。

3. 用户的满意度与忠诚度

用户满意度反映了用户对产品或服务的满意程度。高满意度的用户更有可能成为忠诚用户，并推荐给他人，从而间接提升企业的品牌形象和市场占有率。

忠诚度指用户持续购买同一品牌产品或服务的意愿。忠诚用户是企业稳定的收入来源，也是企业口碑传播的重要力量。

4. 用户转化率与口碑传播

用户转化率指从潜在用户转化为实际用户的比率，以及从实际用户转化为忠实用户的比率。高转化率意味着企业能更有效地吸引和留住用户。

口碑传播指用户在社交媒体或其他渠道上对企业品牌或产品的评价。积极的口碑传播有助于提升企业的品牌形象和吸引新用户。

5. RFM 模型

RFM 模型是一种实用的用户分析方法，通过三个基础指标来衡量用户价值：

（1）最近一次消费（Recency）：指用户上一次购买时间。时间越近，用户价值可能越高。

（2）消费频率（Frequency）：指用户在一定时间段内的消费次数。

（3）消费金额（Money）：指用户在一定时间段内累计消费的金额。

这三个指标组合起来可以划分出不同类型的用户群体，如重要用户、一般用户和流失用户等，有助于企业针对不同群体制定差异化的营销策略。

6. 感知性价值与社会性价值

感知性价值包括用户体验、品牌形象、服务质量等方面。这些因素虽然不直接体现在财务指标上，却对用户的购买决策和忠诚度产生重要影响。

社会性价值指产品或服务对用户社会地位、认同感等方面的影响。例如，某些高端品牌或定制服务能够提升用户的社交地位和认同感。

三、画像的构建步骤

构建用户画像是一个系统而细致的过程，它涉及多个环节，从明确目标用户群体到最终构建出具体的用户画像模型（见图5-5）。

（一）确定目标用户群体

1. 明确业务目标

（1）需要明确业务目标，例如提高销售额、增强用户黏性或提升品牌知名度等。

（2）根据业务目标，确定需要关注的核心用户群体。

2. 分析现有用户数据

（1）利用企业内部数据，分析现有用户的特征和行为模式。

（2）识别出对业务目标贡献最大的用户群体作为目标用户。

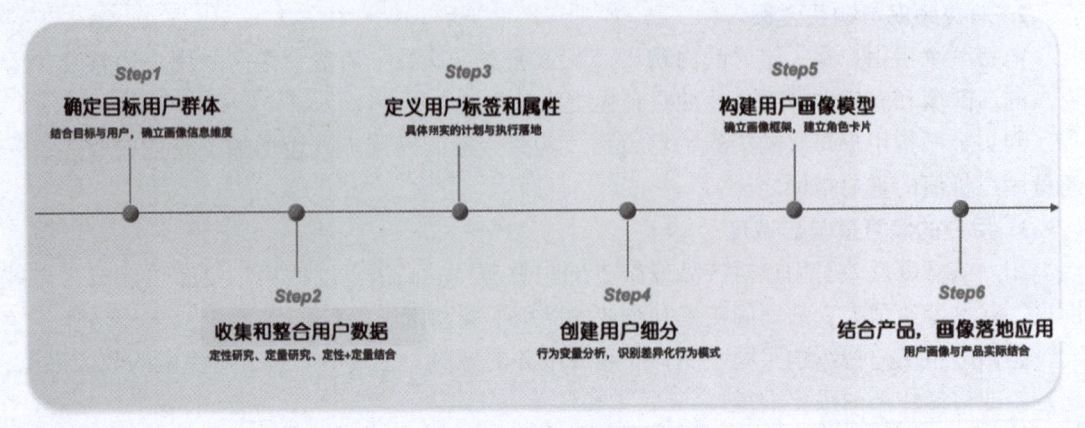

图 5-5 用户画像构建基本流程

3. 定义用户特征

根据业务目标和现有用户分析,定义目标用户的基本特征,如年龄、性别、地域、职业等。

(二)收集和整合用户数据

1. 确定数据来源

根据目标用户群体和定义的用户特征,确定需要收集的数据来源,包括企业内部数据、外部公开数据、合作伙伴数据和用户调研数据等。

2. 制订数据收集计划

制订详细的数据收集计划,包括收集哪些数据、如何收集、收集时间等。

3. 数据整合与处理

(1)将从不同来源收集到的数据进行整合,确保数据的完整性和一致性。

(2)对数据进行清洗和处理,去除重复、缺失或异常的数据点。

(三)定义用户标签和属性

1. 标签体系设计

根据业务需求和用户特征,设计一套合理的标签体系,用于描述和分类用户。标签可以包括用户属性、行为特征、兴趣爱好、消费习惯等多个维度。

2. 属性定义与赋值

对每个标签下的属性进行明确的定义和赋值规则。例如,对于"年龄"标签,可以定义为"18~24 岁""25~34 岁"等不同的年龄段,并给每个年龄段赋予相应的数值。

(四)创建用户细分

1. 细分策略制定

根据业务目标和用户特征,制定合适的用户细分策略。细分策略可以基于用户属性、行为模式、价值贡献等多个维度进行。

2. 应用聚类算法

使用聚类算法对用户进行分组,形成具有相似特征的簇。分析每个簇的特征和行为模式，为其赋予有意义的标签或描述。

3. 细分群体描述

对每个细分群体进行详细的描述和定义，包括群体的特征、行为模式、价值贡献等。

（五）构建用户画像模型

1. 模型框架设计

根据前面的步骤和结果，设计用户画像模型的框架。模型框架应包括用户的基本信息、标签体系、属性描述、细分群体等多个部分。

2. 数据可视化呈现

使用图表、图形或仪表板等工具将用户画像直观地呈现出来。可视化可以帮助业务团队更好地理解和应用用户画像。

3. 模型验证与优化

通过实际业务数据或用户反馈来验证用户画像模型的准确性和有效性。根据验证结果对模型进行必要的调整和优化，以提高其业务价值和应用效果。

构建用户画像需要经过确定目标用户群体、收集和整合用户数据、定义用户标签和属性、创建用户细分以及构建用户画像模型等多个步骤，这些步骤相互关联、层层递进，共同构成了用户画像构建的完整流程。通过这些步骤，企业可以构建出准确、有用且具有洞察力的用户画像，为业务决策提供有力支持。

（六）结合产品，画像落地应用

1. 产品策略对接

（1）根据构建的用户画像，分析不同用户群体的需求和偏好。

（2）将这些需求和偏好与产品的功能、设计和用户体验相结合，制定针对性的产品策略。

2. 个性化推荐与营销

（1）利用用户画像中的标签和属性，为用户推荐个性化的产品或服务。

（2）设计个性化的营销活动和促销策略，提高用户参与度和转化率。

3. 用户体验优化

根据用户画像中的行为模式和痛点，优化产品的用户界面和交互设计，提升用户在使用产品过程中的满意度和忠诚度。

4. 产品迭代与优化

（1）收集用户反馈和使用数据，结合用户画像分析产品的使用情况和性能表现。

（2）根据分析结果进行产品的迭代和优化，提升产品的市场竞争力和用户满意度。

5. 监测与评估

（1）实施用户画像后的产品策略，需要持续监测关键业务指标，如用户增长率、活跃度、留存率等。

（2）定期评估用户画像在业务中的应用效果，根据评估结果调整和优化策略。

练一练

用户画像的构建流程判断

1. 结合产品，用户画像主要用于分析用户的基本信息和行为模式。（　　）
2. 在制定产品策略时，需要将用户画像中的信息与产品的功能、设计相结合。（　　）
3. 个性化推荐主要依赖于用户画像中的标签和属性。（　　）
4. 用户体验优化与用户画像中的行为模式和痛点无关。（　　）
5. 产品迭代与优化过程中，不需要结合用户画像进行分析。（　　）
6. 实施用户画像后的产品策略，需要持续监测用户增长率、活跃度等关键业务指标。（　　）
7. 定期评估用户画像在业务中的应用效果，主要是为了了解用户画像的准确性。（　　）
8. 用户画像只适用于市场营销部门，与产品部门无关。（　　）
9. 在设计个性化营销活动时，可以参考用户画像中的用户价值和消费习惯。（　　）
10. 用户反馈和使用数据对于产品迭代与优化没有直接帮助。（　　）

扫码解锁［练一练］参考答案

任务三　用户画像应用：两大主流齐上场

【任务描述】探讨用户画像在数字营销中的个性化推荐与精准营销以及用户关系管理应用。

【任务分析】聚焦于用户画像在数字营销的核心价值，了解主要应用策略，掌握利用画像提升营销效果和用户满意度；通过技能训练，提升实际操作和创新能力。

相关知识

一、个性化推荐与精准营销

（一）个性化推荐概述

1. 定义与重要性

（1）定义：个性化推荐基于用户多维度数据，通过算法提供定制化内容或商品推荐，旨在提升用户体验和满意度。

（2）重要性：个性化推荐对缓解信息过载、提高信息获取效率、增强用户黏性、促进商品销售、增加商业价值具有重要意义。

2. 发展背景与趋势

（1）发展背景：个性化推荐技术的发展源于互联网信息的爆炸式增长和用户对个性化服务的需求。早期，协同过滤算法是主要的推荐技术，它通过分析用户的历史行为来发现相似的用户或物品并进行推荐。随着技术的发展，基于内容的推荐、混合推荐等算法逐渐出现，进一步丰富了个性化推荐的技术体系。

（2）趋势：当前，个性化推荐技术正朝着更加精准、智能、多样化的方向发展。大数据和人工智能技术的不断进步为个性化推荐提供了更强大的技术支持。未来，个性化推荐将更加注重用户隐私保护、跨场景应用以及用户参与等方面的发展。

（二）个性化推荐的关键技术

1. 用户画像构建

（1）数据来源：用户画像的构建依赖于多维度的用户数据，包括基本信息（如年龄、性别、地域等）、行为数据（如浏览、点击、购买、评论等）、社交数据（如关注、点赞、分享等）以及上下文信息（如时间、地点、设备等）。

（2）构建方法：用户画像的构建过程包括数据清洗、特征提取、标签化等步骤。首先，需要对原始数据进行清洗和预处理，去除噪声和无效信息；然后，通过特征提取技术将用户数据转化为具有代表性的特征向量；最后，根据特征向量为用户打上标签，形成用户画像。

2. 推荐算法

（1）协同过滤：协同过滤算法是个性化推荐中的经典算法，它分为用户基协同过滤和物品基协同过滤两种。用户基协同过滤通过计算用户之间的相似度来推荐物品，而物品基协同过滤则通过计算物品之间的相似度来推荐物品。协同过滤算法的优点是简单易懂,缺点是容易受到数据稀疏性和冷启动问题的影响。

(2) 基于内容的推荐:基于内容的推荐算法通过分析用户历史行为中喜好的物品特征,为用户推荐具有相似特征的物品。这种算法的优点是能够处理新用户和新物品的问题,缺点是容易受到内容特征的限制,难以发现用户的潜在兴趣。

(3) 混合推荐:为了克服单一推荐算法的局限性,混合推荐算法应运而生。它将多种推荐算法进行组合和优化,以提高推荐的准确性和多样性。常见的混合推荐策略包括加权混合、分层混合、切换混合等。

(4) 深度学习:深度学习技术在个性化推荐中的应用越来越广泛。它能够通过神经网络模型对用户的特征进行自动提取和组合,提高推荐的精准度。常见的深度学习模型包括深度神经网络(DNN)、卷积神经网络(CNN)、循环神经网络(RNN)等。这些模型可以单独使用,也可以与其他推荐算法进行结合,形成更强大的推荐系统。

3. 召回与排序机制

(1) 召回阶段:召回阶段的目标是从海量物品中筛选出用户可能感兴趣的候选集。为了实现这一目标,可以使用协同过滤、矩阵分解等方法来计算用户与物品之间的相似度或关联度,并选择相似度或关联度较高的物品作为候选集。

(2) 排序阶段:排序阶段的目标是对候选集中的物品进行排序,将用户最可能感兴趣的物品排在前面。为了实现这一目标,可以使用FM(因子分解机)、GBDT+LR(梯度提升决策树+逻辑回归)、DeepFM等模型来预测用户对候选集中每个物品的点击概率或购买概率,并根据预测结果进行排序。

(三) 个性化推荐的应用场景与效果评估

1. 应用场景

(1) 电商平台:电商平台可以利用个性化推荐技术向用户推荐商品,提高商品的曝光率和销售额。例如,根据用户的购买历史和浏览行为推荐相似的商品或搭配的商品。

(2) 新闻资讯平台:新闻资讯平台可以利用个性化推荐技术向用户推荐新闻内容,提高用户的阅读时长,增强用户黏性。例如,根据用户的阅读兴趣推荐相关的新闻或热门的新闻。

(3) 音乐视频平台:音乐视频平台可利用个性化推荐技术向用户推荐音乐或视频内容,提升用户的体验和对平台的依赖度。例如,根据用户的听歌历史或观看历史推荐相似的音乐或视频。

2. 效果评估

(1) 评估指标:个性化推荐的效果评估需要使用一系列指标来衡量推荐的准确性和用户满意度。常见的评估指标包括点击率、转化率、用户满意度等。其中,点击率和转化率是衡量推荐效果的主要指标,用户满意度则是衡量用户体验的重要指标。

(2) A/B测试:A/B测试是一种常用的效果评估方法,它通过将实验组和对照组进行对比来评估不同推荐算法和策略的有效性。在A/B测试中,需要确保实验组和对照组的用户群体具有相似的特征和行为,以便准确评估推荐效果。

(3) 持续优化:个性化推荐的优化是一个持续的过程,根据评估结果和用户反馈,需要不断优化推荐算法和策略,提高推荐的精准度和用户体验。优化过程可以包括调整算法参数、优化模型结构、增加新的特征等。

(四)精准广告投放

1. 精准广告投放的定义与意义

精准广告投放是指根据广告主所需的目标群体特征,利用大数据和人工智能等技术手段,将广告投放到目标群体最可能出现的场景和平台上。这种投放方式相比传统的广告投放具有更高的精准度和效率,能够显著降低广告成本,提升用户体验和广告效果。

2. 精准广告投放的关键技术

(1)大数据分析:通过收集和分析用户的海量行为数据,包括浏览记录、搜索历史、购买行为等,构建出详细的用户画像。这些数据为精准广告投放提供了坚实的基础。

(2)人工智能技术:运用机器学习、深度学习等先进算法,对用户画像进行深度挖掘和分析,预测用户的兴趣偏好和潜在需求,从而实现广告的个性化推荐和精准投放。

3. 精准广告投放的优势

(1)提高广告效果:通过精准定位目标用户群体,确保广告信息能够触达真正感兴趣的用户,从而提高广告的点击率、转化率和 ROI。

(2)降低广告成本:相比传统广告投放方式,精准投放能够减少无效曝光和浪费,降低广告成本,提高广告投资回报率。

(3)提升用户体验:避免用户被不感兴趣的广告打扰,提高用户在使用互联网产品或服务过程中的满意度和忠诚度。

二、用户关系管理

(一)客户关系管理系统概述

1. 用户关系管理定义

用户关系管理是一种以用户为中心的商业策略,旨在通过深入了解用户需求、优化用户体验、提升用户的满意度和忠诚度,从而增强企业的市场竞争力和盈利能力(见图5-6)。用户关系管理的核心价值在于,它能够帮助企业更好地与用户建立和维护长期、稳定的关系,实现用户价值的最大化。

2. 客户关系管理系统的功能

客户关系管理系统是一种集成的解决方案,旨在帮助企业更有效地管理与用户的关系。客户关系管理系统的功能非常广泛,主要包括以下几个方面:

(1)用户数据管理:客户关系管理系统能够集中存储和管理用户的所有信息,包括联系信息、购买历史、偏好设置等。

(2)销售自动化:自动化销售流程,包括潜在用户跟踪、销售漏斗管理、报价和订单处理。

(3)市场营销自动化:帮助企业设计、执行和跟踪市场营销活动,以及评估活动效果。

(4)用户服务与支持:提供工具来跟踪用户服务请求,包括故障单管理和自助服务门户。

(5)分析与报告:提供数据分析工具,帮助企业洞察用户行为,预测市场趋势,并生

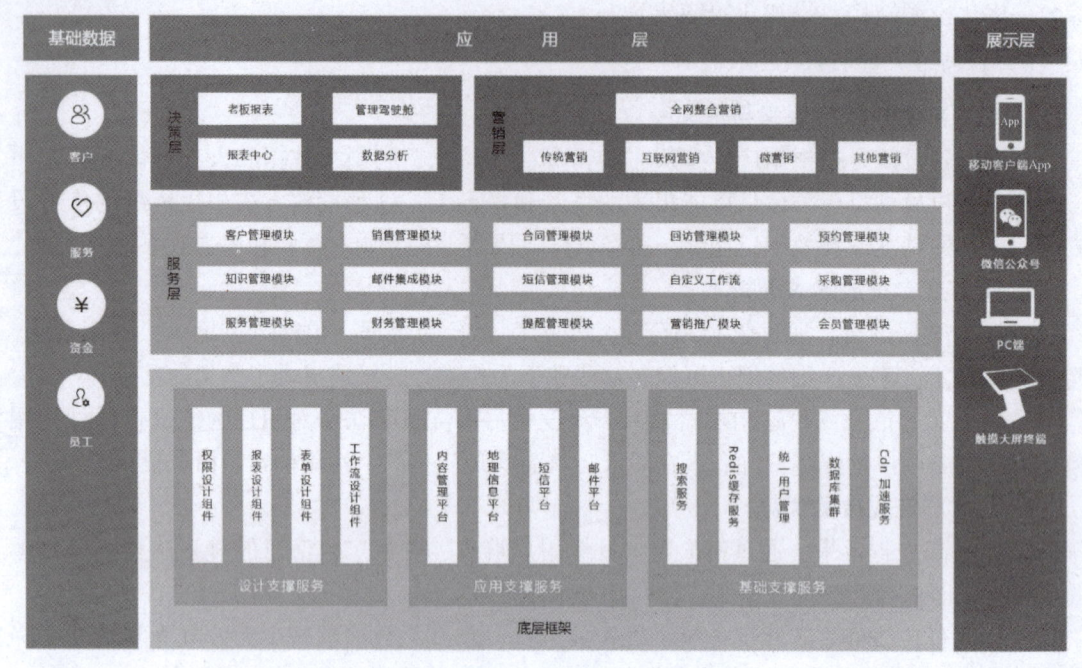

图 5-6　客户关系管理系统框架图

成定制报告。

（6）移动访问：允许用户通过移动设备访问客户关系管理系统，确保随时随地的用户互动。

（二）用户画像在用户关系管理中的作用

用户画像在用户关系管理中扮演着至关重要的角色，它通过深入分析用户数据来构建详细的用户档案，从而帮助企业更精准地定位用户的需求和偏好。以下是对用户画像在用户关系管理中作用的具体阐述，特别是用户细分和用户生命周期管理两个方面。

1. 用户细分

用户细分是用户关系管理中的一个关键概念，它涉及将用户群体划分为具有相似特征的小组，以便企业能够更有效地针对这些群体制定营销策略和提供个性化服务。用户画像为这一过程提供了基础：

（1）识别特征：用户画像通过分析用户的人口统计信息、购买历史、行为模式和偏好，帮助企业识别出不同的用户特征。

（2）定制策略：基于用户画像，企业可以为每个细分群体定制营销信息、产品推荐和服务方案，以提高营销活动的针对性和效果。

（3）优化资源分配：细分可以帮助企业识别最有价值的用户群体，从而更合理地分配营销和销售资源。

2. 用户生命周期管理

用户生命周期管理是用户关系管理中的另一个核心组成部分，它关注用户从初次接触品牌到成为忠实用户，甚至最终可能流失的整个过程。用户画像在此过程中的作用包括：

(1) 识别生命周期阶段：通过用户画像，企业可以识别用户当前所处的生命周期阶段，如潜在用户、新用户、重复购买用户或不活跃用户。

(2) 个性化沟通：根据用户所处的生命周期阶段，企业可以定制个性化的沟通策略，以提高用户的满意度和忠诚度。

(3) 预测流失：用户画像可以帮助企业识别可能流失的用户特征，从而采取预防措施，如提供特别优惠或改善服务。

3. 用户画像的实时更新

用户画像不是静态的，它需要根据用户的新行为和反馈进行实时更新。这有助于企业捕捉用户的最新需求和偏好变化，从而及时调整营销策略。

(1) 行为跟踪：客户关系管理系统应能够跟踪用户的在线和离线行为，如网站访问、购买记录和用户服务互动。

(2) 反馈整合：用户的反馈和建议是用户画像更新的重要来源，企业应鼓励用户提供反馈，并将其纳入用户画像中。

4. 用户增长与运营

(1) 用户增长：重点在于通过各种方式增加平台或产品的用户数，包括拉新、获客的策略和手段。这通常涉及市场营销、广告推广、社交媒体宣传等多种方式，旨在让更多新用户了解并尝试使用平台或产品。

(2) 用户运营：对目标用户群体进行有效的运营、管理与维护。这包括提高用户活跃度、满意度和留存率，以及通过精细化分析用户行为和需求，提供定制化的服务和管理。

（三）成功的用户关系管理和用户画像应用案例

1. 案例背景

某电商平台致力于提升用户体验，增强用户黏性，并促进用户转化与复购。为了精准把握用户需求，提高营销效率，该平台决定实施用户画像构建与用户生命周期管理策略，见图5-7。

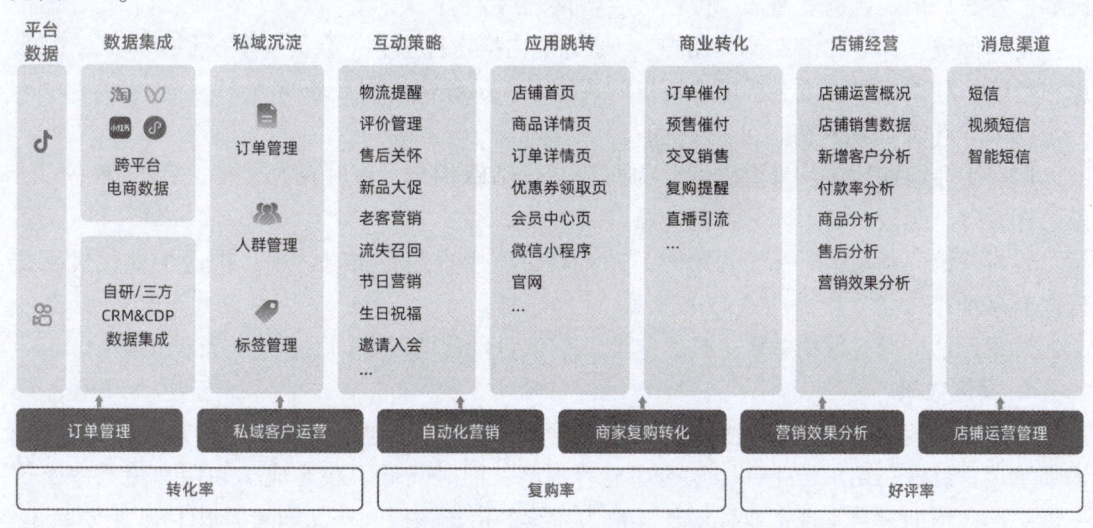

图5-7 用户画像与用户关系管理主要环节示意图

2. 用户画像构建

（1）数据收集：平台通过用户注册信息、浏览行为、购买记录、搜索关键词、客服咨询等多渠道收集用户数据。

（2）画像构建：基于收集到的数据，平台构建出多维度的用户画像。例如，一位典型用户画像可能包括：

基本信息：年龄30岁，女性，已婚，居住在一线城市。

消费习惯：偏好购买中高端服装、化妆品，每月平均消费额在2 000元以上。

行为特征：经常浏览新品推荐页面，对促销活动敏感，喜欢在晚上购物。

心理属性：注重品质生活，追求时尚潮流，对品牌忠诚度较高。

（3）用户细分：平台进一步将用户细分为不同群体，如"高价值用户""潜在流失用户""新注册用户"等，以便进行精准营销。

3. 用户生命周期管理

（1）售前阶段。

精准触达：通过用户画像，平台能够精准推送个性化广告和内容给目标用户，提高点击率和转化率。例如，针对"高价值用户"，推送高端品牌的新品推荐。

智能客服：利用智能客服机器人（如文本机器人X-Bot和语音机器人AICall）提供24小时咨询服务，解答用户疑问，收集用户需求信息。

（2）售中阶段。

线索管理：平台通过客户关系管理系统对销售线索进行统一管理，确保每条线索都得到及时跟进。利用智能工单系统，快速解决用户咨询和投诉。

销售行为管理：制定销售行为规范，通过呼叫任务、风控管理等功能，确保销售人员在跟进过程中合规、高效。

（3）售后阶段。

用户关怀：通过订单跟踪、售后服务、用户反馈等环节，提升用户的满意度和忠诚度。例如，发送订单配送进度通知，提供售后咨询入口。

复购促进：针对"潜在流失用户"，通过定向推送优惠券、会员专享福利等方式，刺激用户复购。利用用户画像分析用户历史购买记录，推荐相似或互补商品。

（4）全生命周期营销。

用户生命周期划分：将用户划分为新用户、活跃用户、沉睡用户、流失用户等不同阶段，针对每个阶段制定不同的营销策略。

实时营销：利用实时标签调用方案，对高价值用户进行实时营销，推送个性化优惠信息或新品推荐。

效果评估：通过数据分析工具，定期评估各阶段营销效果，不断优化营销策略。

4. 案例效果

通过实施用户画像构建与用户生命周期管理策略，该电商平台成功提升了用户体验，增强了用户黏性。用户转化率、复购率显著提高，同时降低了获客成本和用户流失率。这一策略不仅帮助平台实现了业务增长，也为后续的市场拓展和产品创新提供了有力支持。

试一试

基于用户画像提升电商平台用户忠诚度分析

某电商平台在近年来发展迅速,积累了大量的用户数据。为了进一步提升用户忠诚度,该平台决定利用用户画像和用户关系管理技术来优化用户体验和服务。

讨论问题:

1. 用户画像构建:
(1) 如何基于电商平台现有的用户数据构建用户画像?
(2) 用户画像应包括哪些关键特征,以便更好地进行用户关系管理?

2. 用户关系管理策略:
(1) 如何利用用户画像来制定个性化的用户关系管理策略?
(2) 哪些用户关系管理技术或工具可以帮助电商平台实现这一目标?

3. 用户忠诚度提升计划:
(1) 基于用户画像和用户关系管理策略,设计一个用户忠诚度提升计划。
(2) 该计划应包含哪些具体措施,以确保实施效果?

4. 讨论要求:
(1) 分组讨论,每组选择一个或几个问题进行深入探讨。
(2) 结合实际案例或理论框架来支持你的观点。
(3) 准备一份简短的报告,概述你们的讨论结果和提出的解决方案。

扫码解锁［试一试］参考答案

明智领航

用户画像的算法偏见

在数字化时代的浪潮中,用户画像作为数字营销的重要工具,正以其独特的方式重塑着商业版图。然而,随着用户画像技术的广泛应用,算法偏见问题也日益凸显,成为我们必须面对的挑战。下面将从算法偏见的角度出发,深入探讨用户画像在数字营销中的应用与挑战,并提出相应的应对策略。

1. 用户画像的算法偏见:数字营销中的隐性障碍

用户画像技术通过收集、整合和分析用户在网络上的行为数据,构建出详细的用户画像,为商家提供精准的营销策略。然而,这种技术并非完美无缺。算法在处理数据时可能存在的偏见,导致用户画像失真,进而影响到营销策略的准确性和效果。

算法偏见可能来源于多个方面。首先,历史数据中的不公平对待或歧视可能被算法延续，导致某些用户群体在营销中被忽视或歧视。其次，算法设计者的价值观和偏见也可能影响到算法的输出，使用户画像偏离用户的真实需求和偏好。这种算法偏见不仅损害了用户的利益，也破坏了数字营销的公平性和有效性。

2. 应对算法偏见：技术创新与伦理责任的双重担当

面对用户画像的算法偏见问题，我们需要从技术创新和伦理责任两个层面出发，寻找有效的应对策略。

在技术创新层面，算法开发者需要不断优化算法模型，提高数据处理的准确性和公正性。他们可以采用更加先进的数据清洗和预处理技术，减少数据中的偏差和噪声，确保用户画像的真实性和可靠性。同时，他们还可以引入机器学习中的公平性算法，对算法进行公平性约束，避免算法在营销决策中产生歧视。

在伦理责任层面，算法开发者需要承担起确保算法公正性和透明度的责任。他们应该对算法进行定期的审查和评估，及时发现和纠正算法中的偏见问题。同时，他们还需要与用户和监管机构保持密切的沟通，接受用户的反馈和监督，确保算法的应用符合社会的价值观和法律法规。

除了算法开发者的责任，政府和社会各界也应该加强对用户画像算法应用的监管和引导。政府可以制定相关的法律法规，规范算法的应用行为，保护用户的合法权益。社会各界可以加强对算法偏见问题的宣传和教育，提高公众的意识和认知，共同推动数字营销的健康发展。

3. 共创无偏见的数字营销未来

用户画像的算法偏见是数字营销中必须面对的挑战。通过技术创新和伦理责任的双重担当，我们可以有效地应对这一挑战，为用户和社会带来更加公平、公正和有效的数字营销。让我们携手共进，共创一个无偏见的数字营销未来。

技能训练

用户画像与精准营销实战：动动手，你也行！

1. 实训目的

本次实训以一个专注于手机配件销售的电商公司为背景，该公司在网络上拥有自家的官方旗舰店。公司近期发现用户流失问题严重，亟须采取措施。为此，公司计划开展一次促销活动，并希望能够运用用户画像和数据挖掘的知识，实现对目标人群的精准营销，以期有效降低用户流失率。

（1）深入理解用户画像的标签体系及其构建方法。

（2）将用户画像知识应用于实际营销场景中，提升实战能力。

（3）了解并探索数据挖掘和机器学习技术在用户画像构建中的应用。

（4）学习如何结合短信营销手段，设计并实施精准的促销活动。

2. 实训知识点

（1）数据挖掘、机器学习和用户画像等知识。

（2）数字营销、营销短信、用户流失率、利润率知识。

3. 实训步骤
（1）熟悉线上旗舰店概况，查看线上用户行为和网站运营情况数据资料。
（2）利用用户画像技术筛选并分类用户群体，识别对公司有价值群体。
（3）结合约束性条件和前述统计报告内容，制定多样化多人群精准营销方案。
（4）构思恰当精准的促销短信内容，确保准确传达给目标消费者。

4. 实训评分（系统自动评分）
（1）理论学习占20分，用户画像与精准营销实验结果占80分。
（2）机器学习数据挖掘创建画像，过程分为10分，结果分为70分。
（3）结果分分为两个部分，企业利润和用户流失率，各占50%分值。
（4）利润大于系统设定值为满分，小于0为0分，中间数值等比计算分值。
（5）用户流失率小于系统设定值为满分，大于系统设定值为0分，中间数值等比计算分值。

项目六

文本挖掘与用户分析

动画视频

项目介绍

本项目介绍数字营销中的文本挖掘算法、文本数据处理,以及如何根据数据的文本信息来挖掘数字用户的行为特征,在此基础上改善用户产品。

学习目标

【知识目标】了解数字营销中文本挖掘的算法,掌握文本数据的处理,根据数据的文本信息来挖掘数字用户的行为特征。

【能力目标】锻炼逻辑思维,学会运用文本挖掘技术系统地分析数字用户行为特征,能够根据用户需求与行为分析结果,提出有效的用户产品改善建议。

【素质目标】培养细致入微的数据分析习惯,提升从大量文本数据中提炼关键信息的能力,增强产品优化意识。

项目六　文本挖掘与用户分析

项目导图

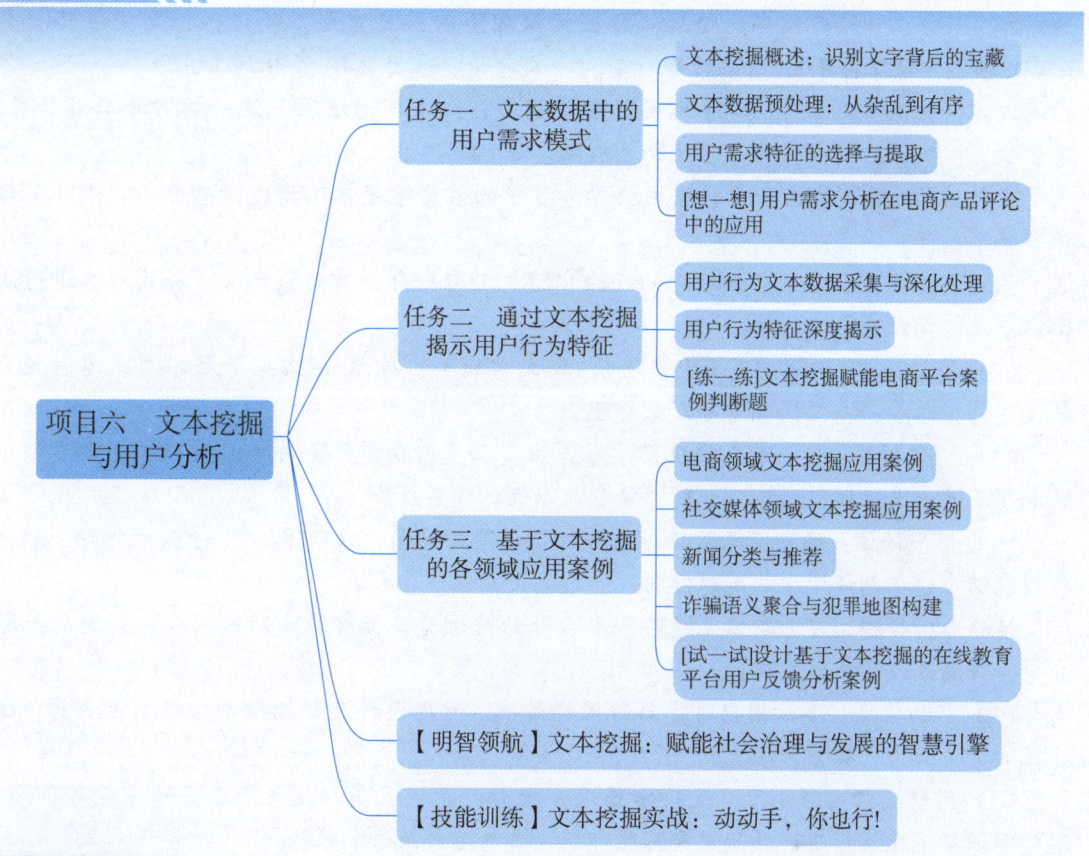

- **项目六　文本挖掘与用户分析**
  - **任务一　文本数据中的用户需求模式**
    - 文本挖掘概述：识别文字背后的宝藏
    - 文本数据预处理：从杂乱到有序
    - 用户需求特征的选择与提取
    - [想一想]用户需求分析在电商产品评论中的应用
  - **任务二　通过文本挖掘揭示用户行为特征**
    - 用户行为文本数据采集与深化处理
    - 用户行为特征深度揭示
    - [练一练]文本挖掘赋能电商平台案例判断题
  - **任务三　基于文本挖掘的各领域应用案例**
    - 电商领域文本挖掘应用案例
    - 社交媒体领域文本挖掘应用案例
    - 新闻分类与推荐
    - 诈骗语义聚合与犯罪地图构建
    - [试一试]设计基于文本挖掘的在线教育平台用户反馈分析案例
  - 【明智领航】文本挖掘：赋能社会治理与发展的智慧引擎
  - 【技能训练】文本挖掘实战：动动手，你也行！

案例导入

洞察消费者心声——某电商平台的用户评论情感分析

某知名电商平台，主营家用电器产品，拥有庞大的用户群体和丰富的用户评论数据。随着市场竞争加剧，该平台意识到深入理解用户需求与情感倾向对于提升用户的满意度和忠诚度至关重要。因此，平台决定引入文本挖掘技术，对近期热销的几款智能冰箱的用户评论进行深度分析（见图6-1）。

图6-1　消费者情绪风向标：电商平台评论情感分析

首先，平台通过 API 接口批量获取了目标智能冰箱产品的所有用户评论数据，包括评论内容、评分、评论时间等。随后，数据预处理阶段至关重要，包括去除无关字符（如 HTML 标签、特殊符号）、分词处理（针对中文评论，采用 jieba 等分词工具进行分词）、停用词过滤（去除"的""了"等无实际意义词汇）以及词形还原（统一词汇的不同形态）等步骤，以确保后续分析的有效性和准确性。

在数据预处理完成后，平台采用机器学习中的监督学习方法构建情感分析模型。具体步骤如下：

（1）标注数据集：从预处理后的评论中随机抽取一部分作为训练集，并由人工进行正面、中性、负面情感的标注。

（2）特征提取：利用 TF-IDF（词频-逆文档频率）或 Word2Vec 等技术将文本转换为数值型特征向量，以便机器学习模型处理。

（3）模型训练：选择适合的机器学习算法（如支持向量机、朴素贝叶斯、深度学习中的 LSTM 等）进行模型训练，不断调整参数以优化模型性能。

（4）模型评估：通过交叉验证等方法评估模型准确率、召回率、F1 分数等指标，确保模型能够有效识别评论中的情感倾向。

情感分析模型构建并验证无误后，平台开始对所有目标智能冰箱的用户评论进行批量分析，得到了以下关键发现：

（1）产品优点：多数用户对冰箱的保鲜效果、外观设计及智能控制功能表示满意，这些正面评价成为产品宣传的重点。

（2）问题反馈：部分用户反映冰箱噪声较大、能耗较高以及售后服务响应慢等问题，这些问题被迅速反馈给产品研发和客服部门，作为后续改进的依据。

（3）用户画像：通过分析评论中的关键词和主题，平台进一步细化了用户画像，发现不同年龄、性别、地域的用户对产品特性的偏好存在差异，为个性化推荐和精准营销提供了数据支持。

基于情感分析的结果，平台制定了以下运营策略：

（1）产品优化：针对用户反馈的问题，与供应商合作优化产品设计，降低噪声、提升能效，并加强售后服务团队建设。

（2）营销策略：根据用户画像，设计差异化营销策略，如针对年轻用户群体推广智能控制功能，对注重性价比的用户强调能耗优势。

（3）用户互动：建立更加积极的用户反馈机制，及时响应用户问题，增强用户的参与感和忠诚度。

通过文本挖掘与用户分析，该电商平台不仅有效提升了用户体验，还实现了产品的持续优化和精准营销，为企业的长远发展奠定了坚实基础。

项目六　文本挖掘与用户分析

任务一　文本数据中的用户需求模式

【任务描述】介绍文本挖掘的算法、文本数据的预处理以及文本数据中的用户需求。

【任务分析】了解并掌握文本数据的预处理，根据文本数据了解用户的需求。

相关知识

一、文本挖掘概述：识别文字背后的宝藏

（一）文本挖掘的定义与意义

1. 文本挖掘的定义

文本挖掘是一种先进的数据分析技术，专注于解析和理解非结构化的文本数据。它运用自然语言处理和机器学习算法，识别文本中的模式和趋势，从而提取关键信息和洞察（见图6-2）。这项技术能够揭示隐藏在文字背后的深层含义，为决策提供数据支持。文本挖掘广泛应用于市场研究、情感分析、风险管理等领域，是企业和研究者深入理解语言数据的强大工具。

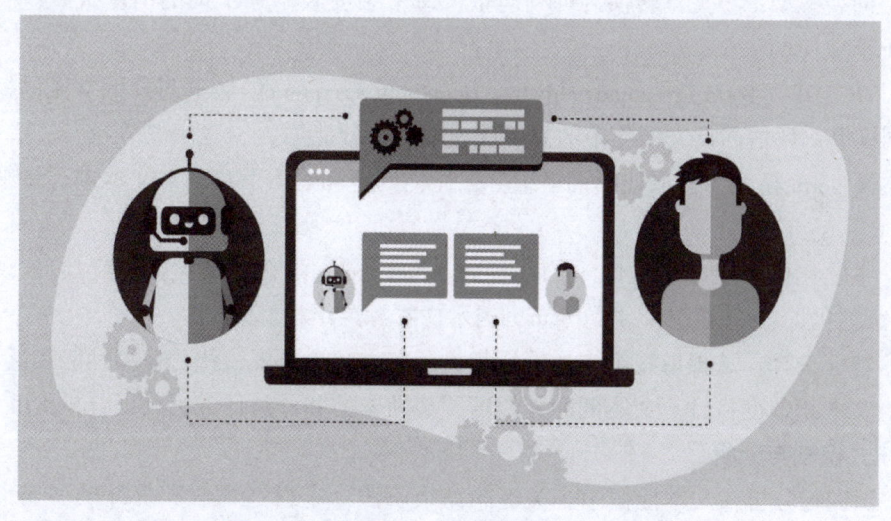

图6-2　科技融合：文本挖掘中的人机对话

2. 文本挖掘在用户需求分析中的应用

文本挖掘在用户需求分析中发挥着至关重要的作用。通过分析用户在社交媒体、产品评论和在线论坛上的发言，文本挖掘技术能够识别出用户的兴趣点、偏好和不满。它利用自然语言处理来解析语言，提取关键词和短语，从而揭示用户的真实感受和需求。此外，情感分析作为文本挖掘的一部分，可以帮助企业判断用户对产品或服务的情感倾向，是正面还是负面。这些洞察对于产品开发、服务改进和定制化营销策略至关重要，使企业能够更精准地满足用户需求，增强用户体验。

（二）文本挖掘的基本流程

1. 文本数据采集

文本数据采集是文本挖掘的首要步骤，它涉及从不同渠道和来源收集原始文本信息。这些数据可以来自社交媒体平台、在线论坛、用户反馈、新闻文章、博客帖子等。采集方法多样，包括网络爬虫技术自动抓取网页内容、使用 API 从特定服务获取数据，以及通过问卷调查或用户访谈手动收集信息。

2. 文本预处理

文本预处理是文本挖掘基石，涵盖数据清洗、分词、词性标注、去噪、标准化及词干提取等步骤。清洗阶段剔除无关信息如特殊符号、HTML 及停用词；分词则将文本拆分为词汇单元；词性标注明确词汇语法属性；去噪确保数据准确；标准化统一文本格式；词干提取简化词汇形态，促进统一处理。这一系列预处理操作显著提升后续分析的精准度与效率，为后续文本挖掘任务奠定坚实基础。

3. 特征提取与选择

特征提取与选择是文本挖掘的核心，旨在从原始文本中识别出对分析最有价值的信息，包括：

（1）词袋模型：将文本转换为词频向量，每个维度表示一个词的出现次数，使文本适合数学处理。

（2）TF-IDF（Term Frequency-Inverse Document Frequency）：通过降低常见词权重、提升罕见词权重，评估词在文档集中的重要性，增强区分能力。

（3）N-gram 模型：提取连续词汇组合，捕捉词序和短语信息，对文本进行更细致的特征描述。

（4）主题建模：如 LDA（Latent Dirichlet Allocation，潜在狄利克雷分配），发现文本集合中的隐藏主题，为文档分配主题分布，揭示文本深层结构。

（5）特征选择：从提取特征中挑选最相关子集，减少维度，优化模型性能和泛化力。

（6）文本相似度：计算文本间的相似度，辅助聚类和分类任务，增强分析的准确性。

4. 模式识别与分析

模式识别与分析在文本挖掘中是关键的高级阶段，它通过算法和统计模型揭示文本数据中的规律和关联，以支持决策，包括：

（1）情感分析：利用机器学习模型判断文本情感倾向，识别正面、负面或中性评论。

（2）分类与聚类：通过监督学习算法对文本进行分类，或利用无监督学习算法发现文本间的自然分组。

（3）关联规则挖掘：识别文本中词汇或概念间的有趣关联，例如频繁词汇组合。

（4）异常检测：发现文本中的异常或离群点，可能指示欺诈或特殊情况。

（5）趋势分析：追踪文本中特定话题或词汇随时间的变化趋势。

（6）主题识别：应用主题建模技术识别文本集合中的主导话题或概念。

（7）语义分析：使用语义分析技术理解文本深层含义，包括隐喻和讽刺。

二、文本数据预处理：从杂乱到有序

（一）数据清洗

1. 去除 HTML 标签、特殊字符等噪声数据

文本预处理中，清洗噪声数据至关重要。HTML 标签与特殊字符等噪声常干扰分析结果。正则表达式作为强大工具，能精准匹配并剔除这些元素。通过 re.sub 函数结合适当模式，如 re.sub(r'<[^>]+>',",text) 去除 HTML 标签，或利用类似模式清理特殊字符，可有效净化文本数据。此方法不仅提升数据质量，还为后续文本分析如分词、标注等奠定坚实基础。正则表达式在数据清洗中的灵活运用，确保了文本处理的准确性和高效性。

2. 文本编码转换与统一

文本预处理中的编码转换至关重要，确保数据的一致性和兼容性。不同来源文本可能采用不同编码，如 ASCII、ISO-8859-1、GBK 等，导致乱码问题。统一至 UTF-8 编码是关键，它支持多语言字符且兼容 ASCII，适合处理多语言文本。在 Python 中，通过识别原始文本编码，使用 str.encode() 转换为字节，再经 str.decode('utf-8') 解码为 UTF-8 字符串，实现编码转换。这一过程确保了文本数据的正确性和后续处理的有效性，是文本预处理中不可或缺的一环。

例如，如果原始文本是使用 GBK 编码的中文数据，可以通过代码进行转换，见图 6-3。

```python
original_text = b'原始文本的GBK编码'
clean_text = original_text.decode('gbk').encode('utf-8')
```

图 6-3 转换 GBK 编码的中文数据的代码

这个过程不仅解决了编码不一致的问题，还为文本数据的进一步处理，如分词、词性标注等，提供了统一的编码基础。通过编码转换与统一，文本数据预处理确保了数据的准确性和可读性，为后续文本分析工作奠定了坚实的基础。

（二）文本分词与词性标注

1. 应用分词算法

文本分词是预处理核心，尤其在中文等语言中，分词对分析质量影响显著。jieba 等分词工具，基于统计与模型，有效分解中文句子为词汇序列，支持多种模式，适应不同需求。英文分词虽相对直观，但词干提取与还原技术亦不可少，NLTK（Natural Language Toolkit）等工具提供了全面支持。选择分词算法时，需考虑文本特性与分析目标：社交媒体文本需识别新词俚语，学术论文则需区分专业术语。合适的分词工具能显著提升后续处理的精度与效率，是文本分析不可或缺的一环。

2. 词性标注与停用词过滤

词性标注与停用词过滤是文本预处理的核心。词性标注识别词汇语法类别，如名词、动词，对理解文本结构和语义至关重要。利用 NLTK 或 spaCy 等工具，可自动标注词性。同时，停用词过滤减少数据噪声，提升分析精度。停用词如"的""和"频繁但贡献有限，通过 NLTK 停用词列表和词性标注器，有效过滤停用词，保留关键词汇。这一过程简化数据，为特征提取和文本挖掘提供精练数据集，是文本预处理不可或缺的一环，直接影响后续分析的质量和效率。

三、用户需求特征的选择与提取

（一）关键词提取

1. TF-IDF 算法应用

关键词提取是文本挖掘中的一项重要技术，它能够帮助我们识别文本中的重要词汇。TF-IDF 算法是实现关键词提取的一种常用方法，其核心思想是通过计算词频（TF）和逆文档频率（IDF）的乘积来评估一个词语对于一个文档或文档集合的重要性。

（1）TF-IDF 算法的原理可以概括为：

词频：表示词条（关键字）在文档中出现的频率。

逆文档频率：表示词条的普遍重要性，计算方式为文档总数除以包含该词条的文档数的对数。

（2）TF-IDF 的计算公式为：

$$\text{TF-IDF} = \text{TF} \times \text{IDF} = \frac{\text{词条（关键字）：在文档 d 中出现的次数}}{\text{文档 d 中的词条总数}} \times \log \frac{\text{文档总数}}{\text{包含词条 t 的文档数目}}$$

（3）在实际应用中，可以使用 scikit-learn 库中的 TfidfVectorizer 类来自动实现 TF-IDF 关键词提取。这个类能够将文本数据转换为 TF-IDF 特征矩阵，其中每一行代表一个文档，每一列代表一个词语的 TF-IDF 值。通过分析这些值，我们可以识别出每个文档中的关键词汇，以及在文档集合中具有区分度的词汇。

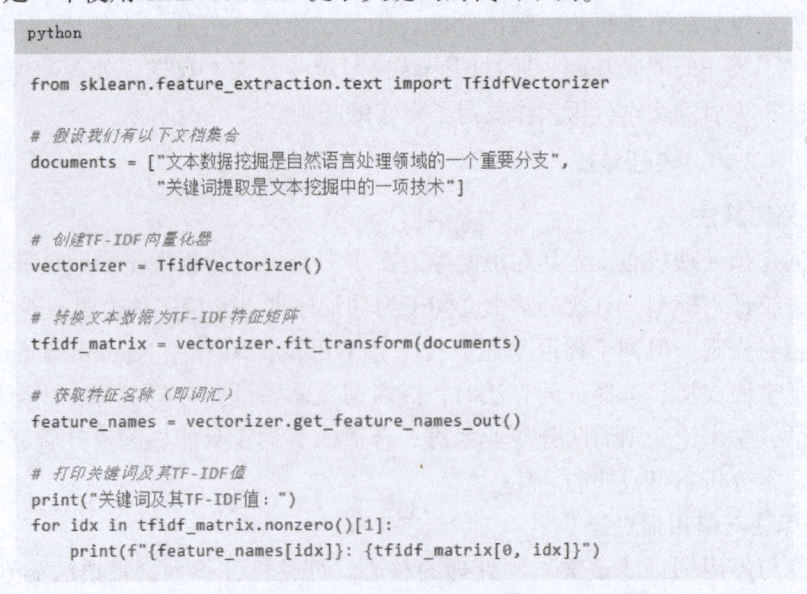

图 6-4 是一个使用 TfidfVectorizer 提取关键词的代码示例。

```python
from sklearn.feature_extraction.text import TfidfVectorizer

# 假设我们有以下文档集合
documents = ["文本数据挖掘是自然语言处理领域的一个重要分支",
             "关键词提取是文本挖掘中的一项技术"]

# 创建TF-IDF向量化器
vectorizer = TfidfVectorizer()

# 转换文本数据为TF-IDF特征矩阵
tfidf_matrix = vectorizer.fit_transform(documents)

# 获取特征名称（即词汇）
feature_names = vectorizer.get_feature_names_out()

# 打印关键词及其TF-IDF值
print("关键词及其TF-IDF值：")
for idx in tfidf_matrix.nonzero()[1]:
    print(f"{feature_names[idx]}: {tfidf_matrix[0, idx]}")
```

图 6-4 用 TfidfVectorizer 提取关键词的代码示例

2. TextRank 算法应用

TextRank 算法是一种基于图排序的关键词提取方法，它借鉴了谷歌的 PageRank 算法原理。TextRank 将文本视为一个图，其中节点代表词汇，边代表词汇之间的共现关系。算法通过迭代计算每个节点的得分，最终得到每个词汇的重要性得分。TextRank 算法的优点在于不需要额外的语料库支持，可以自动从文本中学习关键词，适用于多种语言的文本分析。

（1）TextRank 算法的原理主要包括以下几个步骤：

构建图：将文本分词后，根据词汇之间的共现关系构建一个有向图。

初始化：为图中的每个节点（词汇）赋予一个初始得分。

迭代计算：通过迭代过程，根据节点的出边和入边更新每个节点的得分。

关键词提取：根据最终得分，选择得分最高的词汇作为关键词。

（2）在实际应用中，可以使用 TextRank4ZH 来实现 TextRank 算法。TextRank4ZH 是一个针对中文文本的 TextRank 算法实现，它提供了分词、词性标注、构建图和关键词提取的完整流程。

图 6-5 是一个使用 TextRank4ZH 提取关键词的代码示例。

```python
from textrank4zh import TextRank4Keyword

# 假设我们有以下中文文本
text = "文本数据挖掘是自然语言处理领域的一个重要分支，关键词提取是文本挖掘中的一项技术。"

# 创建TextRank4Keyword实例
tr4w = TextRank4Keyword()

# 设置参数，如窗口大小、迭代次数等
tr4w.analyze(text, lower=True, window=2)

# 提取关键词
keywords = tr4w.get_keywords(20, word_min_len=1)

# 打印关键词及其得分
print("关键词及其得分：")
for keyword, score in keywords:
    print(f"{keyword}: {score}")
```

图 6-5 用 TextRank4ZH 提取关键词的代码示例

（二）用户需求模式识别

1. 主题模型应用

LDA 模型是一种文档主题生成模型，用于从文档集合中发现隐藏的主题信息。LDA 模型假设文档是由一系列主题的混合生成的，每个主题则由一系列词汇的分布定义。

（1）LDA 模型的基本原理是：

文档-主题分布：每个文档可以看作多个主题的加权组合。

主题-词汇分布：每个主题定义了一个词语的分布概率。

狄利克雷过程：文档中主题的比例和主题中词汇的比例都是通过狄利克雷过程生成的。

（2）构建 LDA 模型通常包括以下步骤：

文本预处理：包括分词、去除停用词、词性标注等。

构建语料库：将文本转换为文档-词汇矩阵。

模型训练：使用训练数据估计文档-主题和主题-词汇的分布。

主题提取：对新文档进行主题分配，识别文档中的主要主题。

使用 Python 的 gensim 库可以方便地实现 LDA 模型。gensim 提供了 LdaModel 类来训练 LDA 模型，并使用 LdaMulticore 类来加速训练过程。

图 6-6 是一个使用 gensim 库中的 LDA 模型识别用户需求主题的代码示例。

```python
from gensim import corpora, models

# 假设我们有以下文档集合
texts = [["文本", "数据", "挖掘", "自然", "语言", "处理"],
         ["关键词", "提取", "文本", "挖掘", "技术"]]

# 构建词典
dictionary = corpora.Dictionary(texts)

# 将文档转换为词袋模型
corpus = [dictionary.doc2bow(text) for text in texts]

# 训练LDA模型
lda_model = models.LdaModel(corpus, num_topics=2, id2word=dictionary, passes=15)

# 打印主题
topics = lda_model.print_topics(num_words=4)
for topic in topics:
    print(topic)
```

图 6-6 使用 gensim 库中的 LDA 模型识别用户需求主题的代码示例

通过这种方式，LDA 模型可以帮助我们识别用户需求文档集合中的主要主题，为用户需求分析和产品开发提供指导。

2. 规则与模式匹配

规则与模式匹配是一种基于预定义规则来识别和提取文本中特定信息的方法。在用户需求分析中，这种方法可以帮助我们快速定位和理解用户的具体需求表述。

规则与模式匹配的核心在于定义一组规则或模式，这些规则能够匹配用户需求的关键要素。例如，如果我们想要识别用户对产品特性的需求，我们可以定义一些模式来匹配特定的关键词或短语，如 "需要 [...] 功能" "希望 [...] 改进" " [...] 是重要的"。

正则表达式是一种强大的文本匹配工具，它使用一种特殊的语法来描述、匹配字符串中的字符组合。在用户需求分析中，正则表达式可以用来识别和提取用户表述中的特定模式。例如，使用正则表达式 needs?（.＊）feature 可以匹配文本中"needs"或"need"后面跟着任意字符的"feature"。

图 6-7 是一个使用 Python 中的 re 模块进行规则与模式匹配的代码示例。

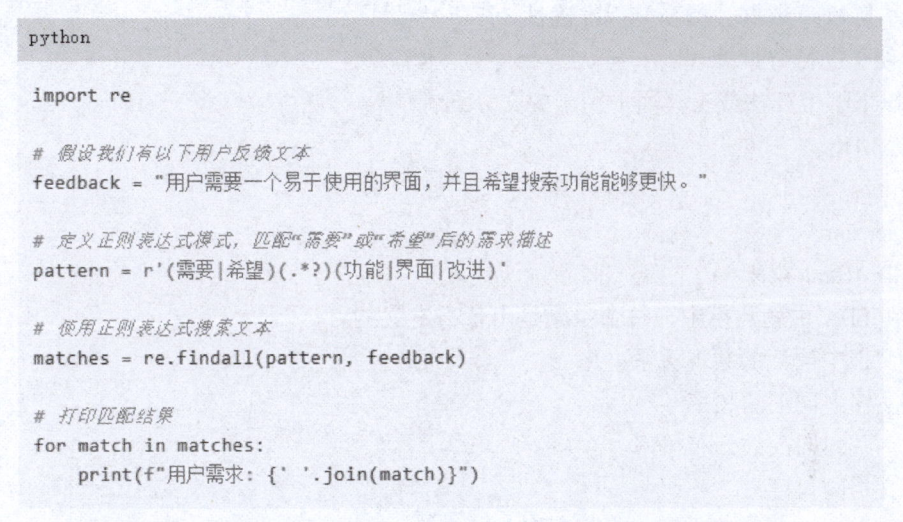

```python
import re

# 假设我们有以下用户反馈文本
feedback = "用户需要一个易于使用的界面，并且希望搜索功能能够更快。"

# 定义正则表达式模式，匹配"需要"或"希望"后的需求描述
pattern = r'(需要|希望)(.*?)(功能|界面|改进)'

# 使用正则表达式搜索文本
matches = re.findall(pattern, feedback)

# 打印匹配结果
for match in matches:
    print(f"用户需求：{' '.join(match)}")
```

图 6-7　使用 Python 中的 re 模块进行规则与模式匹配的代码示例

想一想

用户需求分析在电商产品评论中的应用

【背景】

某电商平台希望通过用户评论来改进其电子产品（如智能手机）的用户体验。他们收集了大量用户评论，并希望利用文本挖掘技术来分析这些评论，以识别用户的需求、偏好和不满。

【任务】

数据预处理：对收集到的用户评论进行清洗，包括去除 HTML 标签、特殊字符，进行分词和词性标注，并去除停用词。

特征提取：使用 TF-IDF 算法和 TextRank 算法提取评论中的关键词。

主题建模：应用 LDA 模型识别评论中的主要主题，如性能、电池续航、摄像头质量等。

情感分析：基于提取的关键词和主题，进行简单的情感倾向判断（正面、负面或中性）。

【步骤】

使用 Python 的 re 库进行数据清洗。

使用 jieba 库进行中文分词，并去除停用词。

使用 scikit-learn 的 TfidfVectorizer 进行 TF-IDF 关键词提取。

使用 TextRank4ZH 进行 TextRank 关键词提取。

使用 gensim 的 LdaModel 进行 LDA 主题建模。

编写简单的情感分析逻辑，基于关键词和主题判断情感倾向。

1. 在文本数据预处理阶段，去除 HTML 标签和特殊字符的主要目的是什么？（　　）

   A. 减少数据存储空间

   B. 提高文本分析的效率

   C. 去除噪声数据，提高分析准确性

   D. 便于进行分词处理

2. 以下哪个算法或工具通常用于中文分词？（　　）

   A. NLTK

   B. jieba

   C. gensim

   D. TextRank4ZH

3. 在 LDA 主题建模中，每个主题是由什么定义的？（　　）

   A. 文档中词汇的共现关系

   B. 文档中词汇的频率

   C. 一系列词汇的分布概率

   D. 文档的长度

扫码解锁［想一想］参考答案

任务二　通过文本挖掘揭示用户行为特征

【任务描述】通过文本挖掘揭示用户行为特征,需要选择合适数据源,采集用户行为文本,进行数据预处理;运用文本挖掘技术,揭示用户行为模式、情感倾向和趋势,为产品优化和用户体验提供支持。

【任务分析】运用多种技术全面揭示用户行为特征,旨在了解用户行为、情感和需求,为产品优化提供依据。

相关知识

一、用户行为文本数据采集与深化处理

(一) 数据源探索与选择策略

1. 社交媒体

(1) 特点:用户活跃度高,产生大量实时数据。数据内容丰富,包括文本、图片、视频等多种形式。用户行为多样,如点赞、评论、分享等,能够反映用户的兴趣和偏好。

(2) 潜力与价值:通过分析用户的社交行为,可以深入了解用户的兴趣、习惯和需求。社交媒体上的用户互动数据有助于揭示用户之间的社交关系和影响力。

2. 在线论坛

(1) 特点:用户围绕特定主题或兴趣进行讨论,形成具有针对性的数据集。数据通常以文本形式存在,便于文本挖掘和分析。用户行为包括发帖、回帖、点赞等,能够反映用户对特定话题的态度和观点。

(2) 潜力与价值:在线论坛数据有助于揭示用户对特定领域或产品的看法和需求,通过分析用户讨论内容,可以发现用户的痛点、需求点和改进建议。

3. 用户评论

(1) 特点:数据量庞大,涵盖用户对产品或服务的直接反馈。数据通常以文本形式存在,包含丰富的情感信息和用户观点。用户行为主要是发表评论,能够直接反映用户对产品或服务的满意度和期望。

(2) 潜力与价值:用户评论数据是了解用户满意度和需求的重要来源,通过分析评论中的情感倾向和关键词,可以揭示用户对产品的具体喜好和改进建议。

(二) 高级数据预处理技术

1. 文本去重与样本均衡

高级数据预处理技术是确保文本分析结果准确性和有效性的关键。文本去重的目的是去除数据集中的重复项,以提高数据的多样性。重复的文本条目可能会对分析结果产生偏差,尤其是在机器学习模型训练中。使用哈希算法进行去重是一种常见的方法。哈希算法

可以将文本转换为固定长度的哈希值,通过比较哈希值来快速识别和删除重复的文本条目。

样本均衡技术用于处理数据集中的类别不平衡问题。在许多实际应用中,数据集中的某些类别可能具有远多于其他类别的样本,这可能导致模型偏向于多数类,而忽略了少数类。过采样和欠采样是两种常用的实现样本均衡的技术。过采样可以通过复制或生成新的少数类样本来实现,而欠采样则可以通过随机选择或基于聚类的方法来减少多数类样本。

图 6-8 是一个使用 Python 进行文本去重和样本均衡的代码示例。

```python
import hashlib
from sklearn.utils import resample

# 假设我有以下文本列表
texts = ["文本A", "文本B", "文本A", "文本C", "文本B", "文本C"]

# 使用哈希算法去重
texts_set = set()
unique_texts = []
for text in texts:
    text_hash = hashlib.sha256(text.encode()).hexdigest()
    if text_hash not in texts_set:
        texts_set.add(text_hash)
        unique_texts.append(text)

print("去重后的文本数量: ", len(unique_texts))

# 假设我们有一个不平衡的数据集,其中包含两类样本
majority_class = [1] * 100   # 多数类
minority_class = [0] * 30    # 少数类

# 过采样少数类
minority_upsampled = resample(minority_class, replace=True, n_samples=100, random_state=42)

# 组合数据集
balanced_dataset = majority_class + list(minority_upsampled)

print("均衡后的样本数量: ", len(balanced_dataset))
```

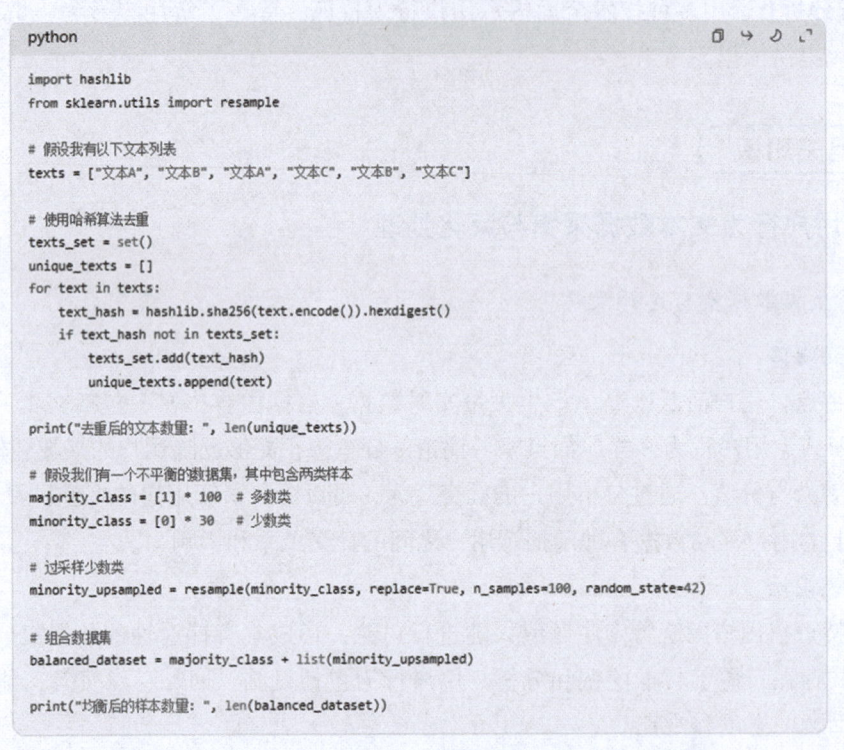

图 6-8 使用 Python 进行文本去重和样本均衡的代码示例

2. 文本规范化与标准化

文本规范化与标准化是文本预处理中用于提高数据质量的高级技术。这些技术包括文本的统一格式化、纠正拼写错误、统一词汇的书写形式等,以确保文本数据的一致性和准确性。

(1) 文本规范化通常涉及以下几个步骤:

统一格式化:将所有文本转换为统一的大小写,如全部小写或首字母大写,以消除大小写差异带来的影响。

拼写校正:使用拼写检查工具来识别和纠正拼写错误,确保文本的正确性。

同义词替换:将文本中的同义词替换为统一的术语,以减少词汇的多样性。

词干提取或词形还原:将词汇还原为基本形式,如将动词和名词还原为原形。

(2) 标准化则更进一步,可能包括:

去除多余的空格和标点:清理文本中的多余空格和标点符号,以简化数据。

特殊字符的处理：将文本中的货币符号、百分号等特殊字符转换为标准形式。

文本编码的统一：确保所有文本使用相同的字符编码，如 UTF-8。

（3）使用自然语言处理（NLP）库，如 NLTK 或 spaCy，可以方便地实现文本规范化和标准化。这些库提供了丰富的工具和函数来处理上述问题。

图 6-9 是一个使用 Python 的 NLTK 库进行文本规范化的代码示例。

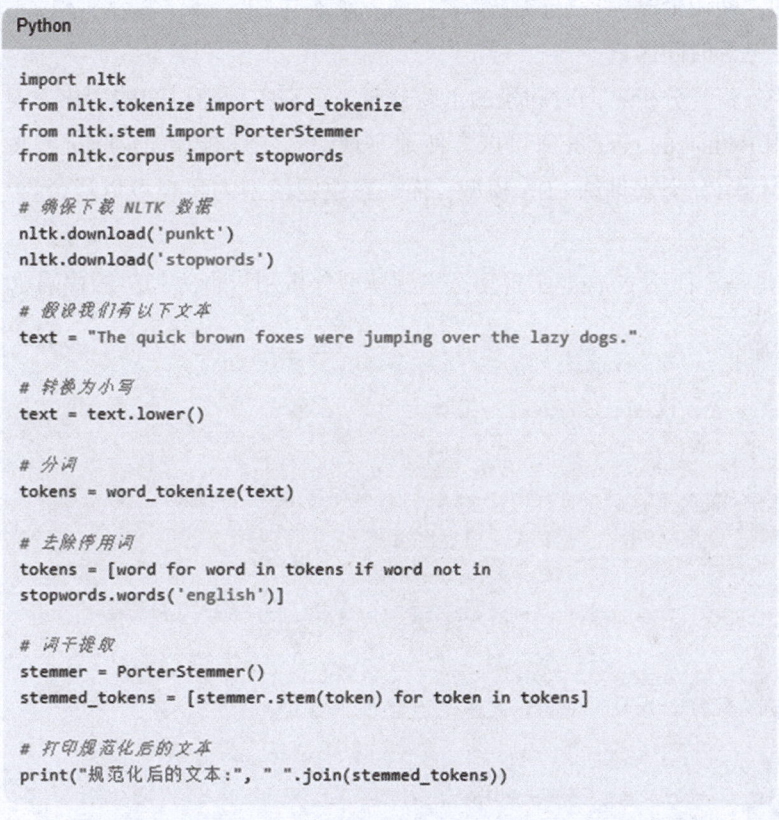

```python
import nltk
from nltk.tokenize import word_tokenize
from nltk.stem import PorterStemmer
from nltk.corpus import stopwords

# 确保下载 NLTK 数据
nltk.download('punkt')
nltk.download('stopwords')

# 假设我们有以下文本
text = "The quick brown foxes were jumping over the lazy dogs."

# 转换为小写
text = text.lower()

# 分词
tokens = word_tokenize(text)

# 去除停用词
tokens = [word for word in tokens if word not in stopwords.words('english')]

# 词干提取
stemmer = PorterStemmer()
stemmed_tokens = [stemmer.stem(token) for token in tokens]

# 打印规范化后的文本
print("规范化后的文本:", " ".join(stemmed_tokens))
```

图 6-9　使用 Python 的 NLTK 库进行文本规范化的代码示例

二、用户行为特征深度揭示

（一）高级主题模型应用

1. 动态主题模型

动态主题模型（Dynamic Topic Model，DTM）是一种考虑时间序列数据的高级主题模型，它在传统的 LDA 模型基础上增加了时间维度，用于分析文本集合中主题随时间的演变趋势。

（1）动态主题模型的基本原理是：

时间敏感性：动态主题模型不仅考虑文档中词汇的分布，还考虑这些词汇随时间的变化。

主题迁移：模型能够捕捉主题在不同时间段的迁移和转变。

文档的时间戳：每个文档都与一个时间戳相关联，模型利用这些时间戳来分析主题的动态变化。

（2）构建动态主题模型通常包括以下步骤：

文本预处理：包括分词、去除停用词、词性标注等。

构建时间戳文档集合：将文本与时间信息结合，为每个文档分配一个时间戳。

模型训练：使用带时间信息的文档集合训练动态主题模型，估计文档−主题和主题−词汇的分布，并考虑时间因素。

主题演变分析：分析不同时间段的主题分布，识别主题随时间的变化。

（3）使用 Python 的 gensim 库可以方便地实现动态主题模型。gensim 提供了"models.ldamodel.LdaModel"类来训练 LDA 模型，而动态主题模型的实现可以通过扩展该类来考虑时间因素。

图 6-10 是一个使用 gensim 实现动态主题模型分析用户行为趋势的代码示例。

```python
from gensim import corpora, models

# 假设我们有以下文档集合和对应的时间信息
texts = [["apple", "banana", "cherry"], ["apple", "orange", "banana"]]
time_info = [1, 2]  # 假设时间戳

# 构建词典
dictionary = corpora.Dictionary(texts)

# 将文档转换为词袋模型，并添加时间信息
corpus = [dictionary.doc2bow(text) for text in texts]

# 训练DTM模型
# 注意：gensim库本身不直接支持DTM，以下代码仅为示例
# 实际使用时需要扩展gensim的LdaModel或使用其他支持DTM的库
dtm_model = models.ldamodel.LdaModel(corpus, num_topics=2,
id2word=dictionary, time_info=time_info)

# 分析主题随时间的变化
for time, topic in zip(time_info, dtm_model.show_topics()):
    print(f"时间：{time}，主题：{topic}")
```

图 6-10　使用 gensim 实现动态主题模型分析用户行为趋势的代码示例

2. 层次主题模型

层次主题模型（Hierarchical Topic Model，HTM）是一种能够揭示文本数据多层次结构的主题模型。与传统的平面主题模型不同，层次主题模型能够捕捉主题之间的层次关系，从而更细致地分析文本数据中的复杂用户行为。

（1）层次主题模型的基本原理：

主题层次：层次主题模型将主题视为有层次的结构，其中高层次的主题是低层次主题

的概括。

层次关系：层次主题模型能够识别主题之间的包含和泛化关系，形成主题树。

文档的多层次表示：每个文档可以由多个层次的主题组合表示，反映文档内容的复杂性。

（2）构建层次主题模型通常包括以下步骤：

文本预处理：包括分词、去除停用词、词性标注等。

构建语料库：将文本转换为文档-词汇矩阵。

模型训练：使用语料库训练层次主题模型，估计词汇、低层次主题和高层次主题的分布。

层次主题分析：分析主题树，识别主题之间的层次关系和文档的主题组合。

（3）层次主题模型可以更深入地挖掘用户行为的深层次模式，适用于需要分析复杂文本数据集的场景，如论坛讨论、产品评论等。

图6-11是一个构建层次主题模型挖掘用户行为深层次模式的代码示例（注意：gensim库本身不直接支持层次主题模型，以下代码为概念性描述）。

```python
from gensim import corpora, models

# 假设我们有以下文档集合
texts = [["user", "experience", "interface", "design"],
         ["product", "review", "quality", "features"]]

# 构建词典和语料库
dictionary = corpora.Dictionary(texts)
corpus = [dictionary.doc2bow(text) for text in texts]

# 训练HTM模型（概念性描述，实际需要使用支持HTM的库或自定义实现）
htm_model = models.HierarchicalTopicModel(corpus, num_topics=2, id2word=dictionary)

# 分析层次主题
for topic in htm_model.print_topics(num_words=4, show_top=False):
    print("层次主题：", topic)
```

图6-11 构建层次主题模型挖掘用户行为深层次模式的代码示例

（二）情感分析与情绪追踪

1. 情感词典与规则引擎的进阶应用

情感分析与情绪追踪是文本分析的关键技术，能够识别和量化文本中的情感倾向。情感词典与规则引擎的进阶应用可以提高分析的准确性和细粒度。情感词典包含词汇及其情感两极性，规则引擎则根据这些规则识别文本情感。

进阶应用包括构建或扩展情感词典，加入新词汇、俚语、表情符号等，细化情感维度，如情感强度和情绪类别。同时，开发上下文敏感的规则引擎，理解词汇在不同上下文的含义。结合机器学习算法，让规则引擎从标注数据中自动学习和优化规则，进一步提升情感分析的性能。这些方法使情感分析更精准，更好地理解和响应用户情绪。

图 6-12 是一个实现细粒度情感分类的代码示例。

```python
# 假设我们有一个基础的情感词典和一组规则
sentiment_lexicon = {
    "good": 1,   # 正面
    "bad": -1,   # 负面
    # ... 更多词汇
}

# 规则引擎示例：考虑词汇的强度
rules = {
    "very": lambda x: x * 2,  # "very" 表示加强情感强度
    # ... 更多规则
}

def fine_grained_sentiment(text):
    words = text.split()
    sentiment_score = 0

    for i, word in enumerate(words):
        if word in sentiment_lexicon:
            sentiment_score += sentiment_lexicon[word]
            # 检查并应用规则
            if i > 0 and words[i-1] == "very":
                sentiment_score = rules["very"](sentiment_score)

    # 根据情感分数进行分类
    if sentiment_score > 0:
        return "Positive"
    elif sentiment_score < 0:
        return "Negative"
    else:
        return "Neutral"

# 示例文本
text = "I very much like this product."
print(fine_grained_sentiment(text))
```

图 6-12　实现细粒度情感分类的代码示例

2. 深度学习在情感分析中的应用

深度学习在情感分析中的应用带来了性能上的飞跃，特别是在处理复杂的语言模式和上下文信息方面。深度学习模型如长短期记忆网络（LSTM）和 BERT（Bidirectional Encoder Representations from Transformers，基于 Transformers 的双向编码器表征）能够捕捉到文本数据中的深层次特征。

LSTM 是一种特殊的 RNN，能够学习长期依赖关系，适用于处理序列数据，如文本。它通过门控机制解决传统 RNN 的梯度消失或爆炸问题，从而在情感分析中保持对整个文本

的敏感性。

BERT 模型则是一种基于 Transformer 的预训练语言表示模型，它通过双向编码器捕捉每个单词的上下文信息。BERT 的预训练过程使用了大量文本数据，使其能够理解复杂的语言结构和语义。

图 6-13 是一个使用 BERT 模型进行用户行为文本情感分类的代码示例。

```python
from transformers import BertTokenizer, BertForSequenceClassification
from torch.utils.data import DataLoader

# 加载预训练的BERT模型和分词器
tokenizer = BertTokenizer.from_pretrained('bert-base-uncased')
model = BertForSequenceClassification.from_pretrained('bert-base-uncased')

# 假设我们有用户行为文本数据
texts = ["I love this product!", "This is the worst experience I've ever had."]

# 使用分词器编码文本
inputs = tokenizer(texts, return_tensors='pt', padding=True, truncation=True)

# 使用BERT模型进行情感分类
outputs = model(**inputs)
predictions = torch.argmax(outputs.logits, axis=-1)

# 打印情感分类结果
print("情感分类结果：", ["Positive" if pred == 0 else "Negative" for pred in predictions])
```

图 6-13 使用 BERT 模型进行用户行为文本情感分类的代码示例

（三）序列分析与行为模式挖掘

1. 序列模式挖掘算法

序列模式挖掘是分析用户行为数据的重要技术，它可以帮助我们发现用户行为中的规律性和趋势。序列挖掘算法能够识别在行为日志中频繁出现的模式，为我们提供洞察用户行为习惯和偏好的手段。

算法如 PrefixSpan 和 AprioriAll 是序列模式挖掘中的常见工具：

（1）PrefixSpan：这是一种基于深度优先搜索的算法，它通过维护前缀树来发现频繁项集，适用于发现序列中的频繁模式。

（2）AprioriAll：虽然 Apriori 算法主要用于关联规则挖掘，但其变种 AprioriAll 可以用于序列模式的挖掘，通过迭代地搜索满足支持度阈值的所有项集。

图 6-14 是一个从用户行为日志中挖掘频繁行为序列的代码示例。

```python
# 假设我们有以下用户行为日志
behavior_logs = [
    ["login", "search", "view", "purchase"],
    ["login", "search", "view"],
    ["register", "login", "search", "purchase"],
    # ... 更多日志
]

# 定义支持度阈值
support_threshold = 0.5

# 使用序列模式挖掘算法（例如PrefixSpan）挖掘频繁序列
# 这里仅为概念性描述，实际实现需要使用专门的序列挖掘库或自定义算法
frequent_sequences = mine_frequent_sequences(behavior_logs, support_threshold)

# 打印挖掘出的频繁行为序列
print("频繁行为序列：")
for sequence in frequent_sequences:
    print(sequence)
```

图 6-14　从用户行为日志中挖掘频繁行为序列的代码示例

2. Markov 链模型在用户行为预测中的应用

Markov 链模型，也称为马尔可夫模型，是一种基于随机过程的数学模型。它利用当前状态来预测下一个状态，而不需要考虑之前的历史状态，即具有"无记忆性"的特点。在用户行为预测中，Markov 链模型可以用来预测用户基于当前行为的下一步可能行为。

（1）Markov 链模型的基本原理包括：

状态空间：定义所有可能的用户行为状态。

转移概率：计算从一个状态转移到另一个状态的概率。

状态转移矩阵：构建一个矩阵，其中每个元素代表从一个状态到另一个状态的转移概率。

（2）构建 Markov 链模型通常包括以下步骤：

数据收集：收集用户行为数据，记录用户在不同状态下的转移。

状态定义：确定用户行为分析中的状态集合。

概率计算：根据收集的数据计算状态之间的转移概率。

模型构建：使用转移概率构建状态转移矩阵。

行为预测：利用构建的模型预测用户在给定状态下的下一步行为。

图 6-15 是一个构建 Markov 链模型预测用户下一步可能行为的代码示例。

```python
# 假设我们有以下用户行为状态转移数据
transitions = {
    "home": {"search": 0.7, "product": 0.3},
    "search": {"product": 0.5, "cart": 0.3, "home": 0.2},
    "product": {"cart": 0.8, "search": 0.2},
    # ... 更多状态和转移概率
}

# 假设当前用户在"search"状态
current_state = "search"

# 使用Markov链模型预测用户下一步行为
next_state = max(transitions[current_state],
key=transitions[current_state].get)
print(f"用户在 '{current_state}' 状态下的下一步可能行为是：{next_state}")
```

图 6-15　构建 Markov 链模型预测用户下一步可能行为的代码示例

练一练

文本挖掘赋能电商平台案例判断题

某电商平台希望通过文本挖掘技术来揭示用户在其平台上的购物行为特征，以便优化产品推荐和提升用户体验。你作为数据分析师，被要求负责此项目，请判断下列问题对错。

1. 在电商平台进行文本挖掘时，社交媒体数据是首选数据源，因为它能提供最全面的用户购物行为信息。　　　　　　　　　　　　　　　　　　　　　　　（　　）

2. 文本去重是文本预处理中不必要的步骤，因为重复数据对分析结果影响不大。
　　　　　　　　　　　　　　　　　　　　　　　　　　　　　　　　　（　　）

3. 动态主题模型（DTM）不仅能用于分析新闻文章的主题演变，同样适用于电商平台用户评论。　　　　　　　　　　　　　　　　　　　　　　　　　　　　（　　）

4. 在情感分析中，情感词典和规则引擎的应用已经足够成熟，无须结合机器学习算法。
　　　　　　　　　　　　　　　　　　　　　　　　　　　　　　　　　（　　）

5. 电商平台在进行用户行为分析时，不需要考虑用户行为的时间序列特征。　（　　）

6. 构建 HTM（层次主题模型）时，可以直接使用 gensim 库中的 LDA 模型，无须额外修改。　　　　　　　　　　　　　　　　　　　　　　　　　　　　　　（　　）

7. 在电商平台中，用户评论的情感倾向分析对于提升产品满意度和用户忠诚度没有实质性帮助。　　　　　　　　　　　　　　　　　　　　　　　　　　　　（　　）

8. Markov 链模型在预测用户下一步购物行为时，必须考虑用户之前的所有历史行为。
　　　　　　　　　　　　　　　　　　　　　　　　　　　　　　　　　（　　）

9. 使用深度学习模型（如 BERT）进行情感分析时，需要对模型进行任何形式的预训练。（　　）

10. 电商平台在进行用户行为分析时，除了要关注用户的购买行为，还需考虑其他非购买行为（如浏览、搜索）。（　　）

扫码解锁［练一练］参考答案

任务三　基于文本挖掘的各领域应用案例

【任务描述】 深入学习文本挖掘技术，并通过分析不同领域的实际案例，提升数据解读、模式识别和跨学科应用的综合能力，为解决复杂问题打下坚实基础。

【任务分析】 通过实践文本挖掘技术在各领域的应用案例，掌握关键信息提取、数据分析和知识发现技能，增强解决实际问题的能力。

相关知识

一、电商领域文本挖掘应用案例

（一）案例描述

在电商领域，文本挖掘技术发挥着至关重要的作用，特别是在提升用户体验、优化产品供给、增强市场竞争力等方面。以下是一个基于生鲜电商平台的文本挖掘应用案例。

1. 案例背景

随着数字乡村发展战略的深入实施，我国生鲜电商行业迎来了快速发展期。然而，面对激烈的市场竞争，如何提高用户的转换率和留存率成为生鲜电商企业亟待解决的问题。为了精准把握用户需求，优化产品和服务，某生鲜电商平台决定利用文本挖掘技术对其平台上的用户评论进行深入分析（见图6-16）。

图6-16　生鲜电商用户评论分析：挖掘用户心声，优化购物体验

2. 案例目标

通过收集并分析用户评论数据，挖掘出用户关注的重点、情感倾向以及产品优缺点，进而指导产品优化和服务改进，提升用户的满意度和忠诚度。

3. 案例实施

（1）数据收集：利用 Python 爬虫技术，从该生鲜电商平台的商品评论区爬取了从 2020 年 3 月 1 日至 2021 年 6 月 30 日期间的评论数据，涵盖新鲜水果、海鲜水产、精选肉类、冷饮冻食、蔬菜蛋品等多个品类，共获得 8 580 条评论数据。

（2）数据预处理：对爬取的评论数据进行清洗，包括去重、分词、词性标注、去除停用词等步骤，将非结构化的文本数据转化为结构化数据，便于后续分析。

（3）情感分析：采用基于情感词典的情感分析方法，通过情感词典对文本中的词语进行匹配和计算，得出每条评论的情感值，进而判断其情感倾向（正面、负面或中性）。同时，利用词云图直观展示高频词汇，揭示用户评论主题和关注点。

（4）主题分析：运用 LDA 主题模型对评论数据进行主题挖掘，深入了解用户对产品、服务、物流等方面的具体反馈和意见。

（5）结果应用：根据情感分析和主题分析的结果，该生鲜电商平台识别出用户最关心的产品特性、服务环节以及潜在的改进点。例如，发现用户对产品的新鲜度、包装质量、物流速度等方面有较高的关注度，并存在部分负面反馈。基于此，平台采取了相应的优化措施，如加强供应链管理、改进包装设计、提升物流效率等，有效提升了用户的满意度和忠诚度。

（二）技术实现

1. 数据收集与预处理

（1）爬虫技术：使用 Python 编写爬虫程序，设定合理的请求头和代理 IP，避免被目标网站反爬。通过模拟用户行为，访问商品评论页面并抓取评论数据。

（2）数据清洗：利用正则表达式、jieba 分词等工具对爬取的评论数据进行去重、分词、词性标注和去除停用词等操作，提高数据质量。

2. 情感分析

（1）情感词典构建：根据生鲜电商领域的特定语境，构建或选用合适的情感词典。情感词典包含正面词汇、负面词汇和中性词汇，用于匹配文本中的情感词。

（2）情感值计算：根据情感词典对文本中的情感词进行匹配和计算，结合情感词的权重和上下文信息，得出每条评论的情感值。

（3）情感倾向判断：根据情感值的大小，将评论划分为正面、负面或中性情感倾向。

3. 主题分析

（1）LDA 主题模型：利用 gensim 库中的 LDA 模型对预处理后的评论数据进行主题挖掘。通过设定合适的主题数和迭代次数，提取出评论中的关键主题和对应的词汇分布。

（2）主题解释：根据 LDA 模型输出的主题和词汇分布，结合业务知识和常识进行主题解释，明确每个主题所代表的用户反馈和意见。

4. 结果可视化

（1）词云图：利用 wordcloud 库生成词云图，将高频词汇以不同大小的字体展示出来，直观表达用户评论的主题和关注点。

（2）情感分布图：通过绘制柱状图或饼图等方式展示正面、负面和中性评论的分布情况，帮助决策者快速了解用户情感倾向。

项目六　文本挖掘与用户分析

二、社交媒体领域文本挖掘应用案例

（一）案例描述

在当今数字化时代，社交媒体已成为人们表达意见、分享情感和交流信息的重要平台。随着大数据和人工智能技术的飞速发展，文本挖掘在社交媒体领域的应用日益广泛，其中情感分析作为其核心功能之一，正深刻改变着企业决策、品牌管理、政治竞选等多个领域。以下是一个关于社交媒体情感分析的具体应用案例，聚焦于某国际品牌在新品发布后的市场反馈监测。

1. 案例背景

某国际知名时尚品牌近期推出了一款创新设计的服装系列，旨在吸引年轻消费群体。为了及时了解市场对该新品的反应，特别是消费者的情感态度和购买意愿，该品牌决定利用社交媒体情感分析技术，对用户在微博、小红书、Instagram 等主流社交媒体平台上的相关言论进行深度挖掘（见图 6-17）。

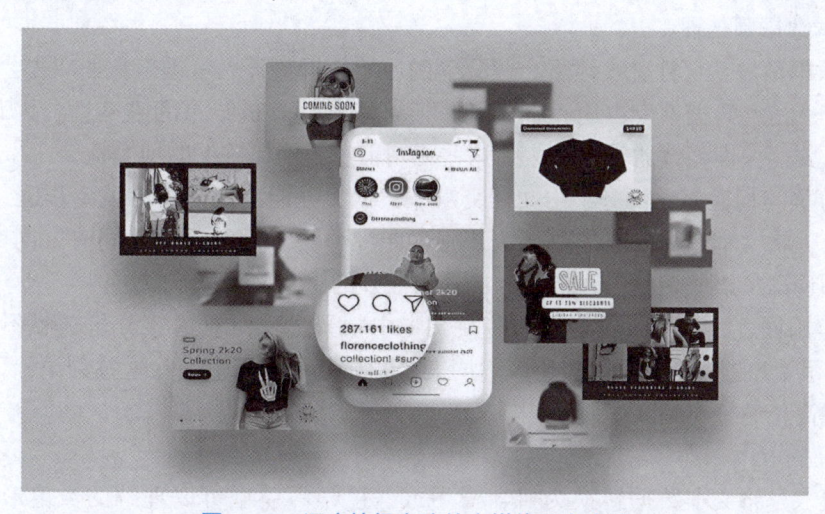

图 6-17　深度挖掘主流社交媒体平台言论

2. 案例目标

（1）情感倾向分析：识别并分析用户对新品的情感倾向，包括正面、负面和中性评价。

（2）关键词提取：提取用户评论中的高频关键词和短语，了解用户关注的焦点和兴趣点。

（3）意见领袖识别：识别并关注在社交媒体上对新品有高度影响力的意见领袖，以便后续合作或公关策略的制定。

（4）趋势预测：基于情感分析结果，预测新品的市场接受度和潜在的销售趋势。

3. 案例实施

在社交媒体情感分析的案例中，品牌通过以下步骤监测新品发布后的用户反馈：

（1）数据收集：使用监听工具，根据关键词自动搜集用户关于新品的讨论。

（2）数据预处理：清洗数据，包括去除广告和重复内容，进行分词和停用词过滤。

（3）情感分析：运用深度学习模型判断文本情感倾向，识别情感词汇和短语。

（4）结果展示与解读：利用可视化工具展示分析结果，识别用户反馈的正面、负面和中性评价。

（5）策略调整：根据分析结果，品牌快速调整市场策略，如针对负面反馈优化产品或调整价格，利用正面评价加强宣传，增强品牌影响力和用户黏性。

4. 案例成效

通过社交媒体情感分析的应用，该品牌不仅及时掌握了市场对新品的真实反馈，还成功识别了潜在的市场机会和风险点。基于这些洞察，品牌团队迅速调整策略，有效提升了新品的市场接受度和销售业绩。此外，情感分析还帮助品牌建立了更加紧密的用户关系，增强了用户对品牌的忠诚度和市场竞争力。

（二）技术实现

在社交媒体情感分析的应用案例中，技术实现是确保分析结果准确性和实用性的关键环节。以下详细阐述该案例中涉及的文本数据预处理、特征提取、情感分类算法的选择与训练，以及最终的情感分类过程。

1. 文本数据预处理

（1）数据清洗：从社交媒体平台收集到的原始数据包含大量噪声，如广告、垃圾信息、重复内容等，这些数据不仅占用存储空间，还可能干扰分析结果的准确性。因此，需要通过正则表达式、关键词过滤等方法去除这些无用信息，确保数据的纯净性。

（2）分词与词性标注：对于中文社交媒体数据，分词是预处理的重要步骤。利用 jieba 等分词工具，将文本切分成独立的词语或短语单元，便于后续处理。同时，词性标注能够进一步识别词语的语法功能，为情感分析提供额外的上下文信息。

（3）停用词过滤：停用词是指那些在文本中频繁出现但对情感分析贡献不大的词语，如"的""了""是"等。通过构建停用词表，并在分词结果中去除这些词语，可以减少数据维度，提高情感分析的效率。

2. 特征提取

特征提取是将文本数据转换为机器学习或深度学习模型可以理解的数值形式的过程。在社交媒体情感分析中，常用的特征包括词袋模型（Bag of Words，BoW）、TF-IDF 和词嵌入（Word Embeddings）等。

（1）词袋模型：简单地将文本表示为词汇的集合，不考虑词汇的顺序和上下文关系。但在情感分析中，由于情感往往由特定的词汇或短语触发，因此词袋模型仍具有一定的应用价值。

（2）TF-IDF：在词袋模型的基础上，通过考虑词汇在文档集合中的出现频率和逆文档频率来评估词汇的重要性。TF-IDF 能够有效地降低常见词汇的权重，提高稀有但具有情感色彩的词汇的权重。

（3）词嵌入：利用深度学习技术将词汇映射到高维向量空间中，使语义上相似的词汇在向量空间中具有较近的距离。词嵌入能够捕捉词汇之间的语义关系，为情感分析提供更加丰富的上下文信息。

3. 情感分类算法的选择与训练

情感分类算法的选择与训练对社交媒体文本分析至关重要。传统机器学习算法，如朴素贝叶斯、支持向量机和随机森林，通过学习映射关系进行情感分类，但在处理社交媒体的高噪声和多样性文本时可能受限。深度学习算法，包括 CNN 和 RNN（及其变体 LSTM、GRU），通过提取局部特征和捕捉时序信息，更适合分析具有复杂语境的文本。品牌倾向于选择深度学习模型，利用预训练词嵌入模型如 Word2Vec、GloVe 或 BERT 初始化参数，并通过在特定领域的数据集上微调来提升性能。通过训练这些模型，品牌能够自动分类社交媒体文本情感，有效应对市场反馈，实现快速而精准的情感分析。

在该案例中，为了应对社交媒体文本的复杂性和多样性，品牌选择了基于深度学习的情感分类模型。具体而言，他们可能采用了预训练的词嵌入模型（如 Word2Vec、GloVe 或 BERT）来初始化模型参数，并通过在特定领域的社交媒体数据集上进行微调来优化模型性能。通过训练这些深度学习模型，品牌能够实现对社交媒体文本数据的自动情感分类，并快速响应市场反馈。

4. 情感分类过程

在情感分类过程中，首先需要将预处理后的文本数据转换为模型可以理解的输入格式（如向量序列）。然后，利用训练好的情感分类模型对输入文本进行情感倾向的判断。模型会根据文本中的词汇、短语和句子结构等信息综合评估整体情感倾向，并输出相应的情感标签（如正面、负面或中性）。最后，通过可视化工具将情感分析的结果直观地展示给品牌团队和市场人员，以便他们根据分析结果制定相应的市场策略和产品优化方案。

三、新闻分类与推荐

（一）案例描述

在信息爆炸的时代，新闻媒体每日需处理的海量信息让传统的新闻编辑与分类方式显得力不从心。为了提升新闻资讯的组织效率与用户体验，新闻分类与个性化推荐系统应运而生，成为文本挖掘技术在媒体行业的又一重要应用典范。以下将详细阐述一个基于文本挖掘技术的新闻分类与推荐系统案例。

某知名新闻门户网站，为了应对日益增长的新闻量与用户对个性化信息需求的增加，决定引入先进的文本挖掘技术，对新闻内容进行自动化分类，并构建个性化新闻推荐系统（见图 6-18）。该系统旨在提高新闻编辑的效率，减少人工分类的错误率，同时为用户提供更加精准、符合其兴趣偏好的新闻推送。

1. 技术架构

（1）新闻数据采集：系统首先从各大新闻源、社交媒体、RSS 订阅等多种渠道实时抓取新闻数据，包括标题、摘要、正文、发布时间等关键信息。

（2）新闻预处理：对收集到的新闻数据进行清洗，去除无关标签、广告链接、特殊字符等噪声，并进行分词、词性标注、停用词过滤等处理，为后续的分类与推荐算法提供高质量的文本数据。

（3）新闻自动分类：

① 特征提取：采用 TF-IDF、词嵌入（如 Word2Vec、BERT）等方法提取新闻文本的特征向量。

② 分类算法：利用机器学习（如朴素贝叶斯、支持向量机、随机森林）或深度学习

图 6-18 新闻分类与个性化推荐

(如 CNN、RNN 及其变体 LSTM、GRU)算法对新闻进行自动分类。根据新闻内容的特点，选择最适合的模型进行训练，将新闻划分为政治、经济、体育、娱乐等多个类别。

③ 模型优化：通过交叉验证、超参数调优等方法不断优化模型性能，确保分类结果的准确性和稳定性。

（4）个性化新闻推荐：

① 用户画像构建：基于用户的阅读历史、点击行为、停留时间、分享记录等数据，运用协同过滤、基于内容的推荐算法或混合推荐策略，构建用户兴趣模型。

② 新闻匹配与排序：将用户兴趣模型与新闻特征向量进行匹配，计算新闻与用户兴趣的相似度，并根据相似度对新闻进行排序，优先推荐用户最可能感兴趣的内容。

③ 实时更新与反馈：系统会根据用户的实时反馈（如点击、阅读时长、评论等）不断调整用户画像和推荐策略，实现推荐列表的动态优化。

2. 应用效果

该新闻分类与推荐系统的实施，显著提升了新闻编辑的工作效率，减少了人工分类的成本与错误率。同时，个性化推荐功能的引入，极大地改善了用户体验，使用户能够更快地获取到自己感兴趣的新闻内容，增强了用户黏性。此外，通过对用户行为数据的深入分析，新闻媒体还能更好地了解市场需求和用户偏好，为内容创作和广告投放提供更加精准的数据支持。

（二）技术实现

在新闻分类与推荐系统的技术实现过程中，文本挖掘技术扮演了核心角色。以下将详细阐述从新闻文本预处理、特征提取、分类算法应用到个性化推荐策略的整个技术流程。

1. 新闻文本预处理

新闻文本预处理是新闻分类与推荐的首要步骤，其目的在于提高后续处理步骤的效率和准确性。预处理过程通常包括以下几个关键步骤：

（1）去除 HTML 标签：新闻文本中常包含 HTML 标签，这些标签对于文本内容的理解并无帮助，反而会增加处理难度。因此，需要使用正则表达式等工具将 HTML 标签从文本中剥离。

（2）分词：对于中文新闻，分词是将连续的字序列切分为独立词汇单元的过程。分词的质量直接影响后续特征提取和分类的效果。常用的分词工具有 jieba、HanLP 等。

（3）词性标注：词性标注能够识别出词汇在句子中的语法功能，如名词、动词、形容词等。虽然词性标注在新闻分类中的直接作用有限，但它可以为后续的高级特征提取或情感分析提供有用信息。

（4）停用词过滤：停用词是指那些在文本中频繁出现但对文本主题贡献不大的词汇，如"的""了""在"等。通过构建停用词表，并在分词结果中去除这些词汇，可以减少特征向量的维度，提高处理速度。

（5）去重与归一化：对于重复的新闻内容或相似度极高的文本，需要进行去重处理。同时，为了消除文本长度对分类结果的影响，还可以对文本进行归一化处理，如截断或填充至固定长度。

2. 文本特征提取与特征向量构建

在完成文本预处理后，接下来是提取文本特征并构建特征向量的过程。常用的特征提取方法包括词袋模型和 TF-IDF。

（1）词袋模型：词袋模型将文本简单地视为词汇的集合，不考虑词汇的顺序和上下文关系。在新闻分类中，可以使用词袋模型统计每个词汇在新闻文本中出现的频率，并据此构建特征向量。然而，词袋模型存在维度灾难和词汇间独立性假设过强的问题。

（2）TF-IDF：TF-IDF 在词袋模型的基础上进行了改进，通过考虑词汇在文档集合中的出现频率和逆文档频率来评估词汇的重要性。TF-IDF 能够降低常见词汇的权重，提高稀有但具有区分度的词汇的权重，从而提高特征向量的表示能力。

（3）除了传统的词袋模型和 TF-IDF，还可以采用词嵌入技术将词汇映射到高维向量空间中，以捕捉词汇之间的语义关系。常用的词嵌入模型有 Word2Vec、GloVe 和 BERT 等。

3. 分类算法应用

在提取了文本特征并构建了特征向量后，就可以使用分类算法对新闻进行分类了。常用的分类算法包括朴素贝叶斯、支持向量机、随机森林等机器学习算法，以及 CNN、RNN 等深度学习算法。

（1）机器学习算法：朴素贝叶斯算法基于贝叶斯定理和特征条件独立假设进行分类；支持向量机通过寻找一个超平面将不同类别的样本分开；随机森林则通过构建多个决策树并集成其分类结果来提高分类的准确性和鲁棒性。

（2）深度学习算法：CNN 擅长捕捉文本的局部特征，适用于处理固定长度的文本数据；RNN 及其变体（如 LSTM、GRU）则能够处理变长文本数据，并捕捉文本中的时序信息和长期依赖关系。在新闻分类中，深度学习算法通常能够取得比传统机器学习算法更好的性能。

4. 个性化新闻推荐

除了新闻分类，个性化新闻推荐也是新闻推荐系统的重要组成部分。个性化推荐通常结合协同过滤和内容推荐两种策略。

（1）协同过滤：基于用户的历史行为数据（如点击、阅读、分享等）计算用户之间的相似度或新闻之间的相似度，然后根据相似度为用户推荐可能感兴趣的新闻。协同过滤不需要对新闻内容进行深入分析，但容易受到冷启动和数据稀疏性问题的影响。

（2）内容推荐：基于新闻的内容特征（如文本相似度、主题标签等）和用户兴趣模型（如用户画像）进行推荐。内容推荐能够解决冷启动问题，并为用户提供更加精准和个性化的推荐服务。

四、诈骗语义聚合与犯罪地图构建

（一）案例描述

在公共安全领域，随着信息技术的飞速发展，文本挖掘技术已成为打击诈骗犯罪、提升警务效能的重要工具。这一技术通过深度解析诈骗案件的文本描述，不仅实现了案件的语义聚合，还助力构建了直观的犯罪地图，为公安部门提供了前所未有的决策支持（见图6-19）。以下是一个关于诈骗语义聚合与犯罪地图构建的具体案例描述。

图6-19 犯罪识别技术

1. 案例背景

近年来，网络诈骗、电信诈骗等新型犯罪手段层出不穷，其隐蔽性高、传播速度快、影响范围广的特点给社会治安带来了严峻挑战。公安部门在应对这类犯罪时，面临着案件数量庞大、信息分散、关联度难以把握等难题。因此，如何高效整合案件信息，挖掘潜在关联，成为提升侦查效率、精准打击犯罪的关键。

2. 诈骗语义聚合技术

为了有效应对上述问题，公安部门引入了文本挖掘技术中的语义聚合方法。首先，利用自然语言处理技术对诈骗案件的文本描述进行预处理，包括分词、词性标注、去停用词等步骤，以提取出案件的核心信息。随后，采用主题模型（如LDA模型）或聚类算法（如K-means）对处理后的文本进行语义分析，将具有相似主题或描述模式的案件自动聚合成群。

语义聚合的优势在于能够跨越传统案件分类的界限，发现隐藏在复杂案件信息中的内在联系。例如，通过语义聚合，公安部门可能发现多起看似不相关的诈骗案件实际上采用了相同的诈骗话术或利用了相同的技术手段,从而实现案件的串并和综合分析。

3. 犯罪地图构建

在语义聚合的基础上,公安部门通过案件地理位置信息构建犯罪地图,将案件地点标注并按类型、频率、金额等维度可视化。这使公安部门能直观识别犯罪热点和风险区域,了解诈骗犯罪地理分布,为资源配置和警力部署提供依据。如在高发区增加巡逻、宣传、监控等,有效预防和打击犯罪。

4. 实际应用效果

公安部门利用诈骗语义聚合和犯罪地图构建有效打击诈骗犯罪。语义聚合技术提升了案件识别和串并的效率,而犯罪地图提供了犯罪态势的直观分析,优化了资源和警力配置。随着大数据和 AI 技术的进步,这些技术将进一步提升,助力公安部门实现诈骗犯罪的全链条打击和智能化防控,更好地保护社会稳定和人民财产安全。

(二)技术实现

在上述关于诈骗语义聚合与犯罪地图构建的案例中,技术实现的核心环节紧密围绕文本挖掘技术的三大支柱:语义分析、聚类算法以及可视化技术。以下是对这些技术实现细节的深入阐述:

1. 语义分析

(1)步骤一:文本预处理。

分词:采用专业的分词工具(如 jieba 分词器)对诈骗案件的文本描述进行分词处理,将连续的文本切分为独立的词汇单元。

词性标注:利用词性标注工具识别每个词汇的词性,如名词、动词、形容词等,为后续分析提供基础。

去停用词:构建停用词表,去除文本中的高频但无实际意义的词汇,如"的""了""在"等,以减少数据噪声。

词向量表示:将处理后的词汇转换为高维向量空间中的点,常用方法包括 Word2Vec、GloVe 等,以便进行后续的语义计算。

(2)步骤二:关键信息提取。运用主题模型(如 LDA 模型)分析文本内容,提取出案件的主要主题或话题,这些主题往往反映了诈骗手段、目标群体等关键信息。基于提取的主题和关键词,构建案件的特征向量,用于后续的聚类分析。

2. 聚类算法

(1)算法选择。在本案例中,可采用 K-means、DBSCAN 或层次聚类等算法对案件进行聚类。K-means 适用于已知大致聚类数目的情况,而 DBSCAN 则能自动确定聚类数目并处理噪声点。聚类过程中,算法会根据案件的特征向量计算相似度(如余弦相似度、欧氏距离等),将相似度高的案件归为一类。

(2)优化策略。为提高聚类效果,可采用特征加权、聚类结果评估(如轮廓系数)等方法对聚类过程进行优化。考虑到诈骗手段的多样性和复杂性,可能需要多次迭代和调整聚类参数,以获得最佳的聚类效果。

3. 可视化技术

(1)地图构建。使用 GIS(地理信息系统)技术将案件的发生地点标注在地图上。这通常涉及将案件数据（包括经纬度信息）与地图图层进行匹配和叠加。根据案件类型、发生频率、涉案金额等维度设置不同的可视化样式（如色彩、大小、形状等），以便直观展示犯罪分布情况。

（2）交互功能。在犯罪地图上添加交互功能，如点击案件图标查看详细信息、缩放地图查看不同区域的犯罪态势、筛选特定类型的案件等，以提高用户体验和决策效率。

（3）动态更新。实现犯罪地图的动态更新机制，定期或实时地将新发生的诈骗案件添加到地图上，确保公安部门能够掌握最新的犯罪动态。

试一试

设计基于文本挖掘的在线教育平台用户反馈分析案例

【任务描述】本任务旨在通过设计一个基于文本挖掘技术的在线教育平台用户反馈分析案例，使学生深入理解文本挖掘在提升在线教育服务质量、优化课程内容和增强用户体验方面的应用。通过实践，学生将掌握数据收集、预处理、情感分析、主题挖掘及结果应用等关键技能。

【任务分析】在线教育平台面临着用户反馈多样化、数据量庞大的挑战。为了精准把握用户需求，提升教学质量和用户满意度，平台需要利用文本挖掘技术对用户的评论、反馈和问答数据进行深入分析。本案例将围绕在线教育平台的用户反馈数据，设计一套完整的分析流程，包括数据收集、预处理、情感分析、主题挖掘及结果应用。

【案例描述】

1. 案例背景

随着在线教育市场的快速发展，某知名在线教育平台为了进一步提升教学质量和用户满意度，决定利用文本挖掘技术对其平台上的用户反馈进行深入分析。这些反馈包括课程评论、教师评价、学习社区问答等多个方面。

2. 案例目标

情感倾向分析：识别并分析用户对课程、教师及平台的情感倾向，包括正面、负面和中性评价。

主题挖掘：提取用户反馈中的高频主题和关键词，了解用户关注的焦点和意见。

改进建议生成：基于分析结果，为平台提供具体的课程改进、教师培训和平台优化建议。

【案例实施】

1. 数据收集

（1）利用平台API或爬虫技术，收集指定时间段内（如近三个月）的课程评论、教师评价和学习社区问答数据。

（2）确保数据覆盖不同课程类型、难度级别和授课教师，以保证分析的全面性和代表性。

2. 数据预处理

（1）对收集到的数据进行清洗，包括去除重复项、广告、垃圾信息等无用数据。

(2) 进行分词、词性标注和停用词过滤，将非结构化的文本数据转化为结构化数据，便于后续分析。

3. 情感分析
(1) 构建或选用适合在线教育领域的情感词典，包括正面词汇、负面词汇和中性词汇。
(2) 采用基于情感词典或深度学习的情感分析方法，对预处理后的文本进行情感倾向判断，并计算每条反馈的情感值。
(3) 通过可视化工具（如情感分布图）展示不同课程、教师及平台的情感倾向分布情况。

4. 主题挖掘
(1) 运用LDA模型或其他主题模型对预处理后的文本进行主题挖掘。
(2) 设定合适的主题数和迭代次数，提取出用户反馈中的关键主题和对应的词汇分布。
(3) 结合业务知识和常识进行主题解释，明确每个主题所代表的用户反馈和意见。

5. 结果应用
(1) 根据情感分析和主题挖掘的结果，为平台提供具体的改进建议。
(2) 针对负面反馈较多的课程或教师，提出优化课程内容、改进教学方法等建议。
(3) 针对用户普遍关注的主题，如学习难度、课程实用性等，提出平台功能升级或内容调整的建议。
(4) 跟踪改进措施的实施效果，通过持续的数据分析不断优化平台服务。

根据上面内容，完成表6-1技术路径各自对应的实现方案。

表6-1　数据可视化图形分析与解读

技术路径	实现方案
数据收集与预处理	
情感分析	
主题挖掘	
结果可视化	

扫码解锁［试一试］参考答案

明智领航

文本挖掘：赋能社会治理和发展的智慧引擎

在当今这个信息爆炸的时代，文本数据作为信息的主要载体之一，其规模之庞大、种类之繁多，为数据分析提出了新的挑战与机遇。文本挖掘技术，作为从海量文本数据中提取有价值信息的重要手段，正逐步成为推动国家战略实施与社会发展的重要力量。

从社会治理层面来看，文本挖掘技术为政策制定提供了强有力的支持。政策制定者可以通过对海量政策文本、公众意见、研究报告等进行分析,快速识别出关键议题、热点话题及潜在风险,从而制定出更加精准、有效的政策措施。例如,在公共卫生领域,文本挖掘技术可以帮助分析疫情期间的新闻报道、社交媒体言论等,实时监测公众情绪变化,为疫情防控决策提供科学依据。这种基于数据驱动的决策模式,不仅提高了决策效率,还增强了决策的科学性和民主性。

在社会发展方面,文本挖掘技术的应用更是无处不在。在教育领域,通过分析学生的学习反馈、在线课程评论等文本数据,可以优化教学内容和教学方法,提升教学质量;在环保领域,文本挖掘技术可以辅助监测环境污染状况,分析公众环保意识变化,为环保政策的制定和执行提供有力支持。此外,在金融、电商、法律等多个行业,文本挖掘技术都发挥着不可替代的作用,推动着行业的智能化转型和升级。

值得注意的是,文本挖掘技术的应用并非孤立存在,而是与人工智能、大数据、云计算等前沿技术紧密相连。这些技术的融合应用,不仅提升了文本挖掘的效率和精度,还拓展了其应用场景和范围。例如,结合自然语言处理技术,文本挖掘系统可以更准确地理解人类语言,实现更加智能化的文本分析和处理;利用云计算平台的强大计算能力,可以实现对超大规模文本数据的快速处理和分析。

文本挖掘技术正以前所未有的速度和广度改变着我们的生活方式和工作模式。未来,随着技术的不断进步和应用场景的不断拓展,文本挖掘技术必将在更多领域发挥重要作用,为推动社会进步和发展贡献更多力量。

技能训练

文本挖掘实战:动动手,你也行!

1. 实训目标

(1)激发对文本挖掘的兴趣。

(2)培养实际操作能力和问题解决能力。

2. 实训核心技能

(1)文本数据的采集与清洗。

(2)应用文本挖掘算法进行信息提取和分析。

(3)结果的可视化展示和解释。

3. 实训任务

(1)理论学习:通过在线课程学习文本挖掘的基础理论和方法。

(2)技能测试:完成在线测试,检验理论知识掌握情况。

(3)动手实践:利用实训平台,对真实世界的文本数据进行挖掘分析。

(4)案例分析:选择一个领域(如社交媒体、产品评论等),完成一个完整的文本挖掘项目,包括数据收集、预处理、分析和结果呈现。

4. 实训评价

(1)理论测试:根据测试成绩评定,占比20%。

(2)实例操作:根据实例操作的正确性和创造性评定,占比50%。

(3)综合项目:根据项目完成度、分析深度和结果展示评定,占比30%。

项目七

社群运营与用户互动管理

动画视频

项目介绍

本项目介绍社群运营的基本概念、核心价值、核心策略，以及社群运营中用户互动的方法与技巧，实践社群运营中的用户裂变策略。

学习目标

【知识目标】掌握社群运营的基本概念、核心价值，了解社群运营的核心策略，熟悉社群运营过程中用户互动的方法与技巧，理解社群运营中的用户裂变策略。

【能力目标】能够运用所学知识开展社群运营，具备使用恰当的方法开展社群用户互动的能力，掌握社群运营中用户裂变和转化的相应策略。

【素质目标】培养构建社群运营框架的能力，提升社群运营思维；加强社群运营过程中人际沟通的能力和效率；锻炼实践操作和解决实际问题的能力。

项目导图

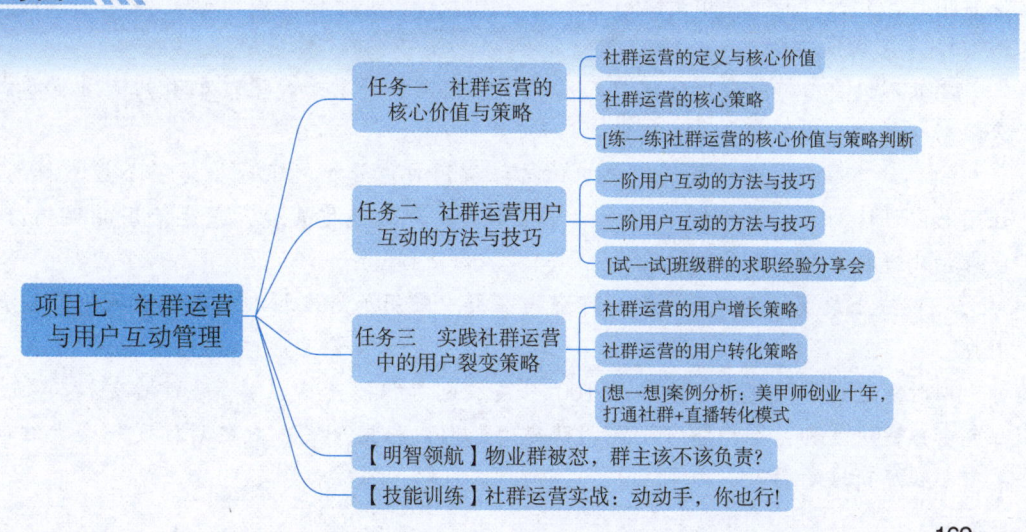

项目七 社群运营与用户互动管理
- 任务一 社群运营的核心价值与策略
  - 社群运营的定义与核心价值
  - 社群运营的核心策略
  - [练一练]社群运营的核心价值与策略判断
- 任务二 社群运营用户互动的方法与技巧
  - 一阶用户互动的方法与技巧
  - 二阶用户互动的方法与技巧
  - [试一试]班级群的求职经验分享会
- 任务三 实践社群运营中的用户裂变策略
  - 社群运营的用户增长策略
  - 社群运营的用户转化策略
  - [想一想]案例分析：美甲师创业十年，打通社群+直播转化模式
- 【明智领航】物业群被怼，群主该不该负责？
- 【技能训练】社群运营实战：动动手，你也行！

案例导入

得物社群营销案例

疫情期间"线上下单、生鲜到家"的便利性，让广大消费者充分感知到社区团购的价值，社区团购受到更多资本关注，也吸引更多玩家入局。

一、社区团购的社群运营

社区团购，是以"团长"为核心，社区为节点的拼团电商模式。团购平台负责整体，提供供应链、物流仓储及售后，而团长则是负责运营社群，使团购活动的价值最大化。可以说，在社区团购线上运营转化，是通过社群来完成的。团长对社群的组织及运营能力，是影响社区平台销量以及用户满意度的关键点。

可见，社区团购想要长远发展，自是离不开社群运营的。

二、社群人员构成

社区团购为用户提供一个高渗透的购物渠道，从生活中贴近消费者，这是市场发展所需要的。同时，社群的圈层直接决定了群成员的需求，为团购带来精准流量。

社群基于微信的高频使用和熟人社交，其中的构成，主要可分为团长、活跃用户及不活跃用户。

团长不仅可以是社群中的带货人，也可以是亲戚好友，带着用户花最少的钱，买优质的商品和服务。团长就是平台品牌延伸到用户群体的触角。

活跃用户：源源不断的流量，不仅稳定平台销量，还有拓客引流的作用。

而好的团购平台，就需要借助社群运营，让群内不活跃用户"活起来"。

那么团长在运营社群的过程中，究竟该做些什么？

三、团长如何运营好社群

如果把平台比喻成为一个人的话，团长就是社区团购平台的手和脚。团长能建立社群吸引用户，并将产品推销出去。

1. 学习裂变玩法

团长不仅要维持社群内部用户的活跃度，更需要帮助平台通过已有的流量资源做好拓客拉新，在线上线下都需要做好裂变活动。

（1）线下裂变。不可否认，要想维持社群用户流量，线下地推是一个最直接的方式。让团长以社区为节点进行线下地推，可在小区内部做试吃展台，或生活用品促销活动等，要求扫码进社群即可享受活动价。

（2）线上裂变。在建群初期，可直接在群中采用加好友拉人进群的方式，积累新一批用户。

同时可进行小福利派发，如满100人发红包（仅限本小区），每新增25人再发一个，红包金额逐次增加，等待群内气氛调动起来。群内积累一定人数之后，发一个大红包，并进行小程序商城的引入。

在商城中，最好同步对当天的生鲜、水果、食材等部分商品设置爆品秒杀活动，如2.99元一个西瓜等，让用户情绪点持续引爆，增强用户黏性。

(3) 群接龙活动。团长还可以通过群接龙的方式，促进老用户复购，并带来新用户下单。只要在社群中，进行活动商品的分享，营造购物氛围。所有用户都可将活动转发到群，用高频带动低频，达成拉新、复购的效果。

2. 如何活跃群内用户

社区团长建立社群，只是第一步。在整个运营过程中，团长要做好联系员与推销员的角色，需要学习多种社群运营方式，才能带动用户活跃，促进平台营销。

(1) 产品运营。通过物美价廉的产品，利用3.9元、9.9元等秒杀产品，进行爆品推动，引起群员自发宣传。

(2) 每日互动。若团长是宝妈，那么可以每日发一些育儿、美容等问题，引发群里讨论，通过提问形式开展，也可分享周围新鲜事，让群生活化，保持活跃度。

(3) 优质内容。最重要一点，就是群中的内容。团长每天可在社群输出一些与生鲜水果有关的内容，如一些关于生鲜水果的选购技巧、美食推荐、菜品分享、生鲜水果的养生及产地科普之类的内容。给用户提供更多的社群价值，也能更好促进成交。

(4) 预售预告。团长也可为第二天爆品做好提前预热。例如，第二天的爆品是当季水果，就可拍一些小视频，或以前几十名秒杀价等活动，促进用户进行消费。

同时，社区团购平台也应该给予互相支持。如十荟团社区团购，通过邀请产地负责人入群，对产品产地进行实拍分享，或直播互动，甚至邀请用户进行实地考察，增强了产品真实性，并激发用户购买欲。

3. 树立团长"主人翁"意识

团长是团购平台的一个形象，同时，也是作为群用户的权益代表。能实实在在帮用户解决问题，用户才不会流失。所以服务意识很关键，前期建议团长可亲自送货，有助于与用户建立良好关系。

同时，注意售后维护。像团购平台中，一些非标品生鲜、水果等出现破损在所难免，团长一定要及时处理，毕竟社区团购做的是"回头客"生意，用户复购率很重要，团长一定要把好售后关。

社群实现了人与人、人与物之间的连接。在运营社群的过程中，谁能高效触达和满足用户，同时愉悦用户，谁就能领先市场。以上就是社区团购应该如何运营好社群的全攻略。

(资料来源：https://baijiahao.baidu.com/s?id=1669279528774059148&wfr=spider&for=pc，有改动)

任务一　社群运营的核心价值与策略

【任务描述】深入理解社群运营的定义，掌握其核心价值及运营策略，为后续实践社群运营提供理论和实践支撑。

【任务分析】通过解析社群运营的定义、核心价值和运营策略，构建社群运营的框架，为后续章节的学习和实践操作奠定基础。

相关知识

一、社群运营的定义与核心价值

(一) 社群运营的定义

社群运营，是指针对特定社群进行规划、执行、监控和优化的一系列运营活动。具体来说，社群运营包括内容策划与发布、用户互动与管理、活动策划与执行、数据分析与优化等环节。通过这些环节的有机结合，可以有效地促进社群内部的交流与合作，增强社群的吸引力和影响力，最终达成既定的运营目标。

(二) 社群运营的核心价值

1. 品牌传播与形象塑造

(1) 建立品牌形象：社群营销允许企业在社交媒体平台上建立并维护自己的品牌形象。通过持续的内容输出和互动，企业可以塑造独特、有吸引力的品牌形象，提升品牌知名度和美誉度。

(2) 深化品牌认知：社群营销能够加深消费者对品牌的认知。在社群中，品牌可以通过分享有价值的内容、举办活动等方式，让消费者更深入地了解品牌理念、产品特点和优势，从而建立更深的情感连接。

2. 用户关系与忠诚度提升

(1) 建立深度连接：社群营销为品牌与消费者之间建立了深度连接的机会。通过社群，品牌可以更加直接地了解消费者的需求和反馈，从而提供更加个性化的服务或产品。

(2) 提高忠诚度：社群成员之间的互动和分享，能够增强品牌与消费者之间的情感联系，提高消费者的品牌忠诚度。同时，社群中的口碑传播也能够吸引更多潜在消费者加入，进一步扩大品牌影响力。

3. 市场调研与产品优化

(1) 收集用户反馈：社群营销是一种有效的市场调研工具，通过社群中的互动和讨论，品牌可以收集到大量的用户反馈，了解市场需求和趋势，为产品优化提供有力支持。

(2) 指导产品迭代：根据社群中的反馈和建议，品牌可以及时调整产品策略，优化产品设计，推出更符合市场需求的产品。这种快速响应市场变化的能力，有助于品牌在竞争激烈的市场中保持领先地位。

4. 销售转化与业绩增长

(1) 提升销售机会：社群营销能直接促进销售转化。通过在社群中分享产品信息、优惠活动等内容，品牌可以激发消费者的购买欲望，引导消费者进行购买行为。

（2）驱动业绩增长：随着社群规模的扩大和活跃度的提升，品牌可以通过社群营销实现更广泛的销售覆盖和更高的销售业绩。同时，社群中的口碑传播也能够带动更多潜在消费者的购买行为，为品牌带来持续增长的动力。

5. 用户服务与用户管理

（1）提供即时服务：在社群中，用户可以通过与品牌或社群管理员的直接交流获得即时服务。这种即时响应的能力能够提升用户的满意度和忠诚度。

（2）建立用户管理系统：社群营销有助于企业建立更加完善的用户管理系统。通过收集和分析社群中的用户数据和信息，企业可以更加精准地了解用户的需求和偏好，提供更加个性化的服务或产品推荐。

二、社群运营的核心策略

社群运营有着一定的规则，商家一定要遵循规则。无论是企业还是个人营销者，都要掌握一些运营策略。设计品牌、挖掘粉丝、与粉丝互动、开展活动等，这些都是社群运营不容忽视的关键策略。

（一）打造消费者信赖的品牌

让人容易记住的名字、良好的产品、可观的市场份额，这些都是成就一个好品牌的必要条件。一个好的品牌，其核心要素在于它在消费者心目中的价值，有了这种价值，商家就可以和消费者建立稳固的感情。

以苹果手机为例，在这个世界上，是否有公司可以设计并制造出比苹果更好的手机呢？答案是肯定的。尽管这样，依然没有哪个品牌可以动摇消费者对于苹果手机的偏爱。因为，对于消费者而言，"苹果"不仅仅是一部手机，"苹果"还是地位、身份、时尚的象征。这里所说的地位，并不是说拥有一部苹果手机的人就高人一等，是指苹果手机可以体现出一个人的品位。

其实，许多企业的品牌名称和业务之间没有任何关系。例如：在苹果手机出现之前，"苹果"和手机、电脑、笔记本电脑之间就没有关系。苹果公司把品牌名称取为"苹果"，是有典故的。最初乔布斯思考给公司取个什么名字的时候，他正寄住在朋友的农场里，当时正值苹果成熟的季节，乔布斯一时兴起，就把公司取名为"苹果"。如今，我们看到的苹果标志有一个被咬过的缺口，这是设计师精心设计的，不想让苹果看起来像一个樱桃。

对于喜爱苹果手机的人来说，品牌本身会凌驾于品牌价格、品质之上，消费者和"苹果"这个品牌建立起情感依赖。"苹果"这个品牌很容易被人识别，可以说，苹果公司的品牌打造得相当成功。拥有这样有影响力的品牌，进行社群营销就会比较顺畅。

总之，无论是手机还是其他商品，打造品牌是关键。有了"声名显赫"的品牌，做社群营销是很简单的事情。

（二）维护核心粉丝群

对于能量不足的运营者来说，在社群运营的初期应该建立核心粉丝群。这种群的特点就是氛围很放松、规矩不多、没有太多的条条框框，人们可以在这个群里畅所欲言，相互认识、相互了解。

粉丝群运营一段时间之后，运营者就可以深入地了解目标人群，熟悉大家聊天时的语气、表情，形成群体沟通的亚文化。

不同的人、不同的社区、不同的产品，形成的亚文化也不同，这种亚文化需要通过发掘有一定运营能力的群内小伙伴去复制。

一个运营者往往无法有效管理社群，需要维护核心粉丝群，在核心群中找到可以帮助自己运营的伙伴。

做社群运营，若在初期没有维护核心粉丝群，直接建设大群，那么就会出现各种管理上的问题，因此维护核心粉丝群很重要。核心群的维护可以采用准入制，设置一个进入门槛，这样可以保障核心群的成员质量。

（三）延长群的生命周期

在网络时代，兴趣相投的人会聚集在一起相互交流。譬如 QQ 群、微信群等是为了满足人们想要相互沟通的需求而建立的。

一般来说，很多群都是出于以下六种需求而建立的。

1. 销售产品、服务已有用户或潜在用户

一个人开了一个火锅店，他请一些朋友到店里免费品尝。这些朋友感觉味道不错，然后就把这家火锅店推荐给其他朋友。

后来，店主建了一个微信群，把很多朋友拉进微信群里，一周更新一次火锅店的信息。这种群的建立就是出于宣传火锅店的需求。

2. 形成自己的人脉圈

一个人建了一个 QQ 群，然后把一些和自己有相同兴趣的人拉进群里，这样就形成了一个人脉圈。

群主建立这个 QQ 群是出于交友的需求，而维护这个群是为了维系自己的人脉圈，在群内与很多志趣相投的人沟通，逐步在圈子里形成自己的影响力。

3. 学习、分享

有人建群，是为了一起学习和分享。如今，很多学生都会建立 QQ 群、微信群，遇到问题时可以在群里相互交流分享。建立这样的群，就是出于学习的需求。

4. 打造自己的品牌

有些淘宝店店主、微店店主想通过建群的方式构建品牌影响力。网络的力量是不可估量的，一个群成员的力量可以被无限放大。

群主通过激励、分享干货、组织活动来提升品牌影响力，从而获得商业回报。

5. 企业内部建立 QQ 群

企业的一些部门会建立 QQ 群，员工可以在群内进行沟通，商量工作细节。有时候，某个员工不在工位上的时候，也可以与同事进行交流，完成工作。

6. 日常生活的交流圈子

日常生活中的很多话题都可以在社群里相互交流，例如：吃什么蔬菜补充维生素 C，按哪个穴位治头疼，做什么运动治疗颈椎病，以及衣服搭配技巧等。

从建群的需求来分析，要想延长一个群的生命周期，就要不断满足群成员的个人需求，

让所有群成员都有动力继续参与群内交流。

当群成员通过群满足了个人需求之后，就会主动在群内分享一些有用的信息，这样，群就可以延长生命周期。对于销售人员来说，有圈子才有生意，因此延长群的生命周期很重要。

（四）铸就良好的口碑

在传统商业模式中，商家都明白"用户是上帝"的道理。在当今市场中，和用户建立感情才是关键。

现在，很多产品的更新换代速度很快。例如：做网站视频的，就要及时更新网站上的内容；生产洗发水的，过几个月就可能会换新的包装。让老用户接受新产品的同时，可以加强口碑营销，让老用户帮忙宣传新产品。

可以说，在互联网时代，口碑决定着一个品牌的生死存亡。在这个时代，每个普通人都是信息的节点，口碑的传播就像滚雪球一样，越滚越大。

1. 让用户用嘴巴传播品牌

让商品占据用户的眼睛，打响商品知名度，让用户用嘴巴去传播品牌，这是企业社群运营的关键所在。

随着市场的发展，商业竞争日益激烈，消费者购买商品越来越注重品牌。商家可以打动一部分消费者的心，让这些人成为品牌的忠诚用户，然后通过信息传播机制，激励他们将品牌的评价传播出去。

小米发行手机时，已经通过 MIUI 系统积累了 50 万的忠诚用户，而这 50 万的忠诚用户是通过早期 100 名发烧友志愿者发展起来的。如今，小米的"米粉"群体达到了数千万。

通过小米的例子可以看出，对于一个品牌而言，最初的忠诚用户就是早期的消费社群领袖。这些用户也被称为品牌的种子用户，通过这些种子用户，还可以挖掘出许多潜在消费群体。

企业应该让用户自觉对品牌进行讨论和传播，先培养用户的忠诚度，再打造品牌的知名度。要知道，知名度是在忠诚度的基础上形成的。有了大批忠诚用户，才容易建立正面的品牌形象。

2. 双向交流才有效

在社群营销中，忠诚用户对于企业来说至关重要，忠诚用户会主动为企业宣传品牌。例如：小米的粉丝愿意帮助寻找小米之家的选址，为小米的同城活动献计献策等。

小米粉丝曾做过这样的事情：小米曾经想在珠三角举办同城会，但是出于天气原因，航班延误了，这导致小米的工作人员无法按时赶到现场布置场地。通过电话沟通，当地的多名米粉自愿帮忙，连夜布置了会场。最终，小米同城会如期举行。

通过小米的这个事例可以看出，米粉不仅仅是小米产品的使用者，还是小米这个大家庭的一员。对于米粉而言，小米的事情就是他们的事情。其实，这就是社群营销的核心所在，通过社群的力量积累资源。

在互联网时代，企业与消费者处于一个社群中。与消费者进行双向交流，占领消费者的心灵，才能让他们自愿为企业品牌助威，从而铸就良好的口碑。

(五) 倾听消费者的声音

现如今，消费者可以在京东、淘宝、亚马逊、当当等平台购买商品，可以在商家店铺下面进行评价。消费者的评价会被别人看到，这种评价会对潜在消费者的购买行为产生影响。

一个人的声音不大，但是，若一个人的声音对成千上万的人产生影响，商家就会重视。网络社群的形成，改变了人们购买产品和互动的方式。在网络社群中，任何一个声音都会影响到整个社群。

在打造品牌、开拓市场等一系列商业活动中，都应聆听消费者的声音。只有仔细聆听，商家才能和消费者融为一体，打造产品社群，为产品的发展共同努力。

(六) 让消费者获得参与感

从产品的品牌设计、生产到出售，让消费者参与整个过程，他们就会获得参与感。若消费者对于一个品牌有着不一般的感情，那么这个品牌就会形成强大的品牌势能，这样企业就可以积累无限财富。

决定品牌在公众面前呈现势能的三个因素包括主体势能、媒体势能以及公众再传播。在这三个因素中，公众再传播是最重要的因素。决定公众再传播力量的是参与感。若一个品牌可以让消费者获得参与感，那么消费者就会忠诚于该品牌，从而自愿做品牌的代言人。

其实，社群营销就是积累大量忠诚用户的过程。那么，企业该如何积累忠诚用户呢？首先，要让用户获得参与感。在过去，企业通过报纸、杂志、收音机以及电视等媒介进行营销，这种营销属于广告式的，消费者只能被动地接受，但是却不能与企业进行对话，这就使消费者缺乏一种参与感。若消费者可以参与企业的营销过程，获得参与感，就会忠诚于企业的品牌。

在小米产品的开发过程中，有很多用户都参与其中，为小米出谋划策。对于小米而言，这些用户的价值，并不在于他们帮助小米开发了优秀的产品，而在于他们成为小米的忠诚用户，对小米产生了一种情怀。

通过小米的案例可以看出，强大的品牌势能源于消费者对于品牌的情怀，而这种情怀又来源于参与感，所以企业一定要注重让消费者获得参与感。

(七) 从交流中发现兴奋点

长期以来，很多营销活动都把"优惠""折扣价"作为重点，对此，消费者早已看透，甚至会把优惠促销价看作正常的商品售价。

某剧的热播，使"炸鸡啤酒"走红，成为爆款美食。江苏电信营业厅借助了该部电视剧的人气，推出了"爱她就送她炸鸡啤酒"的营销活动，消费者只要购买了三星手机，三星就会送上炸鸡和啤酒作为赠品。

由于剧中的男女主角用的都是三星手机，所以江苏电信营业厅的这次营销活动设计得恰到好处。许多网友对该活动点赞，认为这次的活动十分有创意。

其实，炸鸡和啤酒本身并不是很值钱，但是在特定的事件和环境中，炸鸡和啤酒被赋予了特殊的意义。炸鸡和啤酒并非消费者购买三星手机的直接原因，但是由于某剧的热播，这次营销活动成功地利用了消费者的兴奋点，从而成功提升了三星手机的关注度，使活动更加有创意。

在社群营销中,通过在网络平台与用户的交流,营销人员可以顺利地找到用户的兴奋点。比如营销人员可以了解一下当下流行的活动、用户喜欢看的电视剧,从中找出用户的兴奋点。企业可以借助电视剧中的道具、台词等作为产品宣传的工具。

总而言之,找到用户的兴奋点之后,可以通过开展活动的方式来推广产品,调动用户参与活动的热情。

练一练

社群运营的核心价值与策略判断

1. 社群运营包括了内容策划与发布、用户互动与管理两个环节。（   ）
2. 社群运营的核心价值之一是品牌传播与形象塑造,但不包括深化品牌认知。（   ）
3. 社群营销不能有效收集用户反馈,因此不适合作为市场调研工具。（   ）
4. 在社群运营过程中,维护核心粉丝群是初期阶段的必要步骤,同时有必要设置进入门槛。（   ）
5. 社群运营中,铸就良好的口碑主要通过单向传播品牌信息来实现。（   ）
6. 社群运营中,让消费者获得参与感是积累忠诚用户的关键步骤,但与品牌势能无关。（   ）
7. 在社群运营的初期,如果运营者没有首先建立并维护核心粉丝群,而是直接建设大群,那么社群管理将不可避免地面临各种问题和挑战,因此,维护核心粉丝群是社群运营成功的关键步骤之一。（   ）
8. 为了延长一个社群（如 QQ 群、微信群）的生命周期,关键在于持续满足群成员的个人需求,使他们保持活跃并参与群内交流。（   ）
9. 在互联网时代,只要企业拥有大量的忠诚用户,就能自动铸就良好的口碑,无须进行任何形式的双向交流或激励措施。（   ）
10. 社群营销是一个积累大量忠诚用户的过程,若消费者可以参与企业的营销过程,获得参与感,就会忠诚于企业的品牌。（   ）

扫码解锁［练一练］参考答案

任务二　社群运营用户互动的方法与技巧

【任务描述】熟悉社群运营用户互动的方法,掌握社群运营用户互动的若干技巧,为后续实践社群运营用户增长与转化奠定基础。

【任务分析】通过解析社群运营用户互动的方法和技巧,理解社群运营用户互动的过程,为后续章节的学习和实践操作提供理论支撑。

相关知识

一、一阶用户互动的方法与技巧

（一）社群分享活动

社群分享活动中的分享内容可以是生活感悟、专业知识、创业故事等,总之一切对用户有价值、能够满足用户需求的内容,都可以成为很好的分享内容。

1. 常见社群分享活动

常见社群分享活动包括社群运营者定期分享、邀请嘉宾分享、优秀社群成员分享、社群成员的独家经验总结分享等。

（1）社群运营者定期分享。社群运营者定期分享,很容易得到社群成员的认可。不过,这种分享机制对社群运营者的要求很高,比如社群运营者需要有极高的威望、有号召力,且有源源不断的分享主题和充足的分享时间。

（2）邀请嘉宾分享。邀请嘉宾分享,即请社群外的"大咖"或专家来做分享。社群运营者需要在分享活动开始前几天就让分享嘉宾做好准备,因为有的分享嘉宾是社群运营者的长期合作伙伴,而有的分享嘉宾可能是突然收到邀请的"大咖",与社群运营者并无太多交情。

（3）优秀社群成员分享。在社群分享活动中,社群成员喜欢看的往往是某一方面的经验总结。而要满足社群成员的需求,就需要有经验且成果丰富的优秀成员来做分享。

2. 策划分享活动的环节

要策划一场社群分享活动,需要考虑十个环节,见图7-1。

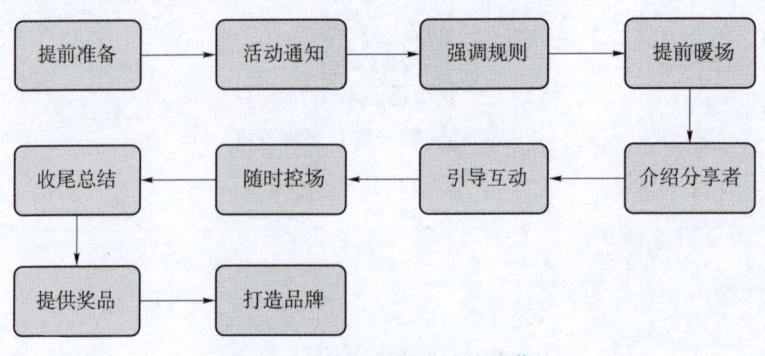

图7-1　策划分享活动的环节

（1）提前准备。专业知识或经验分享模式要邀约分享者，并要求分享者就话题准备素材（特别是对于没有经验的分享者，检查他分享的内容质量是必要的），特别要强调分享者应该分享对大家有启发的内容，而不是借着分享做自己的广告。

话题分享模式要准备话题，并就话题是否会引发大家讨论进行小范围的评估，也可以让大家提交不同的话题，由话题主持人选择。

（2）活动通知。如果确定了分享的时间，就应该提前在群里多发布几次消息，提醒群员按时参加，否则很多人会因为工作而选择屏蔽消息，错过活动通知。如果分享特别重要，甚至应采取群发或一一通知的手段。

（3）强调规则。如果在群分享前，群中有新朋友进入，由于他们往往不清楚分享的规则，会在不合适的时机插话，影响嘉宾的分享，因此在每次分享开场前都需要提示。

如果是 QQ 群，可以在分享规则时临时禁言，避免规则提示被很快刷掉。小助手们要做好分工，分配好各自的任务，各司其职。

（4）提前暖场。在正式分享前，应该提前打开群禁言，或者主动在微信群说一些轻松的话题，引导大家上线，营造交流的氛围。一般一个群上线的人越多，消息滚动得就越快。

（5）介绍分享者。在分享者出场前，需要社群中有一个主持人做引导，介绍分享者的专长或资历，让大家进入正式倾听的状态。

（6）引导互动。不管是哪种分享模式，都有可能出现冷场的情况，因此分享者或话题主持人要提前设置互动引导点，而且要适当有点耐心等待别人敲字；很多人是手机在线，打字不会太快。

如果发现缺乏互动，需要提前安排几个人赶紧热场。很多时候需要有人开场带动气氛。

（7）随时控场。若是在分享的过程中有人干扰，或者提出与主题无关的内容，这时需要主持人私聊提醒，引导这些人先服从分享秩序。

如果是 QQ 群，直接以小窗沟通就很方便，必要时还可以直接用禁言的方式强制控场。但如果是微信群，你必须先加好友才能沟通，要麻烦很多。如果直接在微信群里提醒，又会干扰嘉宾发言，因此很多时候选择 QQ 群进行管理更方便。

（8）收尾总结。分享结束后，要引导大家就分享做一个总结，甚至鼓励他们去微博、微信朋友圈分享自己的心得体会。这种分享是互联网社群运营的关键，也是口碑扩散的关键。

（9）提供奖品。在分享结束后，如果对总结出彩的朋友、对用心参与的朋友赠送各种小奖品，就更会吸引大家参与下一次分享。

（10）打造品牌。分享的内容进行整理后，可以通过微博、微信公众号等新媒体平台发布、传播。很多社群做在线分享，但是没有打造分享的品牌，这些活动就没有形成势能，也没有考虑把品牌活动的势能聚合到可以分享的平台上，这就造成了口碑的流失，导致社群品牌积累的流失。

（二）社群红包

为了提高社群活跃度，吸引更多新用户参与并留住老用户，社群运营者常常会采用各种各样的促活方式，发红包就是其中常见的一种。

1. 社群红包类型

抢红包可以说是一种全民性的活动，因其普适性、趣味性等特点，受到了大众由衷的喜爱。下面介绍常见的社群红包类型，见图7-2。

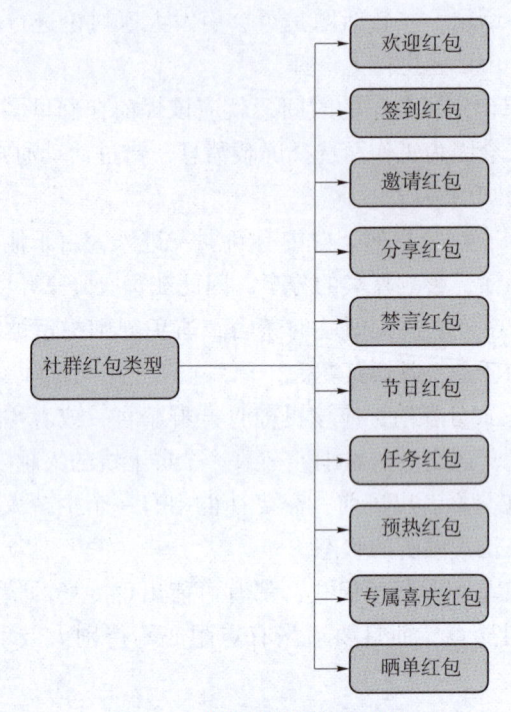

```
                    ┌── 欢迎红包
                    ├── 签到红包
                    ├── 邀请红包
                    ├── 分享红包
                    ├── 禁言红包
    社群红包类型 ───┼── 节日红包
                    ├── 任务红包
                    ├── 预热红包
                    ├── 专属喜庆红包
                    └── 晒单红包
```

图7-2 常见的社群红包类型

（1）欢迎红包。每当社群中有新成员加入时，社群运营者可以给予他们一定的仪式感，从而让他们更快地融入社群。除了向新成员发送欢迎语，社群运营者也可以由群主或者管理员代表发送一个红包，作为一个简单的欢迎仪式，迎接新成员的到来。这样做除了能让新成员感受到被重视，也能让其他群成员更加关注新成员。

（2）签到红包。每天发签到红包，能起到主动唤醒社群的作用。每天的签到红包可以分为早安红包和晚安红包。红包金额不在多，也不需要平分。限额、限量的红包，其实就能起到很好的引导作用。

发社群签到/问好红包，核心目的不在于让大家抢到多少钱，而是让大家形成社群记忆。

（3）邀请红包。为了鼓励群成员邀请新人加入，社群运营者可以设置邀请红包对这种行为进行奖励。为了扩大社群规模，应当鼓励群成员多多邀请好友加入。这里有两种发红包的思路。

① 对邀请者个人直接进行奖励，也就是如果哪位群成员邀请了新人，就可以给其发红包作为邀请奖励。

② 当社群成员达到指定人数时，如社群人数每增加100个发一次红包，或社群人数达到100个、200个、300个、400个、500个的时候发不同金额的红包。这种群体性质的成员福利，会让黏性较强的社群成员产生更多的邀请动力。

（4）分享红包。邀请社群成员做分享，分享完让大家用红包评价，如果大家觉得内容足够优质，就给分享者发小额红包以示感谢。

（5）禁言红包。有的社群成员违反了规定被禁言，而看到群中的交流非常活跃想插话，这时就可以主动发红包请求解禁。

（6）节日红包。节日红包比较常见，通常就是在重大节日，或者重要的日子（如周年庆、品牌日、会员日等）发的红包。发节日红包的目的主要是烘托节日气氛，对于树立品牌形象也能起到一定的作用。

当然在不同节日，对红包的金额、数量、发放方式要求也不同。在中秋节、国庆节、春节等节日发红包，大家花时间抢红包，互相说祝福，都十分开心。

（7）任务红包。社群中通常会发布一些任务，如发好评、点赞、分享等。群成员完成这些任务之后，就可以通过截图反馈来领取对应的任务奖励，而奖励可以设置为红包。这种方式可以带动社群其他成员参与，实现持续性的正向反馈，从而提高社群的活跃度。

（8）预热红包。企业或品牌会不定时地进行一些或大或小的活动，社群作为私域流量池，是活动宣传的重要场所。要让更多的社群成员关注企业的活动，充分调动群成员的积极性，社群运营者就可以发预热红包。

（9）专属喜庆红包。如在某人生日、结婚、粉丝数破万时发的庆祝红包就是专属喜庆红包。生日红包作为一种祝福，非常能凸显社群的人情味，也能让群成员感受到自己是被重视的，从而加深对品牌的好感，这对之后的激活和转化都能起到正向的推动作用。

（10）晒单红包。引导群成员在群内晒单是非常有必要的，有助于促进社群的转化。这个晒单可以是购买商品后的订单截图，也可以是收到商品或者接受服务后的反馈分享晒单。群成员通过分享自己的使用感受，能帮助商家打消其他用户的顾虑，增强其信任感。

这两种情况都是可以通过发红包进行奖励，激励其他社群成员下单，从而实现转化的。

2. 发放社群红包策略

（1）找个合适的发红包的理由。发红包不能太任性，得有一个理由。有的群主每天早上发一个小红包，美其名曰激活气氛，最后导致一些人每天早上默默抢完红包就走，然后另外一些人被每天早上抢到小红包的发言吵得难以忍受，愤然离群。

在中秋、国庆、春节这些喜庆的日子发红包，大家花点时间乐一乐，抢一抢，都开心。有喜讯，有好事，有"大牛"入群，有重要通知，发个红包活跃气氛，吸引大家注意力，这也是可以的。

过于频繁发红包，还会导致红包激活效应下降，红包在工作时间段发，尤其会被很多加班党忽略，就算抢了，那种抢了小钱却耽误了工作的懊悔感也会导致红包效应下降。

（2）设置合适的红包金额和数量。社群运营者发红包的目的是活跃气氛，因而需要设置合适的红包金额和数量。

红包金额不能太小。因为抢红包也是要花费时间和流量成本的，人们抢到几分钱的红包时，懊悔感比惊喜感要更强烈。那么，发大额红包好不好呢？一般而言，也不建议发大额红包。对于不喜欢占别人便宜的人来说，无缘无故抢到大额红包，也是一种精神负担和压力。因此，若只是为常见的事情发红包，金额就不需要太大。发红包时采取多人随机分配的方式，可以活跃群内气氛。

到底要发多少个红包呢？红包的一个运营规则就是"抢"，一般不需要"人人有份"。假如一个群有 500 个人，让 50 个人抢到就已经很好了，没有抢到的人也多了一个话题。但是如果群规模很小，群内成员都是自己的朋友，这时就要做到人人有份。

（3）在正确的时间发红包。有的社群运营者发红包时不注意时间。例如，在工作时间发红包，红包就会被很多专注于工作的成员忽略。就算有人在工作时间抽空抢了红包，但打开一看金额较小，结果可能不仅没有抢到红包的喜悦感，还会因占小便宜耽误工作而懊悔，以后可能就不会积极参与抢红包，红包的激活效应也就无从谈起了。

经过观察和总结，一般在早上发红包的效果不好，因为大家马上要进入工作状态，没有心情互动。而在中午和下午临近下班时、晚上 9 点后、节假日大家都有空闲的时间发红包，效果会比较好。

如果要发通知红包，就先发通知信息再发红包，而且过一会儿要补发一次通知，否则抢红包的消息会直接把通知"淹没"掉。

（4）巧设规则让红包成为激励的武器。有的群为了激活气氛，搞红包接龙，比如抢到最大红包的人接着发双份，一个红包接龙可以玩很久。

有些人甚至设置各种规则玩红包，例如翻倍赌大小的游戏，近乎成了变相赌博，这是要杜绝的。

设置发红包的规则很多，最常见的就是发广告要发红包，金额不等。

二、二阶用户互动的方法与技巧

（一）社群积分活动

社群积分活动是对用户非常有效的一种运营方式。企业通过积分的诱惑来满足用户的需求，可有效增强用户黏性，促进拉新、转化和提高用户的活跃度。

1. 社群积分的含义和作用

社群积分是用来鼓励用户签到、发言、活跃社群气氛，或是完成用户留存、拉新等社群任务的一种激励运营方法。企业可结合社群运营情况设定具体的积分数值，当用户完成签到、发言、邀人入群以及其他规定动作时，就能获取相应的积分奖励，从而达到设置积分的目的。

在社群这种私域流量池中，积分活动的作用是非常大的，它可以直接引导用户按照企业的要求完成留存、活跃、转化、拉新等行为。通过这些行为，企业可以收获用户的增长以及收益的提升，这就是社群积分活动带来的好处。

在社群积分活动中，积分奖励是必不可少的。除了用户固定行为的积分奖励，企业还需要根据实际情况来自定义积分奖励，这是为了更好地调动用户的积极性，让用户获得更多的积分。

2. 社群积分的设置策略

如果希望通过积分体系刺激社群成员保持活跃度，那么社群运营者就需要设置一些门槛、任务以刺激社群成员产生互动行为。当把这些门槛和任务细化到具体行为时，就能形成合理的社群积分体系。

基于这一思路，在社群中，积分体系的设计过程包括以下五步：

(1) 制定积分获取规则。社群运营者可以从社群成员在社群所处阶段的角度来制定积分获取规则，具体内容如下：

① 在新成员招募阶段，社群成员的自主分享、推荐是一个非常重要的新成员获取渠道。因此，可在这个阶段发放较多的积分来刺激社群成员分享、推荐。

② 在新成员入群阶段，由于新成员已经通过各种渠道进入社群，而如何让他们留在社群内并保持活跃，是这个阶段需要考虑的主要问题。因此，社群运营者需要设计带有积分奖励的新手任务，引导他们快速熟悉社群的功能，帮助他们认识社群的核心价值。通过完成新手任务获得积分是新成员第一次真正付出努力，并且期望通过行动获得回馈的过程。由于新手任务对每个社群成员来说仅有一次，社群运营者需要通过积分奖励来吸引他们的注意力，所以新手任务和积分应当相辅相成，不能辜负新成员的期望。

③ 在社群成员留存阶段，社群运营者需要把关注点放到社群成员的关键行为上。也就是说，社群运营者在进行积分体系设计的时候，首先要对关键行为及环节排序，然后再进行积分的权重设计。例如，把社群成员的行为进一步细分为日常任务行为、核心任务行为、不定期任务行为等，并为不同的行为分配不同的积分数值。用高积分刺激核心任务行为，用能够持续领取积分的日常任务行为来提升社群成员的日常活跃度，同时用可以快速获取高积分的不定期任务行为来增强社群的趣味性，这样社群运营者就可以完成社群成员留存目标。

④ 在社群成员价值激活阶段，社群运营者的目标是鼓励社群成员通过分享等方式在群内进行价值输出，为社群做贡献。这就需要罗列出分享内容和分享效果，经过排列组合后，再来制定积分获取规则。

(2) 设定积分数值。积分数值从某种程度上看，其实是营销预算，因而不可盲目设定，需要计算出每个行为对应的分值，且计算出一个社群成员每日获取的积分上限，以及大概的分配和发放比例，然后再以此建立基础模型。

一般情况下，积分和实际货币有一定的兑换比例，一般是10∶1或100∶1，这样的比例可以让社群成员较为容易地意识到积分的价值。

(3) 设置积分的有效期。设计积分体系的时候，还需要注意设置积分的有效期，一般情况下就是自然年或自然月。社群运营者需定期提醒社群成员继续获取积分或消耗积分。

如果不设置有效期，社群成员在后期可能就会有很多积分，这将会导致两个方面的风险：首先是社群运营者无法预估社群的营销预算，其次是社群成员的积极性没有通过物质奖励或精神奖励及时得到反馈。

设置积分的有效期意味着积分要定期归零。定期归零意味着社群成员需要在指定的期限内消耗完所有积分，或兑换产品，或兑换优惠券。督促社群成员消耗积分的直接理由就是积分要过期了，从而引发他们产生"沉没成本心理""厌恶损失心理"。因此，积分的定期归零有助于销售产品。这也是一到月末或年底，销售产品类社群的销量就会暴增的原因。

当然，如果想要快速提高产品销量，社群运营者也可以在前期尽可能多地发放积分，并督促社群成员消耗积分。

(4) 制定积分的消耗规则。积分本就是为消耗存在的。有吸引力的消耗规则也能反过来增强社群成员获取积分的意愿。

积分对社群运营来说，其意义是激励社群成员，而对社群成员来说则意味着具有类似于货币的价值。因为足够的积分能兑换产品或代金券。从这个角度看，消耗规则是否有吸引力的关键在于社群成员能用积分兑换到什么样的产品，以及这些产品是不是他们想要的。

如果社群成员用积分兑换到了他们想要的产品，他们就会更愿意通过行为去不断地获取积分。所以，社群运营者可以通过构建积分商城的方法来完善积分的消耗规则。在积分商城中，社群成员可以兑换线下活动入场券、无门槛代金券、社群的相关产品，参加线上抽奖、慈善募捐，或者获得某些产品的使用特权等。

(5) 设计积分排行榜。用积分兑换产品可以看作物质奖励，而积分排行榜能触发社群成员的"比较心理"，起到精神奖励的作用。因此，在设计积分体系时，不妨也设计一个社群成员都可以看到的积分排行榜，以此来激发社群成员获取积分积极性。

(二) 社群打卡

社群打卡是社群成员为了养成某个习惯而在群内公开承诺并持续执行的行为。个人在社群内打卡，往往更容易养成一个好习惯。因为在社群内打卡，意味着一种公开的宣誓和承诺，意味着其为了养成某个习惯而准备接受社群成员的监督，代表"认真执行"的态度。

对社群来说，全体社群成员共同为实现一个相同的目标打卡，既能提升社群的活跃度，也能增强社群的凝聚力，还能借助合适的打卡项目输出高价值的内容。

1. 社群打卡项目的策划重点

要策划一个有趣的社群打卡项目，需要从打卡氛围和主题两个方面着手。

(1) 营造积极的打卡氛围。在社群中要让诸多社群成员针对某个项目持续打卡，除了需要社群成员具备较强的自制力，社群运营者还需要营造积极的打卡氛围。而要营造这一氛围，需要策划五个关键要素，见表7-1。

表7-1 营造打卡氛围的五个关键要素

关键要素	方法
榜样	每期都选出表现优秀的参与者，引导他们以优秀"学姐""学长"的身份参与下一期的打卡项目，使之成为参与新一期打卡项目的社群成员的榜样
信心	社群成员互相点评、评分，让所有人都及时获得反馈，从而得到继续坚持的信心
竞争	以小组的名义进行成果比赛，胜出的小组可以获得特定荣誉，如"先锋组"；所有社群成员也都进行个人成果比赛，胜出者可以获得个人特定荣誉，如"个人先锋"
情感	鼓励社群成员积极表达，如讲述自己在某一段时间内坚持打卡的故事和收获
文化	设定促使社群成员行动的打卡文化，如"先完成，再完美""做一个极致的践行者""让自己变得更好"等

(2) 策划参与度高的主题。打卡的方式有很多，社群运营者需要根据社群成员的需求策划参与度高的打卡主题。常见的打卡主题和打卡内容见表7-2。

表 7-2　常见的打卡主题和打卡内容

打卡主题	打卡内容
早起	在群内任意发布一个与早起有关的打卡项目，可以是早起做早餐、早起锻炼、早起学习、写晨间日记等
阅读	在群内发布一项阅读内容，可自由选择阅读书籍，可利用"拆书"、提炼金句、写读后感等方式进行阅读输出
画画	在群内发布与画画有关的内容，如以群内任意一人的微信头像作画，简笔画、素描、彩铅画、水彩画、油画皆可，画风不限
分享	以 15~30 分钟"语音分享"的方式轮流在群内分享，分享内容可以是图书、电影、掌握的某种有用的技能、生活技巧等
烹饪	每天在群内分享自制美食的相片，并用文字描述烹饪过程，大家互相评分
写作	社群成员在读完书、听完课之后，思考有哪些内容是自己用得上的，以及该怎么去用，然后根据自身实际情况列出清单，并发到群内

2. 社群打卡项目的运营重点

很多社群为了提升社群活跃度，使用了早起打卡或任务打卡的方式。在社群发展早期，打卡可以激活社群，营造互相激励的氛围。但是，随着社群的成长，打卡的人越来越少，其活跃社群的作用自然也越来越弱。那么社群打卡应该怎样操作才能延长新鲜期呢？做好社群打卡项目的运营，需要注意以下几点：

（1）打卡项目应有一个大家感兴趣的主题，如一起背单词、一起早起、一起晨跑等。如果打卡主题不是大家感兴趣的主题，自然就难以形成"我们要一起打卡"的社群氛围。

（2）打卡项目要简单可操作。有的社群鼓励每个人早起念一段英文，这个项目看起来简单，其实难度很大。首先，早上这个时间段对很多社群成员而言不是参与社群活动的合适时间，因为早上时间紧张，对于上班或上学的人来说，压力比较大，也不方便随时拿出手机来操作。其次，社群成员要提前准备一段英文，还得朗读出来并录制成音频，再发到微信群，操作起来较复杂。

（3）打卡项目要尽量有交互性，让大家乐于参与。有的社群让每个人早起用一句话表达今天的心情。这个要求虽然不高，也没有什么限制，但有的人就是写不出来，并且交互性不强。如果把早起"晒"心情改成"晒"今天让你心情变好的事情，如"晒"今天的美妆、今天的晨光、今天的早餐、今天给宝宝穿的衣服等，顺便加一句引导互动的话语，就能引起其他社群成员的互动。

（4）打卡的形式可以多元化，不一定要强调人人打卡。例如，在"雨滴种草群"中，大家每天都主动回复每日一问，这也是一种打卡形式；又如，在李忠秋老师的结构思考力社群中，大家每天都坚持用李忠秋老师讲的方法，结构化地总结今天的工作，这也是一种打卡形式。

（5）打卡也可以错时进行、默默参与。一些工作繁忙的人往往做不到每天在指定的时间打卡，对于这样的人，社群运营者可以先引导他们每天都进群看一看，这其实也是一种有益于社群的打卡方式。例如，在拥有很多企业家的社群中都有小助手做"新闻早知道"

栏目，内容组织得很好，很多企业家早上有空顺便看一看，他们并不在群里说话。这个栏目表面上参与度不是很高，但实际上它是一种借助群扩散的微媒体，只要内容整合得当，社群里的人就会坚持看，如果突然不更新了，他们就会出来问："今天的新闻怎么没有了？"当然，"新闻早知道"模式，只有在主题明确、社群运营者能够围绕这个主题搜集及编写优质行业信息的社群中，才能被用来培养社群成员的阅读习惯。

（6）积极参与打卡的社群成员需要被激励。有的人打卡积极，有的人打卡不积极，有的人需要激励才愿意参与。有的打卡平台支持社群成员互相为彼此的打卡点赞，做打卡排行榜，这就是把游戏化思维引入打卡的体现。

此外，要想让每个人都愿意参与打卡，还需要在打卡方法上不断创新。例如，可以在每天打卡的人中按某种随机规则翻牌，给翻到的人发福利；可以给打卡天数达标的人发一枚社群勋章或发一个红包等。

（三）社群线下活动

社群运营者可以多举办线下活动，通过真实的交流互动来增进用户之间的好感。比如，可以组织各种各样的同城会、举办网友线下见面会，用户可通过这些见面会进行交流，分享彼此对社群的看法。这些活动能提高用户对社群的忠诚度。

1. 策划线下活动

适时开展线下活动，不仅能增进社群成员间的感情，巩固社群成员与企业的关系，也能在一定程度上满足许多社群成员的需求。开展线下活动前，写一份完整、清晰的活动策划书能够帮助社群运营者从全局把控整场活动，从而有节奏、有计划地开展活动。线下活动策划书应该包括以下几个部分的内容：

（1）活动运营团队人员名单。

（2）各团队人员工作职责与任务分配。

（3）活动的具体内容：活动名称、活动主题、活动目的、活动邀请嘉宾、活动时间、活动地点、参与人员、参与人数、活动环节等。

（4）寻找合适的合作方和赞助商。

（5）线下活动实施，具体有物品采购、场地搭建、嘉宾安排等。

（6）费用说明：如果是收费活动，需要说明具体的收费标准。

（7）奖品设置：如果有奖品，需要罗列出奖品。一般来说，中奖率越高的活动，越容易吸引人，参加的人就越多。奖品设置要有梯度，既有大奖也有小奖。

（8）合影及后续推广安排。

在社群线下活动方面，小米的做法非常具有借鉴意义，值得广大企业的社群运营人员学习与参考。

小米与"米粉"之间的关系，并不仅仅依靠线上维系。小米同城会、"爆米花"和MIUI社区线下聚会，是小米线下活动的三种形式。

如何引爆线下用户的参与感？小米做了"爆米花"线下活动，实际上就是用户的见面会。"爆米花"活动体系包括小米官方每年组织的几十场见面会、用户自发组织的500多场同城会，以及每年年底的"爆米花年度盛典"。

"爆米花"活动不是路演，不做产品体验，也不做广告，就是大家一起玩，让用户展示自己和认识新朋友。"爆米花"全程都让用户参与,这也是小米和很多传统品牌最大的不同:和用户一起玩,不管是线上还是线下,无论什么时候,尽可能让用户参与进来,让用户成为产品改进、品牌传播的"大明星"。

2. 邀请嘉宾

一场线下活动若想有吸引力,就需要有嘉宾在活动中分享干货。因此,邀请嘉宾出席线下活动是筹备期需要完成的一项重要工作。所以,寻找合适的活动嘉宾很重要。邀请活动嘉宾,要做好以下三点:

(1) 确定活动信息。

① 时间与地点:确定好活动时间、地点以后,才能开始寻找嘉宾,以便他们确定相应的日程安排。

② 活动目的:在活动启动前期,就要想好活动目的是什么,希望通过本次活动达到何种效果。根据活动目的创建活动主题,进而寻找与活动主题相符的嘉宾。

③ 用户参加活动的目的:通过对用户参加活动的目的进行细分,社群运营者可以更好地了解用户的兴趣点,并据此来选择和邀请活动嘉宾。

(2) 选择嘉宾。社群线下活动通常会邀请嘉宾助阵,以活跃现场气氛。选择嘉宾是线下活动的重要环节,在选择嘉宾时,应注意以下两点:

① 嘉宾声誉良好。商业社群活动要挑选声誉良好、有影响力的嘉宾。可以先一对一和"大咖"、达人从接触到了解,再到深度沟通,从弱关系转化为强关系,再邀请其做线上分享。

② 嘉宾与活动的主题相契合。在选择嘉宾时,企业创始人也可以邀请自己同行业的好友来助威。

(3) 邀请嘉宾的渠道。邀请嘉宾的常见渠道如下:

① 社群成员。社群里较活跃、能向其他成员分享的成员可以作为分享嘉宾。

② 朋友介绍。让周围的朋友根据社群的性质推荐合适的嘉宾人选。

③ 网上"大V"。即可以通过知乎、微博、微信等找到目标嘉宾。如果目标嘉宾在微博平台上比较活跃,社群运营者可以通过微博与其互动,给其留下印象,然后通过微博私信邀请其担任嘉宾;或者在与目标嘉宾相关的微信公众号下留言、发评论,先与之建立联系,再进行邀请。

3. 寻找赞助商

要想将活动的影响力扩展到最大,最好找到几个目标人群相同且没有竞争关系的合作方或赞助商。寻找赞助商时,社群运营者需根据目标赞助商的需求,结合活动资源,制定一套符合其需求的赞助方案,让对方觉得赞助这个活动是有价值的,从而展开合作。寻找赞助商一般包括以下几个环节,见图7-3。

(1) 写好赞助活动方案。将活动方案整理成规范的文档形式。一份完整的赞助活动方案的核心内容需涉及以下几个方面的问题:

① 哪些企业或机构是本次活动的目标赞助商?

② 赞助商能得到哪些回报?赞助商需要付出什么资源或投入多少资金?

③ 活动的总体描述,包括活动目标、活动背景、活动地点、现有和曾经的赞助商、活

```
寻找赞助商 ─┬─ 写好赞助活动方案
            ├─ 留意匹配的赞助商
            ├─ 列出合作单位
            └─ 与合作方保持联系
```

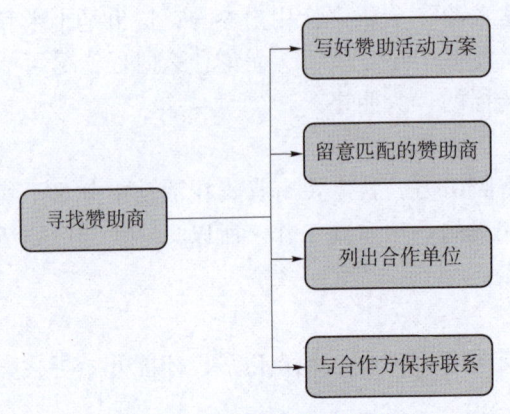

图7-3 寻找赞助商的环节

动时间、活动运营团队、过去活动和本期活动预计的媒体宣传力度、过去活动和本期活动预计的用户参与度、本期活动实际和预测的用户画像等内容。

④ 根据活动资料,强调此赞助活动方案与目标赞助商的商业战略相符,可以为赞助商带来更多附加价值。例如,增强品牌影响力、提高在潜在消费人群中的知名度、增加商业合作的机会等。

(2) 留意匹配的赞助商。社群运营者可以留心观察和本社群类型相仿的其他社群找的赞助商,然后找到类似的赞助商进行沟通。例如,橙为社群的一周年庆祝活动在深圳举办,社群运营者找到了同期赞助过行动派社群的一些赞助商,并顺利地和其中多家赞助商达成了合作。

(3) 列出合作单位。列出欲沟通的合作方名单,采用电话拜访的方式告知自己单位的名称、活动内容、活动方式等,并说明希望对方能给予赞助、赞助能让对方提高知名度等。当然也可以询问对方的E-mail,向其发送简报,待对方看完之后,再致电询问对方组织线下活动的意愿。

(4) 与合作方保持联系。确定了合作方以后,可制作一份简单的合约让合作方签收,确定其已支付赞助资金或物品。接着从合作方处获得Logo,开始设计海报、制作宣传页面,并及时向合作方汇报推广情况。

4. 线下活动开展

(1) 寻找活动场地。线下活动中场地最重要,一是场地费用是经费支出的大头,二是场地好坏直接影响着用户体验。那么如何寻找场地呢?一是向有经验的人咨询;二是寻找公益组织开展活动的场地,如图书馆、科技馆、体育馆等。

(2) 提前布置活动现场。一般稍大型的活动都需要提前一天甚至几天布置活动现场。对于小型社群活动,如果活动是从早上开始的,就需要提前一天布置活动现场,确保第二天活动能够正常进行。同时,应再次对场地周围的交通状况、线路等信息进行考察,如果发现意外情况,就需要及时告知社群用户。

(3) 与嘉宾沟通。在活动的前一两天,社群运营者需要再次与邀请嘉宾进行沟通,掌握嘉宾工作履历、主要观点、性格、喜好,并确认嘉宾是否需要发言、颁奖、问答等环节。另外,还要再次确认接待安排及嘉宾到场时间。通常嘉宾分享是一场活动的重头戏,因此与嘉宾沟通的环节必不可少。

（4）签到。线下活动通常都需要签到，这样既方便查看到场情况，也方便有效地收集信息。如果活动即将开始，还有人没签到，工作人员就需要与其取得联系，了解其未到场的具体原因；如果其已经到达活动现场，可以引导其就座。

（5）执行活动流程。活动要按照流程进行，现场工作人员要随时关注活动现场的氛围以及是否有突发事件。人员要明确分工，相互照应，并且最好留有1~2名机动人员。

（6）突发问题与处理。活动现场难免有一些突发问题出现，这时活动现场的指挥人员或负责人要保持镇定，迅速应变，快速提出应对之策，安排人员立即执行。现场突发问题主要有内部人员问题、用户问题、活动流程发生了变化。

如果是内部人员问题，就需要随时协调补救；如果是用户问题，就要及时做好安抚，优先加以解决；如果是活动流程发生了变化，就应及时执行应急方案。

（7）评估总结。对活动整体效果进行评估，并带领团队对活动各个环节进行复盘，对活动经验进行总结归档，可以为后期活动的持续改进提供帮助。

试一试

班级群的求职经验分享会

如果让你组织一次分享，请一位优秀的学长在自己的班级群中分享求职的经验，你会如何组织？根据本节的内容，在自己的班级群组织一次群分享，填写表7-3所示的内容。

表7-3 班级群分享

环节	准备要素
提前准备	
反复通知	
强调规则	
提前暖场	
介绍嘉宾	
诱导互动	

数字营销用户运营

续表

环节	准备要素
随时控场	
收尾总结	
提供福利	
打造品牌	

扫码解锁 ［试一试］ 参考答案

任务三　实践社群运营中的用户裂变策略

【任务描述】 实践社群运营中的用户裂变策略，通过实际操作加深对社群运营的理解，提升社群运营和转化变现的能力。

【任务分析】 通过实践社群用户裂变，能够亲身体社群运营流程，掌握社群用户转化变现的策略。

相关知识

一、社群运营的用户增长策略

社群度过从 0 到 1 的生存期后，社群运营团队往往就会思考如何把社群规模做得更大。大规模是社群普遍追求的发展目标。因为在很多人看来，规模越大的社群，可挖掘的商业价值越大。那么，如何扩大社群规模呢？下面介绍两种社群用户增长的典型模式。

（一）基于时间的多期社群链

基于时间的多期社群链，即常见的"××群1期""××群2期""××群3期"类的社群链。在这样的社群链上，不同的子社群有不同的建立时间和活跃时间。需要注意的是，当新社群构建完成并开始活跃的时候，前期的子社群的活跃度一般会降低。

基于时间的多期社群链上的子社群往往具有相同的社群定位、社群主题及稳定的运营团队。其首期的运营效果决定着后续是否会有更多的子社群。如果首期社群运营顺利，运营效果较好，找到了合适的转化方式，且社群的口碑不错，那么，社群运营者就会在首期运营的中后期开始策划二期，以吸引新人加入子社群。

随着一期一期的累积，基于这个社群主题的社群链就会变得很长，社群就会拥有庞大的社群规模，在该主题领域具有更大的影响力。

以在线课程为主要输出价值的社群，可以使用多期社群链的扩张方式。打造多期社群链包括以下三个关键步骤：

1. 逐步发现核心运营人才

打造基于时间的多期社群链最好的策略是"以老带新，滚动发展"，而不是"积极宣传，快速增量"。逐步发现核心运营人才的过程如下：

（1）先建立一个优质的社群，一边运营一边发现运营人才。

（2）通过社群成员的更新留下"同频"的人，让其加入运营群。

（3）在运营群中指导运营人才掌握社群运营技巧，培养其运营能力，并安排他们负责运营助理的工作。

（4）等到拥有足够多的运营人才，以及现有社群规模扩大到一定程度后，再带着他们中的一部分人建立新社群。在新社群中，引导他们一段时间后，便可放手让他们独立负责运营。

（5）在新社群的运营过程中，如果发现了特别优秀的运营人才，要及时引导他加入核心运营群进行培养。

如此循环下去，就可以不断地从社群发展过程中发现运营人才，也可以不断地为运营人才提供成长的环境。

2. 在首期社群中打造社群的口碑

在实际运营中，可以采取以下三种方法打造社群的口碑：

（1）在社群建立之初，安排几名运营团队的成员在社群中不断引导社群成员关注有用信息，关注收获，关注技能的习得，关注自我提升，并引导其分享，从而让社群成员感知社群的价值。

（2）在首期社群以及前几期社群中，所有宣传文案只需要准确描述社群价值即可，甚至在宣传社群价值时要有所保留。这样，加入社群的成员就会时不时地发现"惊喜"，从而愿意主动宣传社群。

（3）在新媒体平台提高社群曝光度。例如，阅读类社群可以引导社群成员阅读后通过思维导图、PPT或手绘制作一份高质量的读书笔记，并引导其将读书笔记分享到微博、微信朋友圈。这样一方面可以让社群成员获得被关注、被赞赏的成就感，另一方面可以提高社群的曝光度。

3. 收集反馈信息，快速迭代

很少有社群从一开始就能做得完美。很多社群都在实践中走过弯路，改进后才找到适合自己的发展路径。因此，在首期社群运营时，社群运营者还需要定期或不定期地收集社群成员的反馈，根据反馈快速迭代，逐渐完善价值体系，从而获得真正独特的竞争力。

在条件允许的情况下，可以模仿小米建立小米社区的模式，建立一个社群成员可以自由交流、自由点评社群价值的意见小社群。在这样的小社群内，社群成员可以畅所欲言，谈论社群的价值、社群的产品或服务、社群的品牌，社群运营者从中可以收集社群成员对社群真正的反馈，并根据反馈进行迭代优化。

这样，当社群成员看到自己的反馈被采纳时，他就会受到激励，更愿意跟社群站在一起，为社群的发展出谋划策，从而使社群拥有较强的凝聚力。这样的凝聚力也是社群继续成长壮大的助力。

（二）基于空间的地域社群链

随着社群成员的不断增加，社群内会逐渐形成新的文化，尤其会呈现出明显的地域特征。同一个地区的社群成员关注的话题往往更为相似；而一个地区的社群成员激烈讨论的话题，其他地区的人可能会毫无兴趣，因为他们的生活环境不同，也就产生了不同的沟通需求。

因此，在人数多的庞大社群内很容易出现话题无法统一的情况。此时，社群运营者就需要进行地域化建设，这就是经常在各大社群中见到的"分舵模式"。

这种基于空间建立的地域社群链是很多社群常用的复制模式，因为这样可以快速扩大社群的规模。不过，这种模式会因为社群扩张速度过快而难以培养出合格的运营人才、复制好的社群文化，从而导致大量加盟社群运营一段时间后就沦为"灌水群"和"广告群"，和主社群脱节，影响社群口碑。很多社群选择了快速扩张，反而走向了衰败。

因此，要基于空间构建地域社群链，需要做好以下三步：

1. 设定明确的申请门槛

多数"分舵"社群并不是由主社群直接管理的，因而可能会出现管理混乱的情况。为保障"分舵"社群的运营和发展，主社群需要制定专业的申请章程，明确"分舵"社群的权限是什么、"分舵"社群管理者必须具备什么样的条件、"分舵"社群的建立需要具备什么条件等。"分舵"社群管理者必须按照主社群的要求填写申请书，主社群管理者需要判断申请书中的内容是否真实"分舵"社群管理者及其团队是否有足够的时间维护"分舵"社群、是否有组织活动的经验与能力，不合格则不予批准。

一般情况下，申请书需要包括以下内容：
(1) "分舵"社群管理者的个人介绍。
(2) "分舵"社群管理者对主社群的了解。
(3) "分舵"社群管理者是否愿意接受主社群的监督，是否认同主社群文化。
(4) "分舵"社群管理者是否有足够的时间管理"分舵"社群。
(5) "分舵"社群管理者是否有组织线下活动的经验。
(6) "分舵"社群管理者是否在其区域内具有知名度。
(7) "分舵"社群管理者是否愿意接受培训。

2. 有明确的角色要求

成立"分舵"社群类似于成立实体企业的分公司，并不是仅仅招募一个管理者就可以使"分舵"社群正常运转起来的。因此，主社群在制订建立"分舵"社群的计划时，也需要考虑"分舵"社群的运营需要哪些角色，对各个角色有什么要求。

例如，橙子学院实行"橙子合伙人制度"，每个城市有3~20名合伙人，大家做好角色分工，在合伙人群中相互交流经验，定期分享观点。

在"橙子合伙人"招募通知中，设定了"橙市长""策划橙""资源橙""宣传橙""微信群运营橙"等角色，各种角色要求见表7-4。

表7-4 橙子学院"橙子合伙人"的角色要求

角色	角色说明	技能要求
橙市长	愿意带领大家一起成长，有责任感、有担当、能服众的"超级英雄"	1. 搭建本地合伙人核心团队，建立组织架构，开展社群活动； 2. 与其他合伙人交流，完善社群发展战略； 3. 提交每月发展报告
策划橙	点子多、想象力丰富、擅长组织各种活动的创意"达人"	1. 策划线上、线下社群活动并落地执行； 2. 做好活动反馈调查表
资源橙	喜欢参加各种社群活动，有一定的学习资源、讲师资源和场地资源	1. 对接讲师、场地； 2. 熟悉活动组织流程和注意事项
宣传橙	喜欢摄影、写作，喜欢新媒体，擅长运营公众号	1. 集齐几位宣传团队成员，包括摄影师、公众号运营、文案人员，展现社群活动的精华； 2. 收集社群活动的相关信息，做好宣传工作
微信群运营橙	善于活跃气氛，喜欢线上社交并且愿意花时间和社群成员打成一片	1. 和策划橙一起带领大家头脑风暴； 2. 幽默有趣，能活跃气氛

3. 主社群与"分舵"社群互动

对于"分舵"社群，主社群应当给予其足够的关注。例如，"分舵"社群若要举办大型活动，主社群应当在微博、微信等平台进行预告、展示，帮助"分舵"社群增强活动的影响力。主社群甚至可以提供道具和活动材料，并派遣专人前往现场，使"分舵"社群的运营更为专业、合理。

例如，女性励志社群"趁早"总部有专业的运营团队，有官方微博、微信公众号；在其他城市，有社群成员自发形成的运营团队，有她们自行注册的所在城市的社群微博、微信公众号。其他城市的运营团队会积极参与总部活动并给予反馈，总部也会时不时地在自己的新媒体账号中推送这些"分舵"社群的相关内容，积极与"分舵"社群联系和互动。

主社群与"分舵"社群一旦形成良好的互动关系，所有社群就都将建立起完整、统一的价值观，让社群影响力进一步增强，社群文化深度进一步拓展。

有序建立的"分舵"社群需要依托于主社群的存在而存在，需要拥有与主社群一致的社群文化；同时，也要建立自己独有的具有地域性的文化特质，从而满足所在地区的"分舵"社群成员的需求。这样的"分舵"社群因为从社群成员的角度创建了全新的亚文化，完善、补充了主社群的文化，所以更具影响力和有更高的活跃度。

二、社群运营的用户转化策略

（一）社群销售商品转化

社群商业转化常见的方式就是销售商品。销售商品转化工作可以分为商品选择、商品宣传、在平台销售商品等模块，下面进行详细介绍。

1. 商品选择

商品选择是指利用相关方法选择适合在社群销售的商品。商品选择至关重要，甚至可以说是社群销售商品转化的关键环节。在选择商品的时候，一般通过以下几个角度判断商品是否适合在社群销售：

（1）实物商品还是虚拟商品。需要考虑是选择实物商品还是虚拟商品：美妆护肤社群适合销售美妆护肤用品，而网络游戏社群适合销售网络游戏内的道具、点卡。

（2）用户喜好还是自身优势。在很多社群中，用户喜好的商品和社群运营者的优势商品可能并不相同，此时就需要在这二者中进行选择，判断是选择开拓用户喜好的商品线，还是引导用户增加对社群优势商品的需求。只有站在用户的角度考虑，才能实现正确选品。社群运营者不能盲目地选择一些根本没有市场的商品，否则结果必然是惨淡收场。

（3）低客单价还是高客单价。客单价是指每一个购买者平均购买商品的金额。由于高、低客单价没有明确的适用场景区分，因此社群运营者在选择客单价的高低时，一定要结合社群实际情况，分析社群用户消费能力、社群用户信任度、商品质量、品牌效应等因素，最终得出结论。

（4）应季商品。每个季节都有相应的畅销商品，大多数用户在相应的季节会购买相应的商品。如果在夏天售卖冬天才会使用的商品，销量是不会理想的。所以，最好选择应季商品在社群中销售。例如，夏天卖空调、小风扇、凉席等商品，冬天卖保温杯、羽绒服等商品。

要想把握住旺季，选对商品是关键。社群运营者可以根据市场趋势、用户使用习惯，以及多平台近期的销售记录，挑选出具有销售潜力的商品。

2. 商品宣传

商品宣传是指通过宣传推广来促进商品销售转化的过程。要做好宣传，社群运营者需要重视以下几个要素：

（1）商品属性及信息。商品宣传中最基础的要素是商品属性及信息，如商品名称，商品用途，商品的外观、质量、规格、手感、包装等。清晰的商品属性描述可以让用户明白此商品是否为自己所需，以免出现售后纠纷。

（2）商品优势。在商品宣传中，体现出商品的优势也是很重要的。激发用户购买兴趣最简单的方法就是打造商品的优势，即让用户看到商品能够带给他们的好处。这个好处应该是用户最关心、最需要的，即用户的痛点。无论是质量好还是功能独到，都应该在显眼位置突出展示，通过与同类产品的对比，吸引用户购买。能够吸引用户的优势卖点越多，社群销售就越容易取得成功。

（3）商品价格。对于社群营销者来说，开展促销活动是打响品牌和提高销量的重要方法之一。价格是商品销售的核心元素之一，也是商品宣传的要素之一。此外，如果有优惠活动，一定要突出展示，这可以促使用户产生购买欲望。

（4）商品图片。在商品宣传中，图片的作用至关重要。优美的文字搭配出色的图片，即使用户没有购买意愿，也能对商品产生良好的印象。可以在图片中添加文字，也可以在图片外的空白处添加文字。但要注意文字不能遮盖图片所要传达的信息，同时要保证图片清晰、重点突出。

3. 在平台上销售商品

如今随着电商平台的发展，很多品牌纷纷在平台上开店销售商品。在平台销售商品作为商业转化中的重要一环，也成为很多大品牌的既定商业动作。

例如，娃哈哈在积累了足够的用户之后，不仅在短视频平台推送优质的短视频内容，还在微信公众号发布包括图文、短视频等形式在内的优质内容。娃哈哈不仅在短视频内容中软性植入商品信息，还在微信小程序上销售商品。

（二）社群人脉转化

人脉转化是指把人脉变为财富，其本质是价值互换。社群人脉转化的常见方法有众包能量、创意孵化、能量互换。

1. 众包能量

众包能量即通过发挥社群成员的群体能量，创造出巨大的商业影响力。众包模式最大的优势就在于能够充分利用分散的智力和社群资源，让人们在空闲的时间去做自己喜欢且擅长的事情，既产生了应有价值，且帮助另外一部分人解决了眼前严峻的问题。

社群成员本身就是一笔财富，即使他们不买社群运营者提供的商品。众人拾柴火焰高，当社群运营者需要做一些推广活动时，社群成员就可以帮助社群运营者。这种汇聚普通人的能量，不需要"大咖"出手也能创造规模效应的模式，称为"蚂蚁战术"。可能每个人的能量并不大，但是只要人数够多，聚合起来就能形成一股很强大的力量。其实，就算没有足够的影响力，就算只是普通的社群成员，也可以在社群里请大家帮忙。而前提条件就是，他需要先用足够的时间在社群里给大家带来价值，如平时多给社群成员提供一些福利、分享一些干货、经常帮大家转发链接等，即"刷足"存在感。社群是一个小圈子，在这样一个小圈子里，先树立起自己的良好形象，等得到大家的认可后，自然就能得到大家的帮助。

众包能量在实际操作中并不需要特别的技巧，拼的就是参与其中的社群成员的数量。一个人的力量是很有限的，但是借助社群成员的力量就可以做成许多事。例如，在知乎上发表了高质量的回答却没人点赞，社群成员可以让你的点赞数大幅增加。一个好答案被多个人点赞顶起后就会被前置，而前置的好答案就会得到更多关注，这时就进入自我强化阶段。如果你的答案中除了高质量的干货，还巧妙地植入了一定的广告，其曝光量是非常可观的。

2. 创意孵化

创意孵化即社群运营者将创意展示在社群里，引导社群成员进行讨论及反馈，然后将其完善成可执行的方案或者可落地的产品。这种商业转化模式适用于需要创意的社群。

很多社群中都有一些拥有独特才华的人，也有一些拥有资源的人。如果将这些人的才华和能量加以整合，往往能创造出惊人的商业价值。

企业创建好铁杆粉丝群后，就可以在产品调研、营销创意、推广方面了解社群成员的看法，吸取用户的创意，或者在群中公开自己的创意，以测试用户的反应。若效果不好，还可以提前修改，避免投放市场后再发现失误，到时候损失就大了。

123茶楼社群曾经是杭州较为活跃的社群，遍布各个领域，能够为其孵化的项目提供丰富的资源和巨大的传播力。123茶楼社群尊重每个有想法的个体，其孵化的项目大多是一个想法，放在社群中不断地和其他成员讨论，迭代出可实现版本，最终成立了公司。

目前123茶楼社群专注于孵化文化娱乐、"互联网+金融"、在线教育、消费升级、智能制造、企业服务、云计算大数据、人工智能等八大领域的项目，并且在项目的社会性众筹上有较为丰富的经验。

3. 能量互换

如果一个学习型社群运营得不错，已经积累了口碑，树立了品牌，社群运营者就可以考虑与其他有能量的平台合作，通过能力互补，做一些能创造更大价值的事情，即"能量互换"。

实现能量互换的关键在于拥有连接意识。社群是一个连接人的平台，社群运营者要善于发现连接的可能性。敢于尝试连接的人往往能够先得到机会，在这种生态下可以实现多方获益。相应地，社群产生了更大的能量，就能吸引更多的资源，促成更多的合作。

（三）社群广告转化

社群广告转化就是通过在社群内发布广告的方式实现转化。一般来说，有两种社群广告转化模式：一种是替合作方打广告，把社群当作广告发布渠道，收取广告费；另一种是代理商品，通过在社群内发布商品广告，收取佣金。

在社群内发布广告，要注意两点：一是严格把控产品质量，最好先试用再推广；二是注意推广频率，频率过高会对用户产生困扰，频率过低则毫无效果。

利用社群推广的方式找到精准的用户群，比如社群成员都是妈妈、大学生、财务人员、法务人员等。针对精准的用户群，通过设计活动的方式推广商品或品牌。这里有几个关键点：第一，用户必须是精准、垂直、细分的；第二，要在社群里面做活动，因为活动可以带来围观、互动、交流，这种交流互动对于品牌传播是有益的。

广告比较适用于用户群高度垂直的社群，比如育儿群。这类社群就非常适合推广，而且回报率非常高。

需要注意的是，使用这种转化方式时，千万不能一上来就开始投放广告，否则很可能被用户当作垃圾社群而过滤掉。所以，只有社群在建立了良好的运营环境和高度的用户匹配时才能投放广告。而这种转化方式的前期准备工作一般较多，需要的时间很长。

（四）社群直播转化

在社群平台上，许多社群运营者开通了直播功能，通过直播实现转化。随着"短视频+直播"的转化模式不断完善并逐渐成熟，如今直播转化模式更加灵活多样，主要包括以下几种，见图7-4。

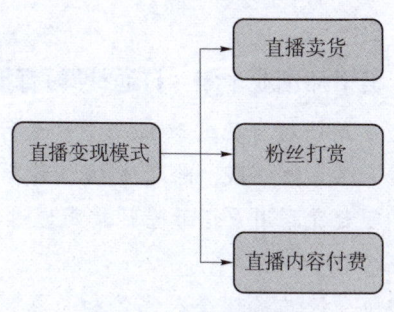

```
                    ┌─── 直播卖货
直播变现模式 ────────┼─── 粉丝打赏
                    └─── 直播内容付费
```

图7-4 直播转化模式

1. 直播卖货

目前各大商家已经开始充分利用直播平台聚拢粉丝，通过直播实现转化。主播通过直播展示并介绍商品，最大限度地展现商品的特点与优势，使用户更直观地看到商品，提升用户的体验感，激发用户的购买欲望，促使用户产生购买行为，从而实现转化。

相较于商家通过图文推荐商品来说，商家通过直播向用户推荐商品更好地展示了商品，提升了用户的购物体验。直播的优势就是可以快速地"聚粉"、沉淀和互动，进行二次营销，且与售卖同时进行。目前已经有部分主播获得一项特殊权限，那就是可以在直播页面展示购物车图标，粉丝点击图标可以打开商品列表，然后边看直播边购物。

2. 粉丝打赏

大部分直播平台的主播，都是通过粉丝购买礼物进行打赏实现转化的。只要内容足以吸引并打动粉丝，粉丝就会用直播平台上设定的虚拟礼物打赏主播。

打赏转化的主要收益来源于粉丝赠送的虚拟礼物，如鲜花、金币、跑车、飞机等，不同的虚拟礼物所对应的虚拟货币是不同的，而这些礼物就是主播的直接收入。一般而言，主播除了底薪，其他收入就是粉丝赠送的虚拟礼物收入。

在直播过程中，主播需要和粉丝进行良好的互动。互动效果良好，粉丝才会更喜欢主播，从而更愿意打赏。主播在直播前要进行粉丝调查，了解粉丝喜欢什么内容，然后有针对性地进行直播。戳中粉丝痛点的直播可以获得更多好评，也可以获得更多打赏。

3. 直播内容付费

短视频创作者对于优质的直播内容常采用内容付费的方式实现转化。例如，一对一直播、在线教育直播等，用户需付费才有权限进入直播间观看。目前，比较常见的直播内容付费转化模式主要有先免费再付费、限时免费和折扣付费等形式。

"抖音夏日歌会"已经举办了多场主题和风格各异的直播歌会，不仅有免费直播回馈用户，还有多场付费直播，票价为1~30元。数据显示，"抖音夏日歌会"七场系列直播共吸引超4 000万人次（包括付费观看人次和免费试看人次）观看。

以"抖音夏日歌会"为代表的付费直播推出后，音乐人的作品在抖音平台上从单纯的宣传推广、内容分发，延伸到通过用户二次创作视频发酵，再到直播消费，形成了内容生产与消费闭环。付费直播可以促进更多短视频创作者实现内容价值的转化，促进内容向多元化、精品化发展。

想一想

案例分析：美甲师创业十年，打通社群+直播转化模式

社群直播转化是指社群运营者针对自己的私域流量，进行直播转化变现。其转化目的性更强，同时转化率也比较高。在直播领域，除了直播"带货"，还可以通过直播引流+社群转化等玩法实现商业变现。鱼棠资深用户语菲老师就是通过抖音直播引导粉丝进入社群，通过社群直播实现了月收入超过16万元。

语菲老师原本是一名美甲师，经过梳理个人优势和亮点，将自己打造成一名专业的美甲技术老师。明确定位后，她选择了千聊和抖音两个大平台。选择千聊是因为千聊是当时国内做知识付费非常专业的内容沉淀平台，不仅有私域，也自带公域价值。通过在抖音输出美甲短视频内容，以及在千聊开创美甲体验课程，她将抖音公域流量沉淀在千聊课程上，实现了低价课程转化变现。

当有了流量之后，语菲老师将流量沉淀到微信群，但没过多久发现微信群引流了几百个群，急需一个高效、智能的群管理工具。于是她在千聊后台开通了鱼棠功能，设置了学员群。学员报名后会自动加入鱼棠社群。当粉丝不间断进入私域社群后，语菲老师每一次直播都在鱼棠后台设置群公告，批量同步粉丝团社群，通过社群的"铁粉"，撬动了公域更大的流量。

据语菲老师反馈，3天启动新号完成直播带货，最高纪录是一个新号首次开播可以做到8 000人同时在线。如果懂得私域+公域结合，将公域流量引流到私域，再通过私域撬动更大公域，可实现百万营收。

（资料来源：https://zhuanlan.zhihu.com/p/457239872）

阅读以上案例，思考以下问题：
1. 语菲老师是怎样实现转化变现的？
2. 如何做好社群直播转化变现？

扫码解锁［想一想］参考答案

明智领航

物业群被怼，群主该不该负责？

2021年10月，广州互联网法院审结一起为履行物业管理而创建的微信群群主对群成员在微信群里辱骂他人置之不理，对被辱骂者求助也无动于衷的案件，群主被法院以"慢作为""不作为"为由判决由其所在物业公司承担相应责任。案件详情如下：

2018年，某物业公司的员工李某为履行物业管理需要创建微信群。自2018年至2019年，有多名小区业主在群内长期频繁发布针对业主张某的恶意辱骂言论，并在群中发布张某照片。

张某多次在群内向担任群主的李某发送信息，要求采取措施，如"@客服部单区管家–李某 什么人在违规？你为什么不采取措施？""@客服部单区管家–李某 为什么不回答""@客服部单区管家–李某 看到我发的那个截屏没有？不要装聋作哑"。张某还多次通过微信私聊联系李某，发送群聊截图并询问"怎样处理""时间这么久了，为什么还不处理这类问题"。但李某事发后一年多的时间内未对张某所发信息予以回复，也未采取其他措施。

2019年5月15日、19日，李某于群内发布公告提醒群成员注意文明用语，称"本群已被用户投诉大量违规，为了小区的和谐发展，业主之间能和谐相处，现决定于今日13：00，正式解散本群……"并于19日解散该群。

张某对微信群内发表辱骂言论的业主提起侵权诉讼，法院生效判决认定业主在群内发表辱骂言论的行为构成名誉权侵权，判令业主书面赔礼道歉、赔偿精神损害抚慰金2 000元。同时，张某认为物业公司的不当行为是其名誉受损的重要原因，故又将物业公司诉至法院，要求赔礼道歉、赔偿精神损害抚慰金20 000元。

广州互联网法院经审理认为，因物业公司员工李某创建微信群的行为系履行工作职务的行为，故由此所产生的民事责任应由物业公司承担。

（资料来源：https：//m.gmw.cn/baijia/2021-10/15/1302640324.html）

案件反思：
如果群主李某能够及时应对群内负面言论，情况可能会大不相同。例如：

1. 及时干预：在收到张某的求助后，李某应立即介入调查，并对发布辱骂言论的业主进行提醒和警告。

2. 公正处理：对违规者进行公正处理，可以要求其道歉或采取其他补救措施。

3. 积极引导：通过发布群规、提醒文明用语等方式，引导群成员遵守规则，共同维护群聊的和谐氛围。

4. 建立沟通渠道：与张某保持沟通，了解其诉求，及时采取措施解决问题。

5. 采取必要措施：如果负面言论持续存在且无法得到有效控制，李某可以考虑解散群聊或采取其他必要措施。

通过以上措施，群主李某可以更有效地应对群内负面或过激言辞，打造和谐的网络群空间。

技能训练

社群运营实战：动动手，你也行！

1. 实训目的

该实训以一个专注于女装销售的电商企业为背景，该公司的线上商店提供多样化的款式。然而，近年来，随着淘宝平台竞争的加剧，店铺运营变得日益艰难。为了应对这一挑战，公司计划通过构建社群来发展自己的私域流量，并设定了一个明确的目标：期望在今年内，借助私域流量的力量，推动另一块交易量的显著增长。一位刚踏出校门的大学生，对这家公司的社群运营专员职位表示了浓厚兴趣，并成功投递了简历。近期，他收到了公司人力资源部门的面试邀约。一旦通过面试，他将面临从基础到复杂的挑战，需协助公司逐步建立社群和私域流量池，并确保实现公司的关键绩效指标。

2. 实训知识点

（1）用户画像。
（2）私域流量。
（3）公域流量。
（4）社群运营。
（5）社群营销。
（6）社群互动。
（7）社群裂变。

3. 实训步骤

（1）第一阶段：面试与基础运营。

学生将扮演应聘者的角色，参与公司面试流程，并通过学习相关知识完成给定的笔试题目，内容涵盖社群营销和私域流量。

成功通过笔试后，学生需创建个人账号，并向不同类型的用户发送合适的短信，引导他们加入微信群进行基础运营。

（2）第二阶段：社群深化运营与复购引导。

负责微信群的日常运营，包括发布有效话题、回复用户消息，并努力提升群内留存率。设计并实施积分规则、拼团或限量抢购商品等策略，以有效引导群内成员的复购行为。

（3）第三阶段：裂变增长与实验总结。

设计宣传海报、进行异业置换增粉或付费推广等活动，在微信群内引导新用户的裂变增长。根据裂变人数和平均每新增一人的花费金额进行计分，达到指定分数后完成此阶段，并结束实验。此时，学生可以查看完整的实验报告。

4. 实训评分

本次实训总分为100分，由过程分（20分）和结果分（80分）两部分构成。在过程分部分，实训设定了五个关键环节，每个环节若失败一次将扣除4分，扣完即止。结果分部分的具体考核内容如下：

（1）第一阶段：知识与应用考核。

知识点考核：共设10题，答对一题得1分，满分为10分。

引流考核：根据引流进群的有效人数和准确度进行评分。有效人数达到2 000人为8分，200人以下为0分，中间人数按等比计算；准确度达到90%及以上为7分，40%及以下为0分，中间准确度按等比计算。

（2）第二阶段：留存率考核。

最终留存率达到90%及以上为20分，40%及以下为0分，中间留存率按等比计算。

（3）第三阶段：复购与裂变考核。

复购考核：根据复购销售利润和复购率进行评分。复购销售利润达到200 000元以上为16分，50 000元以下为0分，中间利润按等比计算；单月复购率达到45%以上为4分，15%以下为0分，中间复购率按等比计算。

裂变考核：考虑裂变引起的群人数增加和增粉成本。新增人数达到20 000人以上为12分，新增1 000人以下为0分，中间新增人数按等比计算；平均每人花费5元以下为3分，10元以上为0分，中间花费按等比计算。

参考文献

[1] 刘仁燕. 用户运营全解：数字化时代如何经营用户［M］. 北京：电子工业出版社，2023.

[2] 谢康，吴瑶，肖静华. 数字经济创新模式：企业与用户互动的适应性创新［M］. 北京：经济管理出版社，2023.

[3] 赵纡青，戚泰. 私域社群运营从入门到精通［M］. 北京：北京大学出版社，2023.

[4] 佘向飞，杨忠宝. 大数据与人工智能［M］. 北京：北京大学出版社，2022.

[5] 徐小磊. 运营之路：数据分析+数据运营+用户增长［M］. 北京：清华大学出版社，2022.

[6] 范小军. 全渠道营销：后电商时代新常态［M］. 北京：清华大学出版社，2022.

[7] 张溪梦，邢昊. 用户行为分析：如何用数据驱动增长［M］. 北京：清华大学出版社，2021.

[8] 孙毅. 数字经济学［M］. 北京：机械工业出版社，2021.

[9] 赵宏田. 用户画像：方法论与工程化解决方案［M］. 北京：机械工业出版社，2020.

[10] 李拯. 数字经济浪潮：未来的新趋势与可能性［M］. 北京：人民出版社，2020.